国際関係論を超えて

トランスナショナル関係論の新次元

吉川 元＝編

山川出版社

国際関係論を超えて　トランスナショナル関係論の新次元　目次

国際関係論を超えて

トランスナショナル関係論の新次元

序章

国境を越える国際関係論

吉川 元

はじめに

そもそも国際関係の主役といえば国家であった。舞台はアナキーであった。今日、世界はおよそ一九〇カ国から構成されており、それぞれの国に主権が認められている。国内にあっては、権力は一元化されており、国家に勝る権力は存在しない。国家は対外的に自立しており、他のいかなる国家からの干渉も許されない。国家は一定の領域を支配し、その領域の人民は、国民として統合されている。国家は自らの国益を追求し、そして国益を追求するために国力(パワー)を強化しようとする。全世界規模の議会はいまだに設立されておらず、よって国際社会には共通の法もルールも確立されていない。二国間または多国間の取り決めはあるものの、不都合なときは脱退すればよい。たとえば、核開発をたくらむ国は、核不拡散の取り決めから脱退すればよい。それに世界にはわれわれが一般にイメージする裁判所も設立されていない。土地問題を例に引けば、国内なら話し合いで解決できなければ裁判で決着できる。しかし、日ソ（露）領土問題は、半世紀以上たっても解決できないでいる。そもそも中央政府が存在しない国際政治の仕組みからして、紛争がこじれて戦争に発展するのは不可避的である。

こうした国際関係論パラダイムは、古色蒼然としたものに映るかもしれない。今日の国際関係は、国益むき出しの、パワーとパワーのぶつかり合いの国際関係だけではなさそうであるからだ。超大国アメリカとて、イラク攻撃の開始にあたって、アメリカ国内の支持のみならず、国際社会の支持までも必死に取り付けようとした。国際連合（国連）という国際機構がその舞台であった。しかも、国際社会の意思は、国家を通して、あるいは国連を通してのみ、表示されるものでもない。戦争反対の国際社会の声は、世界各地で澎湃《ほうはい》と巻き起こる抗議運動によって表明された。世界の市民団体（ＮＧＯ）のネットワークを通して、またインターネットを通して、世界の市民が結びつき、歴史上まれにみる抗議がなされた。いまや各国の世論と世論とが、トランスナショナル（国境横断的）に結ばれ、声を上げることができる時代である。国際関係とはいっても、国家と国家のいがみ合いの関係ではない。いまやＮＧＯの時代であり、国際機構の時代でもある。

それにしても、私たちはあまり意識することなく、「国際社会」を語っている。実際の国際関係の枠組みは、およそわれわれが想像する「社会」のイメージとはずいぶんとかけ離れている。国際社会が社会である以上、人々は同じ社会に帰属しているとの共通アイデンティティを有しており、何がしかの絆で結ばれているはずである。社会である以上、その枠組みを維持するための秩序、規則、そして規範が備わっているはずである。しかし、それはどうも怪しい。「国際社会人」や「地球人」としての共通アイデンティティなど形成されていないことを誰もが知っている。となれば、世界はどの程度、国際社会となっているのであろうか。

今日の国際関係を構成する行為主体（アクター）が国家だけではないとすれば、国家を含めさまざまな行為主体が織り成す複雑な関係は、どのようなものなのであろうか。国際関係の構成員を結びつけるような、あるいは国際関係を秩序立てるような、道徳や規範がどの程度、確立されているのであろうか。国際関係を束ねるような権力関係を制度とする政治の仕組みは、どの程度発達しているのであろうか。

1　トランスナショナル関係という国際関係論

理想主義と現実主義

国際関係論という学問が誕生したのは、歴史上、初の総力戦である第一次世界大戦を契機とする。大戦争を契機に誕生した学問だけに、戦争をいかに防止するか、そして平和をいかに創造していくか、といった学問的関心や探究心が国際関係論の勃興の原点であった。それだけに理想主義(アイディアリズム)が力を持っていた。誕生して間もないこの学問領域で、国際平和の手立てとして、国際条約、外交交渉手続き、相互理解の進め方が研究され、論じられた。また国際制度による戦争防止が論じられ、戦争禁止の法を制定することで、平和が希求され、展望された。特に、国際連盟設立の立役者であるアメリカ大統領ウィルソンの理想主義的精神に則って、主権国家システムの改革と道徳化に勢力が注がれ、国際機構の役割に期待が寄せられた。

一九三〇年代になると、世界の経済がブロック化し、またイタリアのファシズム、ドイツのナチズム、さらには日本の軍国主義が台頭したこともあって、国際関係は緊張し、国際連盟への期待は遠のいていった。そして二〇年のつかの間の平和は壊れ、世界は二度目の大戦に突入することになる。平和はもろいものであった。権力政治への傾斜を前にしたイギリスの国際政治学者カーは、第二次世界大戦前夜に著した『危機の二〇年——一九一九〜一九三九』で、戦争防止をめざす目的論的な学問として誕生した国際関係論が現実主義的な分析視点を欠いていることを批判し、この理想主義を「ユートピア主義」とまで批判する。[1]

中央政府不在の国際政治システムはアナキーである。国際政治の舞台は、所詮、諸国家のパワーの追及と闘争の場であり、そのパワーの中心をなすのが軍事力である。国家の安全を保障するのは軍事力であり、平和の維持は勢力均衡にかかっている。第二次世界大戦後、こうした現実主義(リアリズム)が影響力を持つようになった。国際政治学者モーゲンソーの著書『国際政治——権力と平和』が広く読まれ、国際関係をパワーの追求と対立・競争の視点から研究する現実主義の見方が確立される。[2] そして、第二次世界大戦後の国際関係の構図が、現実主義の見方を支えることになった。「鉄のカーテン」で仕切られた二つの陣営の間には、相互理解による平和も、法的規制による戦争の防止も、期待できなかった。核戦力の均衡による核抑止に世界の平和が託された。「恐怖の均衡」の前に、両陣営の間の「平和共存」が必死に模索された。これが冷戦期の国際関係である。主役はアメリカとソ連の超大国、そして両超大国を中心に束ねられた二つの陣営であった。

国境を横断し始めた国際関係

冷戦期を通して現実主義のアプローチが力を持った。とはいえ、一九六〇〜七〇年代にかけて、経済、政治、文化、イデオロギーなどの諸領域での国境横断的、あるいは脱国家的なトランスナショナル関係の進展を主張する、またトランスナショナル・アイデンティティの形成をもとにした国際社会の形成を主張する、トランスナショナリズム(脱国家主義)またはトランスナショナル関係論(脱国家関係論)が提起される。

トランスナショナル関係とは、国家と非国家的行為主体との間での、あるいは非国家的行為主体相互での、国境横断的な恒常的相互作用を意味する。トランスナショナル関係の形成は、トランスナショナル・アイデンティティの形成、およびトランスナショナル・ネットワークの媒体となる国際NGO(International Non-governmental Organization)のような、トランスナショナル行為主体の存在を前提にする。

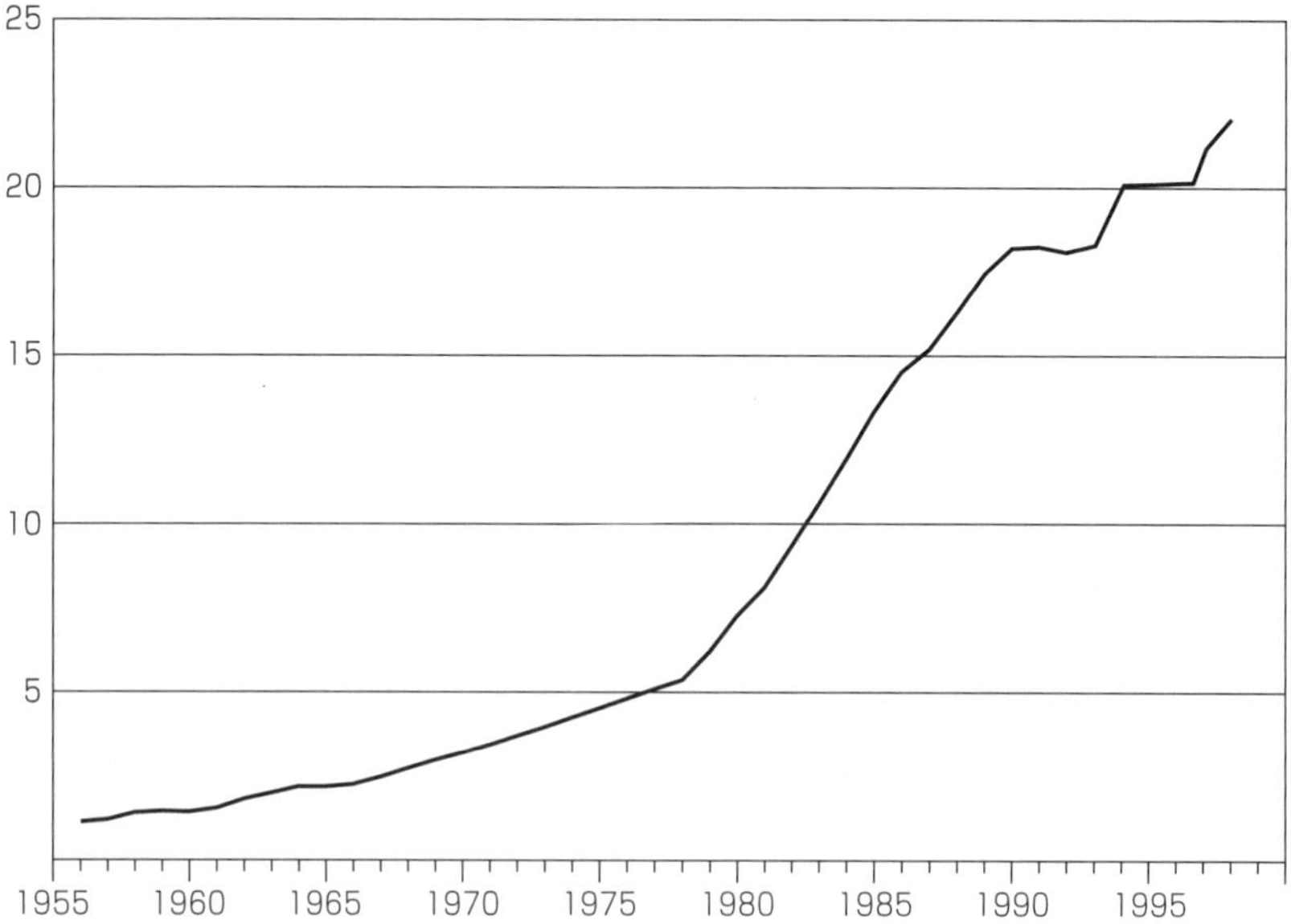

図　国際NGOの増加傾向（単位：1000団体）
出典：Annan, Kofi A., *We the Peoples: The Role of the United Nations in the 21st Century*, New York: The United Nations, 2000, p.70.

トランスナショナル・アイデンティティやトランスナショナル・ネットワークの形成は、なにも近年の現象ではない。欧州主義、汎ゲルマン主義、汎スラヴ主義といった、国家の枠組みを越えたトランスナショナルな民族アイデンティティは昔から存在し、それが国際関係を複雑なものにしてきた。ユーゴスラヴィア、マケドニア、アルバニアの三カ国にまたがる大アルバニア主義は、今もバルカンの国際秩序の変動要因である。またディアスポラ・ユダヤ人(ユダヤ人離散社会)の存在、とりわけアメリカのユダヤ人社会とイスラエルの結びつきを理解せずして、今日のアメリカの対中東政策は語れまい。欧州にいる一〇〇万人のディアスポラ・クルド人、そしてイラク、イラン、トルコにまたがる二千数百万人のクルド人のエスニック・ネットワークを無視しては、中東の国際秩序のゆくえを語ることもできまい。

それに、カソリックやプロテスタントの宗教団体の地球規模ネットワークの歴史も古い。また国際労働者協会(第一インターナショナル、一八六四年設立)のように、プロレタリア国際主義を標榜して世界の労働者の統一と連帯を進めた労働者の国際組織もある。国際赤十字(一八六三年設立)をはじめ、人道分野でのネットワークの歴史も古い。これらの組織は「国際」を冠しているが、実のところ、今でいうトランスナショナル・ネットワークのはしりである。

こうした既存のネットワークとは別に、新たなトランスナショナル関係が一九六〇年代から七〇年代にかけて急速に進展していった。この時期、複数の国にまたがってネットワークを有する国際NGOが増加し、トランスナショナル・ネットワーク化が一気に進んでいく(前ページ図参照)。特に人権、開発、平和の各領域におけるネットワーク化が進展した。また多国籍企業に代表されるトランスナショナル経済アクターも続々と誕生する。わが国に目を転ずれば、国家中心主義への批判として、地方主義が叫ばれ、北方圏構想や平和都市連帯の模索など、「民際外交」への取り組みが始まり、トランスナショナルなネットワークづくりが始まったのも、この時期である。[3]

トランスナショナル現象の背景

なぜ、一九六〇年代から七〇年代にトランスナショナル関係の進展に勢いがついたのであろうか。その背景には、第一に、伝統的な国家中心の国際政治では解決不可能な地球規模問題群（グローバル問題群）への危機認識が芽生えてきたからである。キューバ危機（一九六二年）で、人類は破滅の深淵をのぞいたものの、核兵器の開発はその後も止まらなかった。しかし、人類は、「核の冬」を発見し、全人類が絶滅の危機に瀕していることを認識するようになる。反核平和の市民運動が世界規模で展開されるようになり、国際世論が核不拡散体制の成立を後押しした。同じ時期、地球環境問題も国際政治の俎上《そじょう》に上る。国際的な研究・提言機関であるローマクラブの報告書『成長の限界』（一九七二年）は、人口増加と経済成長が続けば、地球の成長は限界に達し、そして破滅する、との警告を発した。[4] 世界危機の到来の、あまりにも意外な見通しであっただけに、これは衝撃的であった。同年、ストックホルムで地球環境問題に関する初の国連環境会議（七二年六月）が開催され、また国連環境計画（ＵＮＥＰ）が創設されている。こうして人口問題、食糧問題、環境問題をグローバル問題として、全地球的危機への認識が徐々に形成されていくことになった。七〇年代から八〇年代にかけて、「宇宙船地球号」「地球村」「地球社会」が語られ始め、「国際共通利益」や「人類益」が語られ始めるのも、グローバル危機への認識が広まったことと関連している。

トランスナショナル関係を進展させる第二の要因は、自決権、表現の自由、参政権と自由選挙といった諸権利が、国際社会で共通規範として規定されるようになったことにある。植民地から脱したアジア・アフリカ諸国が次々と独立し、こぞって国際社会に加入したことで、世界のすべての人民がいずれかの国家に属することになり、国際システムは、欧州主権国家システムから、地球規模の、いわば世界主権国家システムへと変貌を遂げた。非欧州世界が国際社会へ参画するようになったことで、それまでの欧州的、キリスト教的な国際社会とはおよそ異なる、国際社会の普遍的なルールや規範の確立が求められるようになった。人民が、外部からの介入なしに、政治的地位を自由に決定し、社会、経済、文化的発展を自由に追求する、という自決権に国際社会が合意するのは一九六〇年に国連で採択された植民地独立付与宣言でのことである。また人種差別撤廃に世界が合意するのは一九六五年である。一九六六年には国際人権規約が採択され、やっと普遍的な人権基準に世界の合意をみた。こうした時代の流れを反映して、オーストラリアでは、長年の白豪主義に終止符が打たれた。南アフリカの悪名高き人種隔離政策(アパルトヘイト)が、世界の人権運動の非難の的になり、そして国連の制裁の対象となるのも六〇年代から七〇年代にかけてのことである。

トランスナショナル関係を進展させる第三の要因は、情報や伝達人の移動を容易にする技術革新である。振り返るに、江戸時代に鎖国することができたのも、人の移動や情報の管理統制が容易であったからである。人が国境を横断してしか情報を伝達することができなかった時代だけに、長崎の出島で情報を一元的に管理統制することができた。人の移動がほぼ陸路や海路に限られていた一九五〇年代まで、世界のどの国でも国境での厳しい入国管理審査によって、人の移動や情報の流入を規制することができた。しかし、国際社会の相互依存関係が進み、紙を媒体とする情報の大量生産を可能にする複写機が普及し、そして国際電話およびファクスが普及すると、トランスナショナルな情報交換が容易になる。それに、航空機に発達によって人の大量かつ高速の移動も容易になった。

どれだけ「国際社会」になったのか

さてトランスナショナル相互作用の急増が国際関係に対して及ぼす影響や効果を、アメリカの国際政治学者コヘインとナイは、その共著『トランスナショナル関係論』(一九七一年)で次のように論じている。第一に、情報の普及と交流の増大は、人々の態度に変化をもたらし、相互理解を促進させる。第二に、国際関係への国際NGOの進出によって、国内政治の国際化が進むと同時に「国際益」が創造されることによって、国際関係の多元化が生じる。第三に、経済的相互依存関係が進展すると、特に全体主義国家は外部世界との科学技術交流を求め、そのことが国家行動の規制や制約につながる。第四に、経済的相互依存関係の進展や観光旅行が盛んになることで人の移動が増大し、そのことが価値の普及に貢献し、さらにそうした価値の普及をめざす国にとって他の国への影響力の強化につながる。そして最後に、革命運動、労働組合、多国籍企業など、しばしば国家とは対立する独自の行為主体の進出をもたらす。[5] トランスナショナル関係の進展の現実を目の前にして、二人の著者は、世界政治は変貌を遂げているにもかかわらず、国際関係のパラダイムがそれに追いついていっていない、と現実とパラダイムの乖離を指摘している。そして国家中心主義の国際関係論が優勢な時代、トランスナショナル関係は二義的扱いしか受けず、国内のさまざまな利益は、依然として国家の外交チャンネルを通してしか国際政治に影響を与えていないかのようである、と論じている。[6]

トランスナショナル関係論のさきがけとなるこの本は、今から三〇年以上前に出版されている。つまり伝統的な国際関係の見方に挑戦するこうした視点が打ち出されたのは三〇年前のことである。現実を後追いするかのように、トランスナショナル関係の見方が提示されたことによって、国際関係の分析手法にさまざまな影響を及ぼすことになった。相互依存論、世界社会パラダイム、国際政治経済論、国内政治と国際政治の収斂論(リンケージ・ポリティクス)、国際レジーム論、そして国際社会論といった、新しい国際関係のパラダイムや分析手法を誕生させる契機となった。

さて今あげた国際社会論であるが、ここで問題となるのは、まず「国際社会」の意味するところである。国際社会論では、主権国家システムがアナキーであることを認めつつも、主権国家システムのなかに、共通関心、規則、規範、制度といった、普通の国内社会に見出される社会としての徴表を抽出し、国際関係の枠組みのなかに国際社会の発展を見出す。今では、国際関係論の古典的文献として世界に広く読まれ、またイギリス学派の傑作と評される国際政治学者ブル著『国際社会論――アナーキカル・ソサエティ』は、国際関係における国際社会の形成を見事に論じている。ブルは、主権国家から構成される国際システムを国際社会として捉え、社会の構成要素である、共通利益、規則・規範、および制度を中心に分析している。国際社会には、国家の独立と主権の維持、平和、暴力制限、条約など約束の遵守、および国家財産、領土、管轄権など所有の安定といった基本的な目標がある。それにこうした国際社会の基本的な目標を維持するための秩序が備わっている。つまり、国際社会にはその共通利益や目標を実現するための行動を律する規則、そして規則を実効的なものとするための制度など、国際社会を維持するための行動様式としての国際秩序が備わっている。[7]

主権国家システムの枠組みのなかに国際社会の発展を見出すことで、国際関係の動態が見えてくる。というのも、国際社会秩序を構成する、規則・規範および制度といった面を分析することで、時の国際関係の安定度を測ることができるからである。内政不干渉規範が徹底している地域では、国内秩序は問われず、国際関係は限りなく国家間関係に限定されていることが理解できよう。人権や民主主義を問う国際規範が浸透していれば、国際干渉や援助が日常的に行われ、限りなくトランスナショナル関係が展開される背景が読めよう。社会規範の存在が、反社会的行為を問う根拠となり、それゆえに国際世論が力を持ち、国家は国際的名誉を求める国際協調的な行動をとることが期待される。

近年、国際社会なるものが突如誕生したわけではない。昔から国際社会が形成されていた。むしろ、西欧の国際政治システムが世界大の主権国家システムへと拡大し、変貌を遂げる以前の国際社会のほうが、イデオロギー的にも文化的にも欧州的同質性があり、今日の国際社会よりもはるかに「社会的」であった。しかし、ロシア革命後のイデオロギーの対立、欧州支配に対する非欧州世界の人民や国家の度重なる反乱、さらには主権国家システムの非欧州世界への拡大の結果、国際社会の基幹をなす共通価値や共通利益についての国際社会の総意が衰退していった。先に引用したブルは、今後とも主権国家システムは存続し続けるにせよ、国際社会の社会としての諸相は衰退し、近い将来、もはや社会でなくなるのでは、との悲観的な予測まで立てている。[8] この予測は、おそらく見当違いであろう。それは後述するように、冷戦の終結を見通せなかったことと関連している。むしろ、冷戦が終結する過程で、地球規模文化の形成の動きが始まり、地球社会の共通利益、および共通規範の創造の動きが始まることで、国際社会論のパラダイムは国際関係の見方をより現実的なアプローチに仕立てることになるからである。[9]

2　グローバル政治とグローバル社会

にわかに地球を語る

人権や政治参加についての国際規範づくりが始まりはしたものの、世界が二つの陣営に分かれ、それぞれが理想を掲げて対立し、闘っていた時代には、少なくとも、一方の東側陣営では、人権も基本的自由も、組織的に蹂躙されていた。両陣営の狭間で非同盟中立の立場にあった途上国の多くで、自由と民主主義は否定されていた。内政不干渉原則を最優先規範とする国際関係のもとでは、主権の壁は厚かった。グローバル問題への危機意識は醸成されつつあったが、そうした問題への取り組みを可能にするような機運も、国際政治構造も、整っていなかった。

ところが、冷戦終結を機に状況はずいぶんと様変わりした。にわかにグローバル問題が語られ、グローバル政治が語られ、そしてグローバル市民社会が論じられるようになった。一九九二年に地球環境開発サミット、九三年に世界人権会議、九四年に国際人口開発会議、九五年に世界社会開発サミット、九六年に世界食料サミットといったふうに、九〇年代に入るとグローバル問題に関する世界規模の会議が毎年のように開催されるようになった。まさにグローバル時代に突入したかのような印象を与える。

それに、一九六〇〜七〇年代に国際NGOが増加し始めたと先に述べたが、その増加傾向はその後もやまなかった。しかも人権問題や安全保障問題のように、かつては政府と対立的であった分野のNGOが世界各地に誕生し、NGOのネットワーク化が進んだのである。対人地雷の惨劇を世界に訴え、その全廃をめざすNGOによる世界規模の運動が、世界を動かし、ついには九七年に対人地雷撤廃条約の締結にこぎつけたのは、その一例である。世界で、人権や民主主義を基調とするグッド・ガヴァナンスが問われるようになり、持続的発展が求められるようになると、人権NGOや開発NGOがグローバル市民社会の確立の重要な担い手となった。アジア・アフリカの途上国の多くで、かつてはNGOの活動が制限されていたが、民主化の流れのなかで、人権問題および環境問題に関するNGOが誕生し、グローバル・ネットワークに入っていった。

冷戦終結後にグローバル問題がにわかに出現したわけでもなければ、「人類益」がにわかに発見されたわけでもない。人権問題や人道問題がにわかに発生したわけでもない。となれば、世界は、なぜに突如、グローバル問題を、それも全世界で語り始めたのであろうか。国際関係の仕組みに変化が生じたからであろうか。それとも何か別の原因があるのであろうか。

民主主義のグローバル化

こうしたにわか現象の背景には、国際関係の分断の克服がある。国際関係は、半世紀にわたって「鉄のカーテン」で東西に分断されていたが、東側陣営の崩壊で、国際関係の枠組みがグローバルなものになり、また西側陣営の価値や規範が急速にグローバル化していったことと関連している。そもそも、グローバル化とは、欧米資本主義が世界資本主義へと拡大する過程であり、それにつれて欧米流の近代経済、社会・政治モデルが、地球大に普及する過程であるといえよう。冷戦の終結で、世界が統一されたひとつの社会として発展していく政治的な条件が整った。それに、一九九〇年代に入ると、インターネット、電子メールなどの情報伝達技術の急速な進歩によって、トランスナショナル関係を促進するうえで、地理的近接性は重要な意味をなさなくなった。人の移動をともなわない迅速かつ安価な情報交換が可能になり、その結果、質および量においてトランスナショナル・ネットワークが拡充する。

冷戦が終結する一九八〇年代末から九〇年代にかけて、民主主義規範がグローバル化する。民主化の「第三の波」

で、自由と民主主義に関する国際規範に挑戦していた国の多くが民主化された。そうした流れのなかで、国連や地域国際機構を通して、人権、民主主義、マイノリティ権利保障といった規範が確立されグローバル化していった。その結果、政治システムとしての民主主義の実現が世界で問われるようになった。

　民主主義を国際政治の俎上に載せることを正当な行為とみなす根拠は、第一に、民主主義の徴表である選択、透明性、複数主義が、人権を保障するうえで重要であると考えられるようになり、人権尊重と民主主義の関連性が発見されたからである。それまでは、参政権も自由選挙も、人権の一部として規定されてはいたが、国際政治においてその実現や履行が求められることはなかった。それが、冷戦後には、すでに普遍的な基準となっている人権尊重の条件に、民主主義の実現が求められるようになった。

　第二の正当化の根拠は、民主主義の実現が国内紛争の予防の手立てとみなされるようになったことにある。民主制度が構築されている国では対立や紛争は平和的に解決することが可能であるが、民主制度の未発達な国では利害対立は国内紛争に発展する傾向にあるからである。

　そして第三の正当化の根拠は、それまでの政治学(理論)における民主主義を擁護する議論とは異なり、民主主義が国際関係との関連で語られるようになったことにある。民主主義は、その国の市民に、社会の公正さ、平和、幸福を保障するのみならず、世界の平和と幸福をも保障する。たしかに、民主主義を国際関係との関連で論じる近代化論もあった。しかし、近代化論では、開発や発展の結果、民主化が進むとの議論が展開されてきた。一方、冷戦後の民主主義論では、民主主義が開発や発展の不可欠な条件であると考えられ、世界各国がグッド・ガヴァナンスを実現することでグローバル市民社会が実現し、世界の平和が実現する、と考えられている。民主主義の実現が、開発、発展を実現する手段とみなされている点で、それまでの民主主義に関する近代化論とは決別するものである、との指摘は正鵠を得ている。[10]

こうして、民主主義は、国内平和のみならず、国際平和にも貢献するとみなされ、平和の地帯を拡大するには民主主義を全世界に広めなければならないという国際平和のイデオロギーとなった。

地球がひとつの国際関係の場に

民主主義のグローバル化に歩調をあわせるかのように、グローバル問題群への危機意識が高まり、国家中心の国際秩序にかわって人間中心の世界秩序が求められ、論じられるようにもなった。環境問題や国際組織犯罪、麻薬取引、エイズなど、国境を越えたグローバル問題への規制と管理を行う必要性がグローバル・ガヴァナンスとして要請されるようになり、なかでも国際制度の発展が求められるようになった。国連は国際規範づくりに貢献している。先進国首脳会議G7は、八〇年代末から共通の価値、規範を提起するようになった。九〇年代に入ってからアジア欧州首脳会議(ASEM)のように二つの地域にまたがる首脳会議で、グローバルな問題に対応する動きが出てきた。加えて、人権や民主主義といった価値のグローバル化にともない、全地球レベルで、共通の価値や規範に照らし合わせて国内秩序の正当性が問われるようになり、また国家行動の正当性が問われることになった。国際政治の舞台は全地球であり、行為主体は、国家のみならず、国際機構であり、国際NGOでもある。

ここに、これまでの国際政治という見方にかわって、地球政治(グローバル・ポリティクス)という見方が必要とされるようになった[11]。地球がひとつの政治の場となり、しかも統治(ガヴァナンス)の領域となったとみなすことで、グローバル・ガヴァナンスという見方が主張されるようにもなった。NGOなどトランスナショナル・ネットワークが広がり、国益にかわる全地球的利益や人類益を追求する動きが力を持つようになったことから、またトランスナショナルな価値体系が形成されつつあることから、グローバル市民社会の形成も語られるようになった。

グローバル・ガヴァナンスとは、自然環境や天然資源といった国際公共財の管理と擁護、また貧困撲滅、人権尊重、核の脅威や国際テロリズムからの自由といった人類益の擁護と増進による、地球規模の統治・共生のメカニズムの確立を意味する。あるいは、国際機構や国際制度に基づく国際レジームの強化、国家の国際行動を規制する法と規範の整備拡充による地球規模の統治メカニズムの確立を意味する。となれば、先に述べたように、世界には、議会も政府もいまだ存在せず、人類益への認識も普遍的ではなく、よって全地球規模のガヴァナンスの枠組みは緩やかである、といえよう。今のところ、むしろ地域レベルで、地域主義を基礎にした地域ガヴァナンスが進んでいるといえよう。

　経済的相互依存関係が進展しつつあった一九五〇年代から六〇年代にかけて、世界の各地で「地域主義の波」が起こり、地域レベルでの組織化、制度化が進展し始める。主として経済、社会領域での国際機構の設立の波が沸き起こる。[12]しかし、実際に地域を基盤に国際関係の組織化が本格的に始まったのは、冷戦後のことである。地域主義を分析したフォーセットとハレルによれば、冷戦終結と時を同じくして顕著になる地域主義の再生および地域機構の復活の背景には、経済のボーダレス化による国内政治経済と国際政治経済の相互依存の進展があるという。それに相互依存関係が進展していった結果、地域レベルでの協力が不可欠になり、しかも冷戦終結によって、世界はイデオロギー対立による地域内の対立・分断から解放され、地域協力への取り組みが可能にもなったからである。民主化の波の結果、ＥＵが拡大され、また中東で、さらには東南アジアやアフリカで、地域主義の動きに弾みがついた。[13]ＣＳＣＥの安全保障機構化、ＮＡＴＯの政治化、欧州審議会の国際安全保障化、ＥＵの共通安全保障政策への取り組み、北米自由貿易協定（ＮＡＦＴＡ）、米州機構（ＯＡＳ）の国際安全保障化、ＡＳＥＡＮの政治化、安全保障フォーラムとしてのＡＳＥＡＮ地域フォーラム（ＡＲＦ）の創設、アジア太平洋経済協力会議（ＡＰＥＣ）、太平洋経済協力会議（ＰＥＣＣ）の創設等々、政治、安全保障、および経済の諸領域で地域主義が興隆し、地域の組織化が始まった。

　地域主義の動き、さらにはグローバル政治の台頭は、今後、国際法秩序を変えていくことになりそうだ。すでに、これまで国際関係の最優先的規範となっていた主権の尊重と自決権は、挑戦を受けつつある。人民が、外部からの介入なしに、政治的地位を自由に決定し、社会、経済、文化的発展を自由に追求する、というのが自決権の定義であったことを想起したい。世界は、そうした権利を内政不干渉原則で保障しようとしてきた。ところが民主主義論、グッド・ガヴァナンス論、グローバル市民社会論が力を持つようになることによって、世界は援助を梃子《てこ》に民主主義を普及させ、国内秩序のあり方に干渉することの正当性を得ることになった。国内秩序への干渉のグローバルな広がり、それに干渉の規模と程度は、国際関係の歴史上、前例を見ない。それだけに、フォックスとルースがいみじくも指摘しているように、民主主義規範のグローバル化が進み、「民主的ガヴァナンスの権利」なるものが世界で確立されようものなら、それは国家主権の概念を覆しかねず、国際システムの基本原則の大転換に発展しかねない。[14] 主権国家から構成されるウェストファリア体制は崩壊の危機に直面している。

国内秩序を問うことを意味する民主主義のグローバル化の動きは、国家主権の侵食や衰退をめぐって深刻な議論と対立を巻き起こすことになる。グローバル化の急速な進展の結果、二十世紀末期に主権は衰退した、という議論が一方にある。イギリスの国際政治学者ストレンジは、国家の能力は急速に衰退したと主張している、[15] またローズクランスは、もはや領域においても、国民経済においても、国家の体裁をなさない「ヴァーチャル国家」を論じる。[16] たしかに、領土の排他的支配および国民統合を前提とする文字通りの主権国家は、今は存在しない。他方では、クラズナーのように、もともと主権が絶対的なものであったためしがなく、これまで一貫して侵食されてきており、今日の、一見、主権の衰退とみなされる現象は、対外主権(ウェストファリア主権)の衰退ではあるが、それは国際社会での国家の存在の正当性を高めるための国際法的主権を強化しようとする一時的な現象である、との見方もある。[17]

アイデンティティの多元化

グローバル化による時空の圧縮は、一方では、世界の統合や均質化をたしかにもたらしつつあるが、他方では、国家アイデンティティの分裂を促進しつつもある。国民の間に国益への共通理解があり、国家の経済繁栄、国家の福祉の向上、国家の安全保障といった、国家の責務がまっとうされているうちは、国民意識の形成やその維持は容易であった。しかし、グローバル化が進展するにつれ、国家の問題解決能力の限界が判明し、また人類益の擁護やグローバル問題群の解決に国際政治の枠組みでは対応しきれないことが明らかになる。それに、国家によっては、自国の人間の安全すら保障することができないことが露呈するにつれ、国民のアイデンティティは、サブナショナル化し、また脱国家化し、トランスナショナル化する。

アイデンティティのサブナショナル化とは、たとえば地方主義の芽生え、エスニック・アイデンティティの芽生えなど、国家内の特定地域やマイノリティ集団への帰属意識を国民意識に優先させる動きである。サブナショナル・アイデンティティの形成は、すでに述べたように、なにも今日的な現象ではないが、二十世紀の半ばまでは、それが顕在化するのを抑えられていた。マイノリティの権利に関する国際規範も確立されておらず、それに同化政策を行うことも可能であった。世界の監視の目が緩やかでもあった。ところが、一九六〇年代から七〇年代にかけて、集団の権利、人種差別撤廃、あるいは人権といった国際規範の確立の動きによって、民族差別や人種差別を世界は閑却しなくなった。

アイデンティティのサブナショナル化は、民族自治や多民族共存の制度的保障を求める動きへと発展する。世界各地で連邦化の動きがここに始まる。またオーストラリアやカナダの例に見られるような多文化主義、あるいは北アイルランドやボスニア・ヘルツェゴヴィナの例に見られるような権力分掌の模索となる。国民統合が破綻をきたし、また同化政策が困難に逢着した結果である。

振り返るに、私たちは、現実主義の見方の影響のもとで、軍事力と経済力をパワーの測定基準にして、大国、中級国家、小国、さらには超大国に分類することにすっかり慣れきっていた。しかし、軍事力や経済力の比較による国力の大きさは、必ずしも国家の安定度とは関係がない。国境内にはしる、また国境横断的にはしる民族の活断層は、国家の崩壊を導くほどの巨大なエネルギーを秘めている。ユーゴスラヴィアやチェコスロヴァキアのような中級国家どころか、超大国ソ連までもが、民族の反乱で国家の分裂の憂き目にあったことからも明らかであろう。つまり、アイデンティティやエスニシティの分析視座を持つことで、国家の強さや脆弱さを照らし出すことができる。

サブナショナルなアイデンティティの台頭に着目した馬場伸也氏の『アイデンティティの国際政治学』(一九八〇年)は、国際政治にアイデンティティ論を持ち込む先駆けとなる研究であった。[18] しかし、アイデンティティ論が国際関係論のなかで主要な一角を占めるようになるのは、冷戦終結後のことである。それは、冷戦終結後、グローバル化ともあいまって、アイデンティティの脱国家化が急速に進み、宗教、階級、ジェンダーといった、脱国家アイデンティティの形成に拍車がかかったことと関連している。環境問題で、世界に「宇宙船地球号」なるグローバル環境アイデンティティの萌芽も見られる。また人種、エスニック集団などのサブナショナルなアイデンティティの形成も急速に進展した。さらに、ハンチントンに代表される「文明の衝突」論に見られるように、冷戦終結後の世界では、超国家的な文明へのアイデンティティの萌芽も見られ、それが西欧キリスト教文明とイスラーム文明の対立を予測までさせている。[19] 文明アイデンティティの形成が進めば、国際関係に新たな対立軸の到来が予想され、世界秩序の再編の契機となろう。こうして、冷戦後、時代の新しい潮流を反映して、アイデンティティ論が国際関係論において本格化してきた。[20]

グローバル化と安全保障

冒頭で述べたように、学問領域としての国際関係論の起源は、いかにして国際平和を創造するかという見地から、戦争原因を探求し、そして平和創造の知恵を編み出すことにあった。その意味で、安全保障と国際平和の構築というテーマは、国際関係論に一貫した主要なテーマであり続けた。

振り返るに現実主義の見方が優勢であった時代、安全保障、核抑止といった政治・軍事問題はハイポリティクス(高次元政治)とみなされ、それゆえに安全保障論や戦略論が、国際関係のパラダイムに影響を及ぼしていた。人権問題、人道問題、あるいは自由選挙など、本来は国際秩序のあり方と深くかかわる問題ではあるが、こうしたテーマは国際関係論ではまっとうな扱いを受けなかった。これはつい十数年前までのことである。ところが、いまや選挙の監視、選挙支援、人権尊重、さらには民主制度の確立が、安全保障問題として取り上げられ、その普及と実現が地域国際平和、地球安全保障の要諦とみなされるようになった。そこには、安全保障へのグローバル化にともなう安全保障パラダイムの転換がある。

安全保障のグローバル化は、国連や地域レベルの安全保障国際機構の役割を飛躍的に増大させている。国際機構は、国際社会共通の規範のグローバル化に務め、アナキーな国際社会の公的秩序の整備強化に取り組んでいる。国際機構はその点で、グローバル・ガヴァナンスの重要な担い手である。特に欧州では、冷戦期に力を持っていた現実主義的な見方にかわって、冷戦後、理想主義の見方が力を持つようになり、民主主義の普及による安全保障共同体の創造が始まっている。[21] 安全保障のグローバル化の動きは、国際干渉の正当性を導き出すことにもなる。選挙監視による民主制度の評価に始まり、NGOの設立への援助、人権問題への干渉、民主制度の建設支援、さらには人道的干渉など、国際干渉は、地域によって程度差はあるものの、いまや日常化している。

3　本書のねらいと構成

さてここまで論じてくると、あちこちから、批判の声が聞こえそうである。国際システムは、今もって権力政治の場である、と。国際関係からトランスナショナル関係への転換を強調しすぎである、と。グローバル政治、グローバル市民社会の到来をあまりに楽観的に描いている、と。

たしかに、地球規模の国際関係を一律に論じることなど、できないであろう。グローバル化の進展とはいえ、それが地球全体にくまなく広がり、世界を覆っているわけではない。地域差があろう。国際社会としての規範の形成と普及程度にも、領域によって、そして地域によって、違いがあろう。トランスナショナル・アイデンティティの形成程度にも、国民アイデンティティの分裂程度にも、国によって、そして地域によって、開きがあろう。エスニック・ネットワークの形成も、NGOのトランスナショナル・ネットワークの形成も、一様ではあるまい。グローバル市民社会の形成も、地域によって濃淡があろう。トランスナショナル関係は、地球全体に一様に進展しているのでもない。グローバル市民社会も、グローバル政治も、その言葉の厳密な意味では、いまだに実現していない。

『国際関係論を超えて』と題する本書のねらいは、もはや伝統的な国際関係論パラダイムはとらえきれない、今日の国際関係の諸相を明らかにすることにある。グローバル化の進展状況、国際関係の行為主体の脱国家化とトランスナショナル関係の進展状況、そしてトランスナショナル関係の基礎をなすトランスナショナル・アイデンティティの形成程度、グローバル問題への取り組みの現状と課題を、それぞれ個別に具体的に検証し、論じようとするものである。どこまでグローバルなのか。どこまでトランスナショナルなのか。これを明らかにするのが本書の一番のねらいである。

第一部「国家を超えて——共通のアイデンティティを求めて」は、グローバル化が進展するなかで、世界がどの程度、グローバル政治の場になっているのか、そして共通のアイデンティティがどの程度、広がり、共有されるようになったのかを明らかにする。第一章「情報革命とトランスナショナル関係論」では、情報革命の要であるインターネットの普及が政治過程に与える影響を論じる。インターネットが、情報公開、説明責任、参加といった政治過程の重要な側面に、どのような影響を与えているのであろうか。情報革命、なかんずくインターネットの普及は、自由な討論を可能にする政治的空間をかもし出し、そしてトランスナショナル関係の進展を促進させ、さらにはグローバル規模での民主主義の発展の可能性を示唆している。第二章「地球市民と地球市民社会」では、グローバル問題へ対応しきれない主権国家システムの限界から、NGOに代表される「地球市民社会」が形成されていく背景を論じるとともに、地球市民社会論の問題点を提起する。そして近年に見られる「地球市民」による「社会」へのアイデンティティの高まりの背景を明らかにする。第三章「人権、民主主義、グローバル・ガヴァナンス」では、人権と民主主義の二つの価値が、トランスナショナル関係に及ぼす影響を論じる。人権や民主主義などの理念と制度と、トランスナショナル・アイデンティティの形成あるいは地球市民アイデンティティの形成との関連を明らかにする。そして人権と民主主義の広がりが、グローバル・ガヴァナンスの実現につながる可能性を示唆している。第四章「コモンズの悲劇とエコロジカル・アイデンティティ」では、グローバル問題の解決における、アイデンティティ政治の役割に着目し、とりわけ熱帯雨林保護の枠組みづくりに、環境NGOが果たしてきた役割、影響、そして限界を論じる。環境NGOが中心になって貢献している環境保護アイデンティティ(エコロジカル・アイデンティティ)の形成についても、明らかにされる。

第二部「国家を割って――共治の統治システムを求めて」は、グローバル化の進展とともに、国家アイデンティティの分裂、サブナショナル・アイデンティティの形成に注目する。第五章「エスニシティとエスニック・ネットワーク」では、国民国家体制のなかで、エスニシティがどのように顕在化し、なぜ問題となり、そして国際政治にどのような影響を及ぼしているのかを明らかにする。特に、増え続けるディアスポラ、そしてディアスポラを結ぶエスニック・ネットワークの現状と、それが国際関係の構造に及ぼす影響について論じる。第六章「新しい権力分掌の理念と形」は、対立する集団間での共存の政治メカニズムである権力分掌について論じる。主として北アイルランドの権力分掌のモデルを例にとり、市民社会からの働きかけ、および国際社会におけるマイノリティの人権擁護の潮流に、権力分掌モデルの起源を探る。

第三部「国家と共存して——共通の安全と紛争解決」では、政治経済の相互依存が進む現代における紛争解決の現状と課題に焦点をあてる。第七章「地球規模問題の解決をめざして」では、地球環境問題の解決に、既存の国際政治の限界を、特に世界首脳会議の事例を中心に検討し、地球規模の永続可能な社会の実現に、NGOによるトランスナショナル・ネットワークに期待する。第八章「WTOにみる多国間主義と紛争解決」では、政治経済のグローバル化にともない、世界がひとつの市場になった今日、国家と非国家行為主体が織り成す世界政治経済の紛争に焦点をあてる。多国間貿易体制の規律とルールを提供しているWTO（世界貿易機関）を中心に、多国間主義の今日的意味を考察する。そして最後の第九章「グローバル化と国際安全保障」では、民主主義のグローバル化や軍事技術の進化により、国家を軍事力では守れない国際政治状況が出現したことで安全保障パラダイムが変容したことを論証する。欧州を中心に進展している共通の安全保障や民主的平和の理念と枠組みを分析し、それがアジアへ波及することが困難であることを示唆する。

さて、これから第一部第一章より、順次、読み進めていただきたい。国際関係は大きく変貌しつつある。今の国際関係の現実が、およそ私たちがこれまで抱いていた国際関係論の見方では到底、読み取ることのできない、複雑な世界であることが判明してくると思う。今を生きる私たちの地球の社会・政治空間が、グローバル政治へと、そしてグローバル社会へと発展していく移行期であるのか、それとも行く先見えぬ混沌たる世界への序章なのか、手がかりが掴めるものと思う。

1　Carr, E. H., *The Twenty Years' Crisis 1919–1939: An Introduction to the Study of International Relations*, London: Macmillan,

1939. 邦訳、E・H・カー（井上茂訳）『危機の二十年』岩波書店、一九五二年。
2 Morgenthau, Hans J., *Politics Among Nations: The Struggle for Power and Peace*, New York: Alfred A. Knopf, 1945. 邦訳、モーゲンソー（現代平和研究会訳）『国際政治――権力と政治』福村出版、一九八六年。
3 民際外交の起源と展開について、臼井久和・高瀬幹雄編『民際外交の研究』三嶺書房、一九九七年を参照。
4 Meadows, Donella H. et. al., *The Limits to Growth: A Report for the Club of Rome's Project on the Predicament of Mankind*, New York: Universe Books, 1972. 邦訳、メドウズ他著（大来佐武郎監訳）『成長の限界』ダイヤモンド社、一九七二年。
5 Keohane, Robert O. and Joseph S. Nye Jr., eds., *Transnational Relations and World Politics*, Cambridge: Harvard University Press, 1971. pp. ix–xxix.
6 Ibid., p.371.
7 Bull, Hedly, *The Anarchical Society: A Study of Order in World Politics*, London: Macmillan Press, 1995.（second edition）（初版本は一九七七年に発行）。邦訳、ヘドリー・ブル（臼杵英一訳）『国際社会論』岩波書店、二〇〇〇年。
8 Ibid., pp.248–271.
9 地球文化の形成を中心に論じた国際社会論の文献として、馬場伸也『地球文化の行方』東京大学出版会、一九八三年、梶田孝道『国際社会学のパースペクティブ』東京大学出版会、一九九六年を参照。
10 Wickramasinghe, Nira, "From Human Rights to Good Governance: The Aid Regime in 1990s," in Mortimer Sellers, ed., *The New World Order: Sovereignty, Human Rights and the Self-determination of Peoples*, Oxford: Berg, 1996, p.316.
11 地球政治（学）として著された文献として、たとえば、星野昭吉、臼井久和『世界政治』三嶺書房、一九九九年、小林誠・遠藤政治編『グローバル・ポリティクス―世界の再構造化と新しい政治学』有信堂、二〇〇〇年を参照。
12 Taylor, Paul, *International Organization in the Modern World: The Regional and Global Process*, London: Pinter, 1993, pp.24–28.
13 Fawcett, Louise and Andrew Hurrell, *Regionalism in World Politics: Regional Organization and International Order*, Oxford University Press, 1995. 邦訳、L・フォーセット、A・ハレル（菅英輝・栗栖薫子監訳）『地域主義と国際秩序』九州大学出版会、一九九五年。
14 Fox, Gregory H. and Brad R. Roth, eds., *Democratic Governance and International Law*, Cambridge University Press, 2002,

p.10.

15 Strange, Susan, *The Retreat of the State*, Cambridge University Press, 1996.

16 Rosecrance, Richard, *The Rise of the Virtual State*, New York: Basic Books, 1999. 邦訳、リチャード・ローズクランス（鈴木主税訳）『バーチャル国家の時代』日本経済新聞社、二〇〇〇年。

17 Krasner, Stephen D., *Sovereignty: Organized Hypocrisy*, Princeton University Press, 1999.

18 馬場伸也『アイデンティティの国際政治学』東京大学出版会、一九八〇年。

19 Huntington, Samuel P., *The Clash of Civilizations and the Remaking of World Order*, New York: Simon&Schuster, 1996. 邦訳、S・ハンチントン（鈴木主税訳）『文明の衝突』集英社、一九九八年。

20 冷戦後のアイデンティティ論の興隆について、大庭三枝「国際関係論におけるアイデンティティ」『国際政治』一二四号、二〇〇〇年五月を参照。

21 Baylis, John, "European Security in the post-Cold War Era: The Continuing Struggle between Realism and Utopianism," *European Security*, No.3, Autumn 1998; 拙稿「ＯＳＣＥの安全保障共同体創造と予防外交」『国際法外交雑誌』第九八巻第六号、二〇〇〇年二月を参照。

I

国家を超えて

共通のアイデンティティを求めて

第一章

情報革命とトランスナショナル関係論

三上貴教

はじめに

情報通信技術のすさまじい発展とそれがもたらす社会変革の波を表すのに、革命という言葉が用いられている。一〇年前と現在の情報をめぐる環境を比べてみれば、その変化はまさに革命と呼ぶにふさわしい。一〇年前には見たこともないワールド・ワイド・ウェブ(WWW)を、現在は利用しない日がないほどである。世界のインターネット利用者は二〇〇二年九月までに六億五〇〇〇万人を超えたと推測され、[1]日々なお増大を続けている(図1参照)。この情報革命は国際社会にどのような影響を及ぼしているのか。情報が瞬時に世界を駆けめぐるさまを思い描けば、国境の壁が限りなく低くなった地球社会をとらえようとした、トランスナショナル関係論の引出しを開けてみたくなる。

国際政治学者のスティーヴ・スミスによれば、国際社会を国家中心の諸関係として見るか、トランスナショナルな関係として見るかは、国際関係の理論的展開のなかで、もっとも根本的な論争ととらえられた時期があった。しかし

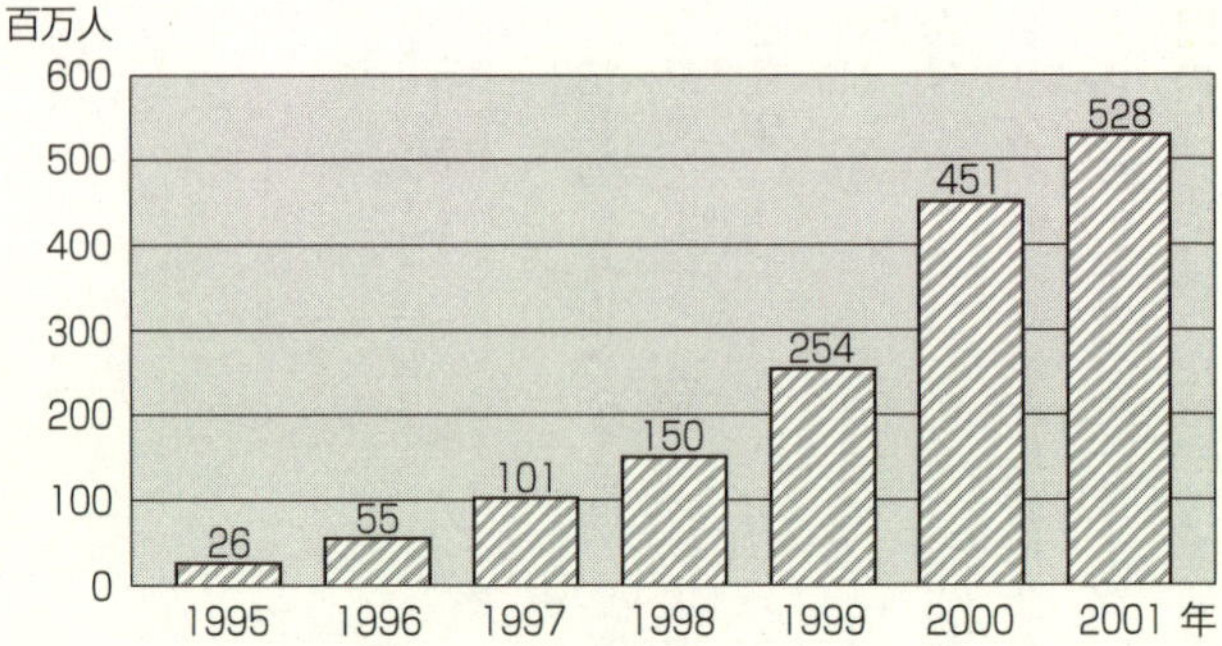

図１　世界のインターネット利用者数の推移
出典：総務省編『情報通信白書平成14年版』。

ながらトランスナショナル関係論は、一九九〇年代には国際構造の役割をその理論的枠組みのなかに明確に位置づけられない傾向もあって、しだいにネオリベラリズムの展開とともにそのなかに吸収されていった。[2] たしかに、トランスナショナル関係論は国家中心の弱肉強食的国際政治観に異議申し立てをしつつ、国家以外のアクターに注目し、その働きを強調してきた。その一方で国際構造とエージェントの相互作用と相互不可分性を重視する理論的枠組みが主流となるなかでそれは、アクターのみに固執してあたかもヴァージョンアップをし忘れた理論であるとの印象も拭えなかったかもしれない。

しかし国境を越えて移動するヒト・モノ・カネに加え、インターネットの出現による情報の影響力が、いわゆるサイバースペース上に一つの公共圏を生み出しつつあるとの議論が登場するようになった今日、[3] トランスナショナル関係論に新たな局面が生まれつつあることを軽視することはできない。トランスナショナル関係論は今やたんにアクターのみにこだわった理論ではなく、情報の空間に観念としてもたらされた公共圏と密接に関わり合っている。公共圏は観念であるがゆえに、国家をやすやすと飛び越え、地球的規模の政治空間を創設する可能性に富んでいる。

本章ではまずインターネットが政治過程に与えているインパクトを検討する。ここでは政治的アクターを中心に、情報公開、説明責任、参加をキーワードとして、インターネットがどのような変容をもたらそうとしているのかを考えたい。次にインターネットが抱える問題点に触れる。大きなインパクトを与えているだけに、その陥穽《かんせい》を認識しておくことも大切である。続いてインターネットと公共圏の関係を考察する。インターネットこそが自由な討論を基礎とする政治的空間になりうるとの議論が存在する一方で、必ずしもそれに与しない主張も説得力を持つ。そして最後に、これらの考察を踏まえて、公共圏とトランスナショナル関係論のこれまで見過ごされてきた関係を明示し、そこに生み出される新たな可能性について論じることにする。

1 インターネットのインパクト

政治的アクターへのインパクト

インターネットの出現と普及が政治的アクターにどのような影響を及ぼしているのか。政治的アクターとは、政策決定に直接的に関与する政府、省庁、議会、政党、自治体といった、一般的に国内政治の中心的役割を担っているものから、国際機関、NGO（非政府組織）などの国際的アクターを包摂してさすことにしたい。インターネットを含めた情報技術全般の革命的進歩にともなう社会変革を表すために、「IT革命」との呼び名も用いられている。それに倣うなら、ここで検討するのは政治のIT革命である。政治のIT革命は政治過程の根本的変革をもたらしうる。前述した政治的アクターの行動にどのような変革をもたらし、またそれがどのような意味を持つのかをここで検討したい。

今や各国政府は、少なくとも民主主義国家において、インターネット上にホームページ（以下HP）を開設しておくことがあたりまえのことになった。あらゆる政策の遂行において民主主義国家では国民の理解が不可欠である。HPを充実させることはその民主主義的原理のうえからも当然に期待されることである。いいかえると、もしHPが充実していないとすれば、それは政府の説明責任のまっとうな履行を疑わせることになる。ＨＰが民主主義の成熟度を示す状況も現出しつつある。

国内的に説明責任と関わる政府のＨＰはまた、国外の政府や人々から見れば、透明性が確保されているかどうかの問題とも結びついている。国際政治学理論のリベラリズムの潮流に属する民主主義平和論を思い起こせば、民主主義国家同士が戦争をしない重要な理由としてこの透明性が挙げられていた。[4] 透明性によって自国民のみならず、外国の政府と人々の信頼を得ることにも結びついていることを考えるならば、ＨＰの充実それ自体も重要な意味を持つことは明らかである。たとえば日本のなかにある公的なアメリカの窓口は、一般的には大使館ということになるだろう。サイバースペース上にある駐日アメリカ大使館を訪ねてみる。ホワイトハウスともリンクされていて多くの重要な政治的情報を閲覧することができる。駐米の日本大使館も首相官邸や両議院、官庁へもリンクが施されていて透明性が高い。予想に反しないことだが、北朝鮮の公的な政治的情報には広告塔的な朝鮮中央通信を除いて、国交がある国を経由しながら試みたものの、到達することができなかった。

ＨＰは国家にとって、地球上の人々に向けた情報公開の手段になりつつある。民主主義国家にとってはそれがあたりまえのことになろうとしているし、ＨＰによる説明責任とは無縁の非民主主義国家は、その閉鎖性のゆえに世界からの信頼を得られない状況が続いている。

国内政治とインターネット

政府のＨＰが説明責任またその国家の透明性と密接に関わっていることに劣らず重要なのは、国民からの声をＨＰをとおしてどの程度汲みとろうとしているかである。インターネットではＷＷＷのほかに、これも革命的な利便性を社会にもたらしたＥメールの影響力を看過できない。政治のＩＴ革命の第二番目は、政策決定過程に市民の声を今までにない低コストで直接反映させる手段を手にしたことである。

ある公的機関の政策に異議申し立てを行おうとするとき、インターネットを手に入れる前の行動はどのようなものであっただろう。多くの人に自分の意見をぶつけて、ある種の世論を形成して政策を動かそうとする人は新聞の投稿欄を用いていただろうか。しかしながらこの手段の欠点は、第一に必ずしも新聞社にその投書を採用してもらえるとは限らないこと、第二に新聞に掲載されたとしても、それが政策決定者に本当に伝わったかどうかが不明なことである。すぐにそして直接異議申し立てを、と考える人は電話をかけるだろうか。しかしその電話は影響力の大きい圧力団体の会長でもなければ、多忙な政策決定者に取り次いでもらえる可能性は少ないだろう。陳情に出かけるにも、もし地方に住んでいるなら、東京の永田町や霞ヶ関にまで簡単に足を運べるものではない。せいぜい政治家に対してなら、地元の議員事務所の秘書に訴えるのが関の山だろう。では手紙はどうだろうか。切手代は新幹線代よりはるかに安いけれども、スピードの面で不満が残る。本当に読んでもらえているものかどうかわからず、読んでもらえて返事がくるにしても、一週間以上の時間は流れているだろう。

そこで登場してくるのがEメールである。前述した多くの手段が抱える問題点を克服しうる道具である。無論Eメールが万能なわけではない。スピードアップはしたけれども、手紙が抱える問題の本質は変わっていない。つまり、出しても本当に読んでもらえるかどうかがわからない。しかしEメールが持つ迅速性と低コストは、それを政策決定者がうまく活用すれば、間接民主主義による政治過程においてしばしば市民が感じる疎外感を緩和する可能性を持っている。すでに政治家の一部は、世論の動向を掌握する手段としてEメールを活かしている。さらに市民からの声を積極的に聴こうとする姿勢が強まれば、それはEメールによってもたらされる政治過程の変革につながるであろう。

このように政策決定者をめぐるインターネットの影響力を考えると、それは民主主義政治の基盤ともいえる「情報公開、説明責任、住民参加」のそれぞれに密接な関与を生み出しうる手段を提供している。朝日新聞の早野透は「私は生まれていない赤ん坊だったけれど、大人たちも何で戦争が始まって何で終わったのかよくわからなかったに違いない。『情報公開、説明責任、住民参加』が当時の政治体制にあれば、確かにあんな愚かな戦争は起きなかった」と指摘する。[5]この三つの要素すべてに関して、インターネットは有効な道具なのである。

例を挙げておこう。外務省が機密費をめぐる不祥事に揺れた後、外務省改革のための会議体が設置された。「外務省機能改革会議について」のコーナーが開設されていた二〇〇一年三月二十日の外務省HPは、この日までに国民の方々から七三件の意見がこのコーナーに寄せられていると記していた。この七三件はどのような意味を持つだろうか。電話であれば録音しない限り一過性の苦情として聞き流される意見であったかもしれない。しかしこのEメールの意見は記録として残り、少なくともこの事案に関する限り、委員たちの手許に届けられ、改革のための最終報告に少なからざる影響を持ったことが推察されよう。また二〇〇二年十月三十一日高知県橋本大二郎知事の「よさこい高知国体」閉会式後の次のようなコメントもある。知事は「『天皇杯獲得にこだわらない』とする発言に『県内外から肯定的メールを四〇通以上いただいた』」と語った。[6]この四〇通は明らかに知事の政策遂行に影響を与えている。いわばEメールが住民参加の道具として政治過程に加わった例である。

しかしながら参加の側面については、同じコインの表と裏の関係として次のような課題もある。つまり、公的機関がある種の制度的な対応をEメールに関して設置しなければならないことである。おざなりではなく、送られてきたEメールを真剣に読み、参考にしていることをEメールによって「参加」する市民に認知されるような努力を行っていかなければならない。さもなければ、過多の参加によってもたらされる別の次元の疎外を招き、それが政治不信、さらには政治への無関心を増幅する恐れがある。どのような状況かというと、たとえばEメールを送っても無視される、まったく反応がない、あるいは紋切型の返事しかこないとしよう。Eメールに対応する側としては、大量のEメールの洪水のなかでどうしてもこのような対応しかできないことも想像に難くない。しかしもしその過多にまみれてぞんざいな対応しかできなければ、インターネットによって、もしかすると生まれうるかもしれない政治的対話の空間は雲散し、政治的IT革命の成果は限られたものになってしまうだろう。なぜならこのような事態はデジタル・ディバイドがもたらす構造的疎外とは別の、いわば参加したことによって生み出される心理的疎外の問題となるからである。迅速であり、低コストであったとしても、思案し、労をとってEメールを送った参加者は、結局参加したところで無視されるだけだとわかれば、徒労感と、疎外感を味わう蓋然《がいぜん》性が高い。すでにそんな状況が生み出されている部分があって注意が必要である。

このような陥穽を回避する道は、政策決定する側が住民の参加に真摯《しんし》に応えることである。住民の側は、はたして公的機関が住民参加を実のあるものにしているかどうかを随時チェックしていく姿勢を持ちたい。しかも説明責任の実行状況の一つとして査定することが、インターネットを民主主義的体制の強化に有効に活用するために必要となるだろう。ここに示した「情報公開、説明責任、住民参加」は、政府や官僚機構、議会や政党、自治体といった国内の政治的アクターのすべてにあてはまる課題である。

国際的アクターとインターネット

国内のアクターにも増して、国際機関やNGOに与えたインターネットのインパクトも甚大である。その双方に関わって、世界的な注目を集めた反グローバリゼーションの爆発的行動の嚆矢《こうし》となったのが、いわゆる「シアトルの人々」と後に呼ばれるようになったNGOによる、世界貿易機関(WTO)に対するデモンストレーションであった。二〇〇二年四月十四日のNHKスペシャル「変革の世紀①国家を超える市民パワー」は、それが可能となった背景にインターネットによる情報の瞬時の伝達があったことを明解に描いて見せた。インターネットは、以前に経験したすべてに勝ってトランスナショナルな市民社会の力を強固にして拡大させる可能性を持つとする指摘もある。[7] たしかにその具体的な成果をインターネットを得たNGOは力強く示した。そしてインターネットがNGOによって国際的に活用されるとき、それはまさにトランスナショナルな関係が進展している証左となっている。

ところでシカゴ大学教授の政治学者ウォルトはリベラリズムを次のように紹介する。「世界市場の『グローバル化』、トランスナショナルなネットワークや非政府組織、そして地球的コミュニケーション技術の急速な拡張などは国家権力の基盤を切り崩し、軍事的安全保障から経済学や社会保障へと関心を移行させている。細かな点は新しいが、根本原理はおなじみである。つまり地球上の社会は経済や社会的結合の蜘蛛《くも》の巣に編み込まれるようになるにつれ、このような結びつきを壊すことによる損失が実質的に単一的国家行動、特に軍事力の行使を防ぐことになる」[8]。

しかしながら現実はそれほど単純な楽観的図式を見せていないことにも留意しなければならないだろう。NGOに代表される国際的な市民活動と、インターネットに関連する賛否の議論を冷静に紹介するトロント大学のロナルド・デイバートの論文はその点で有益である。肯定的見解はグラムシ派[9]からリベラリズム[10]に及ぶが、共通するのはインターネットを媒介とした市民のネットワークが、世界政治においてますます力と権威を増大させているとの信念である[11]。グラムシ派は市民ネットワークに、地球的な市場の勢力と新自由主義的経済イデオロギーからの解放のための、「反覇権」の潜在的な力を見る。リベラリストはこの種の市民活動が、地方レベルの諸個人を地球的な争点へと結びつける政治的参加の型を生み出そうとする試みにおいて、大いに期待できると考える。双方にとってそれは、あまりに長いこと国家と地球を駆けめぐる企業に独占されていた世界的領域に、純粋に民主主義的な参加を表出できるものとして肯定的にとらえられている。そして、そのような進展において、インターネットこそがその燃料になるとみなされている[12]。

他方、そもそもNGOは非民主的であり、それらが代表しようとする人々に対する説明責任にも欠き、大部分たんに破壊的であるとする見解があることもデイバートは紹介する[13]。すべての市民社会のアクターが本質的に「善」というわけではない。ネットワークの活用にしても貧富の格差によってアクセスが異なり、結果的に豊かな者の声のみが大きくなる危険性もはらんでいる。インターネットを基盤にした市民活動は、民主主義の表出などからはかけ離れていて、むしろ地球的規模の民主主義の破滅を導く、というものである。[14]

インターネットをめぐる否定的な側面の問題は次節に譲るとして、ここで指摘しておきたいことは、情報公開、説明責任、住民参加の三点が公的な政治アクターばかりでなく、このNGOに対しても同様にあてはまることである。NGOの影響力は地球政治の場で増大している。そうであるからなおさら、NGOは自らが希求する活動について、また公的機関に働きかけている政策について、NGO自身が広く一般に説明する責務を負っている。インターネット時代では、HPを開設して情報を提供する、また会計面も含めて組織の実態を開示することが求められる。換言すれば、NGO自らの透明性をはかることが重要な課題となっている。さらにEメールを活用して、より広く非メンバーからの声を積極的に聴いていく姿勢が不可欠となろう。ちなみに、国際連合広報センターが紹介する日本に本部をおくNGOの一覧[15]において、国連の経済社会理事会に協議資格を有する二四のNGOのうち、HPを持つNGOは一九、メールアドレスのみを示しているのは二一であった。国連NGOであるなら、双方とも一〇〇%であることを期待したい。

国際機関とインターネット

さて、国際的な政治的アクターとして、国連がもっとも重要なものの一つであるとすることに異論は少ないだろう。NGOとの関連を指摘しておくと、国連事務総長のコフィ・アナンは、NGOを重視することを公言している。国連が課題とする地球的問題の多くの分野で、NGOも活動を行っている。「NGOの拡大するトランスナショナルなネットワークは事実上、環境から人権にいたるあらゆる社会的関心に及び、また村から地球サミットにいたるあらゆるレベルの社会機構において活動を行っている。そしてその民間の部門はトランスナショナルに拡張し続けている」[16]。アナンは、今や国連とNGOは活動におけるパートナーであるとも記している[17]。このことから判断すれば、間接的ながらNGOが透明性を高めることは、国連の諸活動における透明性を高めることにもつながってくる。

もちろん、NGOとの関連のみならず、国連そのものが、政治的IT革命のなかでどのような姿勢をとっているのかにも注目しなければならない。国連のHP上に、国連に対するコメントを受け付けるページがある[18]。そこでは、コメントは歓迎され、すべて目をとおすと記されている。しかしその一方で、個々のEメールすべてには返信できないかもしれないとも書かれている。これがEメールによる公的機関への異議申し立ての現実なのかもしれない。せっかく意見を寄せてもそれが無視されるとき、インターネットをとおして国連の政策決定に参加しようとする意欲は実を結ばない。改善策の一つは、寄せられた意見を集約し、そのデータを公開することである。

国連やG8(先進国首脳八カ国会議)、またWTOや世界銀行などの国際的な機構や会合は、なぜ「シアトルの人々」をそのシステムに内包化できないのか。もちろんデモンストレーションは抗議の示威行動であり、主張が認められるということだけにとどまらないそれ自体の意味を持つ。しかし抗議する内容の一部であっても、国際機関が真摯に聴く耳を持てば、少なくとも暴力的な抗議は抑制できるのではないだろうか。国際機関はいまだその制度化に成功していないといわざるをえない。

さて、これまでアクターに及ぼすインターネットの影響力を中心に検討してきた。他方で、インターネットの空間に自由で開かれた議論の場が形成されることにも期待が寄せられている。そこに国境は存在しない。争点をめぐる地球的規模の議論が可能となる。制約のない、対等な参加者による自由な発言の集積によって構成されるときにその空間は、あたかもハーバーマスが提唱する公共圏のような装いを持っていると錯覚するかもしれない。しかしながら現実の審議を思い起こせば容易に理解されるであろうが、議長のいないただ議論のためだけの議論がどこにも到達できないことが多いように、明確な政治的アクターの存在しないインターネットの活用は、政治過程の有効な要素として構成されることはないだろう。むしろインターネット空間が持つ無秩序がもたらす弊害の方を心配する必要がある。デイバートも、インターネットを活用しようとする市民社会がインターネットそれ自体を将来どのように統治するのかについて、注意を払わなければならないと指摘している。[19]

2 サイバースペースの陥穽

サイバーテロ

サイバースペースが既存の政治過程を革命的に変革する可能性を持つ画期的な技術であることは疑いない。しかしそれと表裏をなして陥穽、また問題点を持つことも看過できない。少なくとも、サイバーテロとデジタル・ディバイドの問題には触れざるをえない。サイバーテロは、コンピューター・ネットワークを経由して、情報が蓄積されている主要機関のサーバーに不正にアクセスしてそのデータを改竄《かいざん》、破壊して社会に混乱をもたらそうとする行為である。二〇〇一年九月十一日のアメリカにおける同時多発テロが起こる前は、たとえばトーマス・フリードマンなどは、ミサイルが飛来する攻撃よりも、サイバースペースのテロの方が社会的に大きな打撃となる可能性を示唆していた。インターネットというネットワークに私達の社会が大きく依存している今日、その主要な部分を破壊されれば、列車は止まり、飛行機は飛べず、電気の供給にも支障をきたす。Eメールは使えず、医者の高度医療機器で動かせないものも出て、銀行から預金も引き出せなくなるかもしれない。現代社会がサイバーテロに対してきわめて脆弱《ぜいじゃく》であり、莫大な資金を注入してでも攻撃に対する防御線が必要であると主張していた。[20]

ハッカーによるアメリカ国防総省への不正アクセスがニュースとなることもある。サイバーテロによる不正な情報

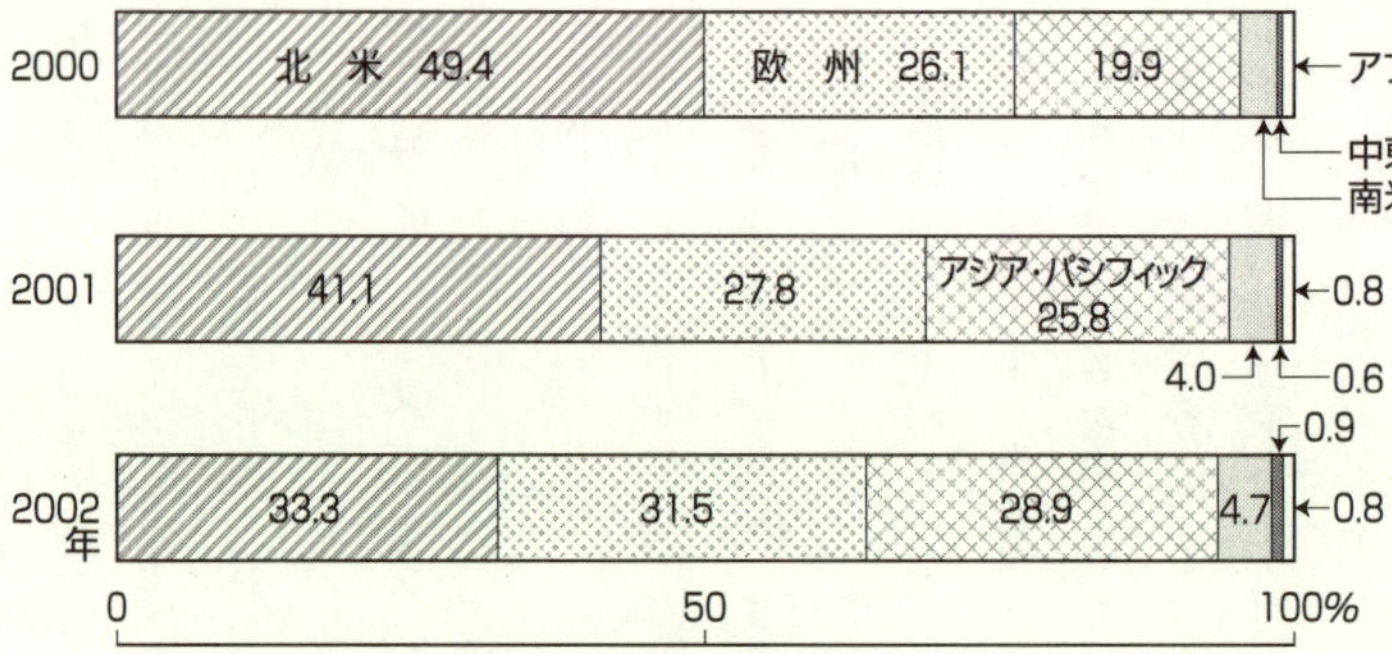

図２　インターネット利用者の地域別割合の推移
出典：総務省編『情報通信白書平成14年版』。

に踊らされて、政策決定者が核のボタンに手をかけるような悪夢を、映画のシナリオ上の戯言《たわごと》だと片付けておくことはできないのである。サイバーテロほどの規模でなくとも、Ｅメールによる政策決定過程への参加の行為で、虚偽、捏造《ねつぞう》、あるいは中傷といったネット上のマナー違反もインターネットの可能性に水をさす危険性が大きい。ここでも野放しの自由な空間としてではなく、適正に統治されるネット社会がどうしても必要になってくるだろう。ただし角《つの》を矯《た》めて牛を殺すことがないように慎重な検討が必要となる。

デジタル・ディバイド

より民主主義的な政治過程の実現をめざしてインターネットを活用しようとするときに隘路《あいろ》となるのはデジタル・ディバイドの問題である。すべての人が同じようにコンピュータを使用し、インターネットに接続できるわけではない。パソコンに代表されるコンピュータ関連の機器に触る機会がない状況、あるいはその利用方法を修得できなかったがゆえに生ずる格差は、自己実現を阻む構造的問題である。特に地球的な規模でその実情を見ると、いかにデジタル・ディバイドが深刻な差異を生み出しているかに慄然《りつぜん》とすることだろう。もともとインターネットの利用者は北アメリカ、ヨーロッパに偏っていた。[21] 最近になって急速にアジアの伸びが見られるが、アフリカや中東はなおも取り残されている（図2参照）。ワシントンＤＣ在住の民主主義アナリストであるオトとロサーはその主な原因として、インフラストラクチャーが未整備で規制の障壁があることを挙げている。より具体的には、電話線の質が劣悪で、電気の供給も不安定、機器も旧式で、知識も欠いていて、トレーニングも不足している。アフリカは住民一人あたりの電話線の密度が世界で一番低く、ヨーロッパが一〇〇人あたり四五の線があるのに対して、アフリカはわずかに一・六である。通信は政府が独占状態で、規制も多く外国の投資から敬遠されている。[22]

このような状況であっても、たとえばフロリーニの言葉では、情報技術へのアクセスは特定の国家、地域間に異常なほどに偏っているが、現行の不平等なアクセスでさえも、これまでになかったほど世界のもっとも貧しい地域の市民達に声を持つための多くの機会を与えている。[23] 不十分であってもこれまでの通信手段とはくらべものにならないほどの通信の密度を与えているのも確かである。[24] そしてその不均衡を少しでも緩和しようとする動きも急速に進んでいる。先ほどのアフリカでは、アメリカの援助庁がさまざまなプロジェクトを推進して、インフラストラクチャーの整備を進めている。[25] さらに国連事務総長コフィ・アナンは二〇〇二年九月、情報通信技術の発展途上国における普及が、ひいては貧困の根絶にもつながるとの考えのもと、国連情報通信技術タスクフォースを遂行し、特にその活動の力点をアフリカにおくことを強調した。[26] デジタル・ディバイドの問題は深刻である。しかし、それがあるからこのインターネットの活用を政治的に用いることを抑制しようとする方向は前向きではないだろう。むしろ現状の不均衡を認識したうえで、格差の是正のための取り組みを急ぐことを課題と考える方がよいのではないだろうか。

3　インターネットと公共圏

国内政治の文脈で

さて、ここまで議論してきて、なお重要な点に直接的な検討を加えずにきた。それは、インターネットがはたしてハーバーマスが提唱するところの公共圏とどのような関係を切り結ぶかである。トランスナショナル関係論の文脈においては、地球的規模の公共圏を想定するのがふさわしいけれども、ここではインターネットがもたらす政治のIT革命の視点から、国内と国際の二つの側面から公共圏を検討しておきたい。

ウェーバー、ハーバーマスに関する著作を持つドイツ在住のギムラーによれば、ハーバーマスにとって公共圏を議論するときに想定される協議に基礎をおく民主政は、一つが立憲民主主義国家であって、その議会と法制度を含む。いま一つが市民社会の公共圏で、より直接的にはコミュニケーションと協議を可能とする基盤からなっている。[27] その協議のための公共圏は、自由なアクセスと、平等な参加と、参加者に十分に開かれている手続きのルールが条件となる。しかしながら、たとえばテレビなどは送り手と受け手を分断している。他方インターネットは相互作用の媒介としての知識と機能をつくり出すがゆえに、協議のための公共圏にとってきわめて重要な役割を担いうると解釈される。つまりインターネットは協議に基礎をおく民主政にとってはうってつけであり、平等な情報へのアクセス、また相互作用を促進する。さらに政策決定への積極的参画を可能にする。NGOのような市民組織などが活用できる特別な争点をめぐる公的な討論の場も創設する。そうしてネットワークのネットワークをも生み出すものとみなされている。[28]

イギリス、バーミンガム大学のサビグニーも公共圏の成立のためにインターネットの果たしうる役割についての期待を表明する。その論旨は次のとおりである。[29] 現代の自由な民主主義社会において政治的アクターがその正当性と権威を維持するためには世論が重要な役割を担う。世論は一般にマスメディアを媒介して形成される。ハーバーマスが想定する公共圏における世論は、合理的・批判的な歪曲《わいきょく》されない議論と恒常的アクセスを前提とするのだが、現代のマスメディアによって形成されるこの空間領域は、市場と民主主義の原理間の競合によって特徴づけられ、メディアによって語られることがらは歓心を買おうとして歪められている。ここでは人々は参加者というよりは、聴衆（消費者）となっている。[30] 聴衆と利益を求めるメディアと情報を操作しようとする政治的アクターの緊張関係の二重性がハーバーマスが想定する合理的・批判的な論争の前提を著しく歪めている。他方インターネットはいかなる圧力もない論争の場である。[31] つまり言論の自由は保障され、利害によって歪められることもない。インターネットは言論と情報の自由を土台として世論が形成されることを理想とする、ハーバーマスの考えを具現しうるのである。[32]

このようにサビグニーはインターネットへの大きな期待を論じるが、結論的には、既存のメディアの影響力も強く、いつもみんながこの新しい情報伝達手段にアクセスしているわけではないことも踏まえ、必ずしも変革が容易であると楽観はしていない。ただインターネットの急速な拡張が、世論形成者としてこれまで最高位にある伝統的なメディアと政党に対する、潜在的な挑戦になっているととらえている。

国際社会の文脈で

コミュニケーションの新しい手段としてのインターネットの拡張は、国内的な政治的アクターに関連しては、政治過程における住民の参加を促進する手段として、また、自由で制約のない議論を展開しうる手段として、ハーバーマスのいう公共圏の成立を促すメディアであるとみなすことができるだろう。他方、国際社会においてはどうだろうか。ＮＧＯの活動に大きな力となる道具を提供したことは疑いない。しかしこれが国際社会における公共圏成立の道を切り開くことにつながっていくのか、次に検討したい。

国際関係におけるハーバーマスのコミュニケーション的行為の議論の有効性を考察するなかで、イタリア在住の国際政治学者トーマス・リッセは、「我々は、トランスナショナルな行為体がしばしば国際社会に新しい方法で新たな問題群、あるいは再構成される争点を指摘することによって、多国間協議の場においてアジェンダの設定者として役に立っていることを、認識共同体や市民参加の連合体に関する文献から知るところとなっている」[33]と述べている。また、「インターネットは世界中の市民を参加させる議論の場になりうる」[34]とする楽観論もある。しかしながら認識共同体と情報革命、そしてトランスナショナルな行為体が、はたして地球的な規模で公共圏を成立させられると安易に期待することができるのだろうか。

他方ジョセフ・ナイはその著『国際紛争』のなかで、情報革命が国際政治学におけるパワーの論理と無関係ではないことを次のように論じている。「国家間のパワーの配分に関して、情報・通信革命が均等化効果を持つと予見した点で、一部のリベラルは誤っている。一つには、規模の経済と参入障壁が、通商・戦略情報に関して残存するからであり、また一つには、無料の情報に関して、大国がしばしば信頼性の競合で有利な地位を占めているからである」[35]。この主張が首肯されるとするならば、前の楽観論は雲散し、なお地球的規模においては公共圏的な空間の創設が困難なことになる。ハーバーマスの公共圏は、差のない、制約のない討論に支えられた場である。情報革命によってもなお、機会の平等は保障されず、大国による支配的環境が継続されるとするならば、地球的公共圏の姿は浮かび上がってこない。しかし続けてナイは「情報の安価な流通は、国境を越えた接触経路に重大な変化を引き起こした。国境を越えて活動している非政府主体は、自らの見解を組織し宣伝するうえで、はるかに大きな機会を持っている。国家はますます容易に浸透されるようになり、ブラックボックスとはほど遠くなりつつある。政治指導者は、外交問題で一貫した秩序を維持するのがより困難になっていることに気づくであろう」[36]と述べている。これは政府に対するトランスナショナルなアクターが、情報革命の恩恵を受けて政治過程に参加する度合いが大きくなっているとの指摘である。

ナイは確固としたトランスナショナルな関係の進展は認識している。

「情報革命は変容しつつある政治過程であり、そこでは、信頼性という主要なパワーの源泉をめぐって、開放的な民主主義的社会が権威主義的政府よりも有利に競争を展開している」[37]とのナイの指摘はどう解釈すべきだろうか。開放的であることは、有利であるか否かの問題でなく、開放的であることを説明責任として求める時代になっていると考える方が適当だろう。しかし情報をパワーの一要素としてとらえるナイの分析の妥当性は、少なくとも現段階において、豊かな先進国が圧倒的な情報社会における参画者であることを想起するなら、かなりの説得力を持つ。地球的規模の政策決定はたしかに情報におけるトランスナショナル関係の進展のなかで変容を迫られているが、パワーが影響する場に地球的規模の公共圏を見出すことは困難なように思われる。[38]

おわりに——トランスナショナル関係論と公共圏

トランスナショナルな関係をジョセフ・ナイは図3のように描いている。しかしこの図は不十分である。コヘインとの共著では、図のなかに国際機構が含まれていた（図4参照）。ネオリベラル・インスティテューショナリズムを展開するなかで国際機構を当然に重視するコヘインとの差異化であろうか、ナイはトランスナショナルな関係の図式において国際機構を無視している。[39]それはトランスナショナルな関係の適当な理解とはいえないだろう。前述したように国連は市民社会とのパートナーシップを強めている。市民社会と国際機構の結びつきをとらえずにトランスナショナル関係論とはいえない。ナイの図は、外国の市民からの政府に対する圧力であり、それはむしろ「民外圧」として、あるいは政府から外国市民への広報活動としてとらえられるべきだろう。[40]

さて、このコヘインとナイの共著において示されたトランスナショナルな関係の図に、情報革命の進展によって浮

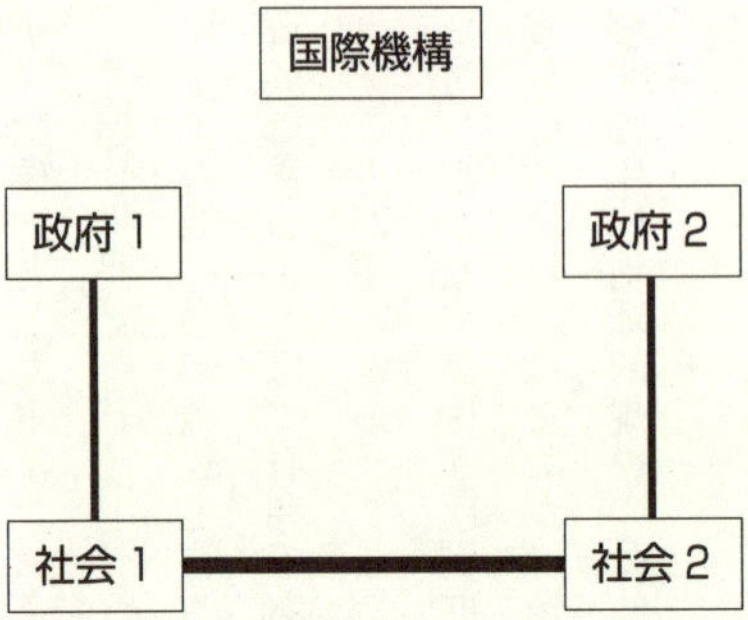

図 5　国内的相互作用を中心とした公共圏
筆者作成

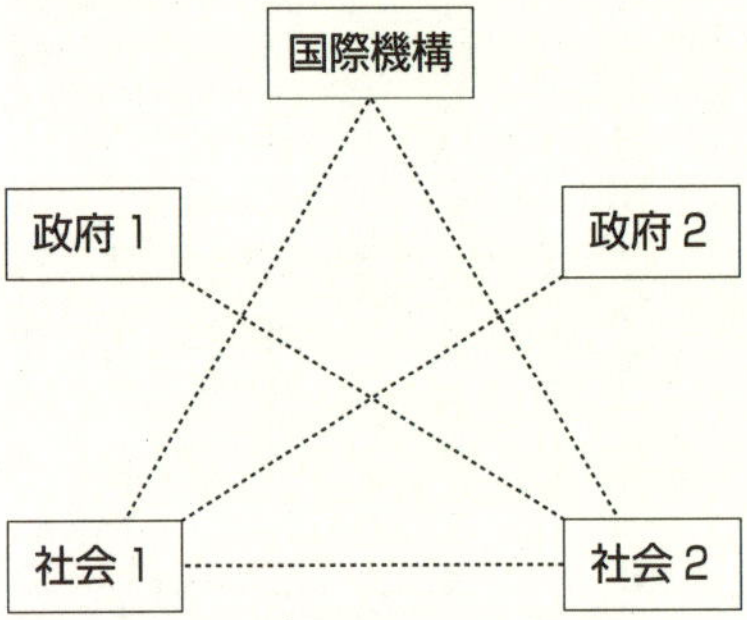

図 6　伝統的国家間関係を除いたトランスナショナル関係
筆者作成

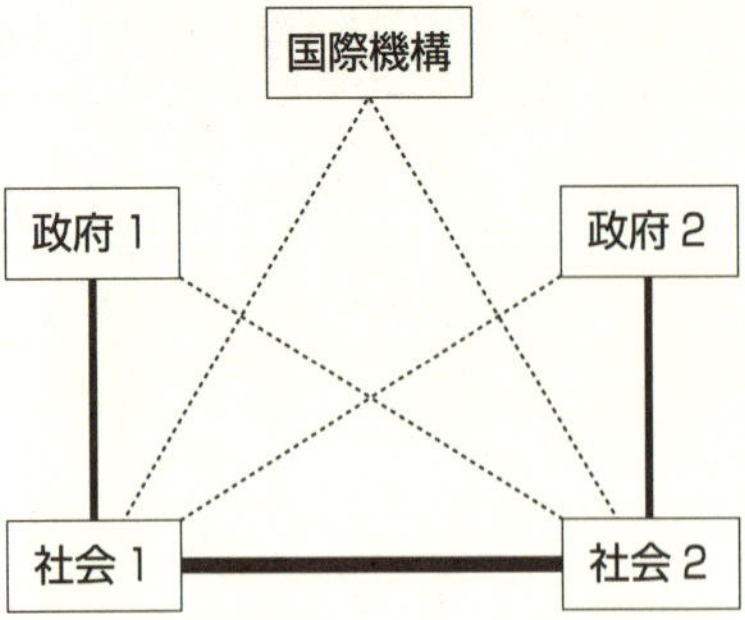

図 7　公共圏とトランスナショナル関係の割合
筆者作成

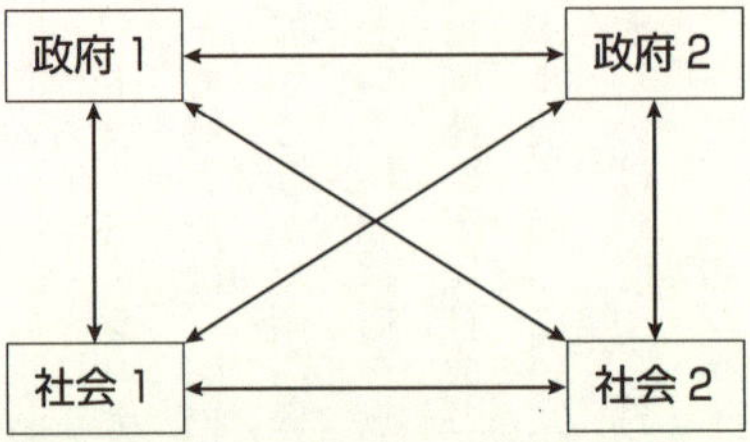

図 3　ナイによるトランスナショナル関係
出典：Nye, Joseph S., *Understanding International* Conflicts, New York: HarpecCollins College Publishers, 1993, p.177.

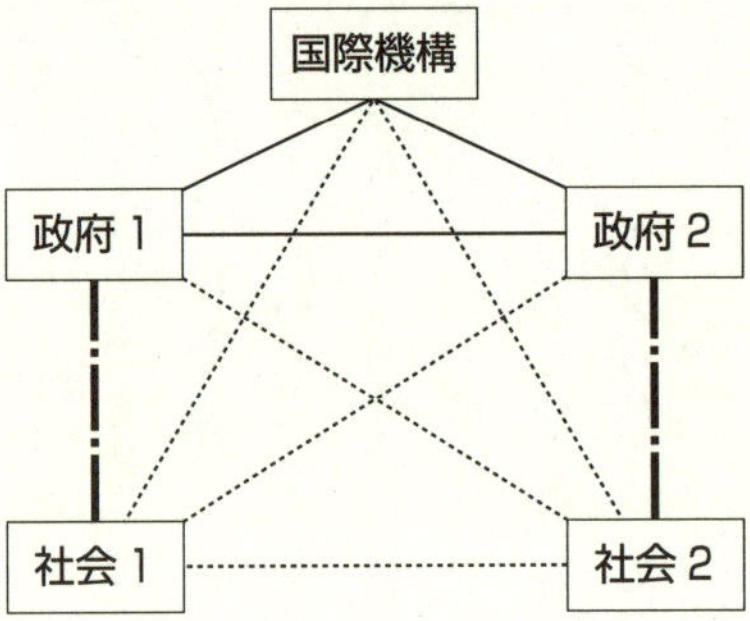

図 4　コヘイン，ナイによるトランスナショナル関係
出典：Keohane, Robert O. and Joseph S. Nye eds., *Transnational Relations and World Politics*, Harvard University Press, 1971, p.xiv.

上する公共圏をどう位置づけることができるだろうか。図5を参照されたい。公共圏の議論は前述したように、政府1と社会1の間、同様に政府2と社会2の間には有望株として現出をとらえられる。さらにNGOの活躍を見れば社会1と社会2の間にもそれは成立しうる。この図5と、図4から伝統的国家間関係を除いた図6を組み合わせてみる。つまりこれはトランスナショナルな関係と公共圏の重ね合わせである(図7参照)。そこに浮き彫りになるのは、伝統的国家間関係によって構成される国家による国際関係の実線を除いた部分の関係である。新段階の民主主義モデルといえる公共圏の議論は、政治過程の民主化を促そうしている。そして、情報革命の進展はこういった民主化の要請から進展していくのと同時に、それによりまた民主化をも後押ししている。双方向の相乗効果によって、情報革命が地球政治に与える影響は、ウェストファリア体制とネガとポジの関係にあるパズルのように、新たな次元の認識を浮かび上がらせているのである。図7こそが現代国際社会の伝統的国家間関係以外の諸関係である。地球的な共通認識が主権国家システムを超えた地球的規模の民主主義の条件であるなら、図7に示された関係の緊密化がその土台となるだろう。換言すると、その関係のなかで生まれてくるのがいわゆる地球市民[41]である。

　情報革命が地球政治に与えるインパクトは、一足飛びに地球的レベルの公共圏へといたるものではないが、公的機関への変革の圧力となっていることは確かである。公的機関はその透明性を高め、説明責任を果たすことが重要である。さらに非政府のアクターからの参加の圧力に応え、むしろ積極的に参加を促す制度づくりも課題となっている。その過程が国内的なレベルにとどまらず、地球的なレベルに影響を及ぼすとき、民主主義の成熟に結びついていくだろう。そしてそのトランスナショナルな展開が、グローバルな民主主義の導き手となる可能性を持っているのである。

1　NUA社のデータ。URLはhttp://www.nua.ie/surveys/(二〇〇二年十一月一日現在)。
2　Smith, Steve, "The Self-Images of a Discipline: A Genealogy of International Relations Theory," in Ken Booth and Steve Smith,

eds., *International Relations Theory Today*, Oxford: Polity Press, 1995, pp.21–22.

3 干川剛史『公共圏の社会学』法律文化社、二〇〇一年。またハーバーマスの公共圏とメディアあるいはコミュニケーションの研究としては、阿部潔『公共圏とコミュニケーション』ミネルヴァ書房、一九九八年、花田達朗『メディアと公共圏のポリティクス』東京大学出版会、一九九九年。

4 たとえば、ブルース・ラセット(鴨武彦訳)『パクス・デモクラティア』東京大学出版会、一九九六年、特にその第二章。

5 早野徹「コラム――ポリティカにっぽん」『朝日新聞』二〇〇二年八月二十日。

6 『朝日新聞』二〇〇二年十一月一日。

7 Florini, Ann M., "Lessons Learned," Ann M. Florini ed., *The Third Force: The Rise of Transnational Civil Society*, Tokyo: Carnegie Endowment, 2000, p.221.

8 Walt, Stephen M., "International Relations: One World, Many Theories," *Foreign Policy*, Spring, 1998, p.40.

9 ここでは、コックス(Cox, Robert)のことを示している。

10 リベラリズムの論者としてとらえられているのは、フォーク(Falk, Richard)、マシューズ(Mathews, Jessica)、アルチブギ(Archibugi, Daniele)、ヘルド(Held, David)、コーラー(Kohler)等である。

11 Deibert, R. J., "International Plug 'n Play? Citizen Activism, the Internet, and Global Public Policy," *International Studies Perspectives*, Vol.1, Issue 3, 2000, p.256.

12 Ibid.

13 Ibid., p.269.

14 Ibid., p.256.

15 URLはhttp://www.unic.or.jp/link/injap.htm(二〇〇二年十一月二日現在)。

16 Annan, Kofi, "The Quiet Revolution," *Global Governance*, vol.4, No.2, 1998, p.129.

17 Ibid., p.134.

18 URLはhttp://www.un.org/comments.html(二〇〇二年十一月二日現在)。

19 Deibert, R. J., op.cit., p.271.

20 Friedman, Thomas L., The Real Threat Is Cyberterrorism, *International Herald Tribune*, July 30, 2001.

21 Florini, Ann M., op.cit.

22 Ott, Dana and Melissa Rosser, "The Electronic Republic? The Role of the Internet in Promoting Democracy in Africa," in Peter Ferdinand, ed., *The Internet, Democracy and Democratization*, London: France Cass, 2000, p.144.

23 Florini, Ann M., op.cit., p.222.

24 たとえば、Margaret E. Keck and Kathryn Sikkink, *Activists beyond Borders: Advocacy Networks in International Politics*, Cornell University Press, 1998, p.21.

25 Ott, Dana and Melissa Rosser, op.cit., pp.145–146.

26 Press Release SG/SM/8406: Secretary-General Applauds Information and Communication Technologies Task Force's Emphasis on Africa.

27 Gimmler, Antye, "Deliberative democracy, the public sphere and the internet," *Philosophy & Social Criticism*, vol.27, no.4, 2001, p.24.

28 Ibid., pp.31–33.

29 Savigny, Heather, "Public Opinion, Political Communication and the Internet," *Politics*, Vol.22, No.1, 2002, p.1.

30 Ibid., p.3.

31 Ibid., p.5.

32 Ibid.

33 Risse, Thomas, "Let's Argue!: Communicative Action in World Politics," *International Organization*, Vol.54, No.1, Winter, 2000, p.20.

34 古瀬幸広・廣瀬克哉『インターネットが変える世界』岩波書店、一九九六年、一九一頁。

35 ジョセフ・S・ナイ（田中明彦・村田晃嗣訳）『国際紛争――理論と歴史』有斐閣、二〇〇二年、二五八頁。

36 同。

37 同。

38 拙稿「地球人民議会あるいは国連第二総会創設構想の位相」『修道法学』第二三巻、第二号、二〇〇一年も参照されたい。

39 たとえば、Keohane, Robert O., ed., *International Institutions and State Power*, San Francisco: Westview Press, 1989.

40　民外圧に関しては拙稿「政治過程論の新次元――国際関係における『民外圧』、馬場伸也編『現代国際関係の新次元』日本評論社、一九九〇年、また広報活動に関して、特に観光に焦点をあてて論じるものとして、拙稿「観光の国際関係論――そのプロレゴメナとして」『札幌学院法学』第一一巻、第二号、一九九五年。

41　地球市民の思考の世界的拡張を実証的に検討したのが Norris, Rippa, "Global Governance and Cosmopolitan Citizens," Joseph S. Nye and John D. Donahue, eds., *Governance in a Globalizing World*, Washington, D.C.: Brookings Institution Press, 2000. である。リッパは地球市民的思考がまだまだ限定的ながらも、若い世代は明らかに上の世代より地球市民的であることを明らかにしている。

第二章

地球市民と地球市民社会

吉田晴彦

はじめに

「二十世紀を『国家』の世紀であったとするならば、二十一世紀は『地球市民』あるいは『地球市民社会』の世紀ということができよう」。

このような表現は、一昔前なら理想主義的な運動家の戯言《たわごと》にすぎないと思われたかもしれない。しかし近年、地球市民や地球市民社会という言葉は確実にその存在感を高めつつあり、今や冒頭のような表現もけっして珍しくなくなってきた。一方で、そうした流れとは逆行するような動きも生じている。二〇〇一年の同時多発テロ以降、「国家」や「国益」という言葉が勢いを取り戻し、地球市民社会は縮小してしまうと予測する論者すらいる[1]。世界のゆくえはまだまだ不透明な状況にある。

そもそも地球市民社会、あるいはその中核を担うとされるNGOといった用語は、頻繁に用いられるようになってきた一方で、論者の数だけ定義があるといわれるほど多義的に用いられている。[2] これらは現代世界のあり方を解くキーワードであると同時に、何とも正体のわかりにくい存在なのである。しかも、それらをめぐる議論はしばしば抽象的にすぎ、あるいは遠い世界の話であるように思われ、一般の人々には実感がわきにくい場合も少なくない。

はたして現在の世界において、地球市民や地球市民社会という言葉が用いられるようになってきた状況はいかなる意味を持つのか。それは今後の世界のあり方にどのような示唆を与えるのか。本章では私たちの日常生活における実感やアイデンティティの問題という視点から、この問題について考えることにしたい。[3]

1　私たちの日常生活とグローバリゼーション

気軽に海外に出る学生たち

地球市民社会とは何かを論じる前に、その言葉が注目を集めるようになった背景について触れておきたい。まずは私たちの身近にある例を手がかりにしながら、地球市民社会の登場に深い関わりを持つとされるグローバリゼーションの進展、そしてそれがもたらした私たちのアイデンティティ感覚の変化について考えてみることにしよう。[4]

筆者が大学教員の職に就いた一九九〇年代初頭、当時の大学生たち、とりわけ地方大学の学生たちにとって、海外旅行はかなり敷居の高い「行事」であった。国際関係論のゼミを担当していたこともあって、私の周りにはいわゆる「国際交流」に関心を持つ学生こそ少なくなかったものの、「国際協力」の場に身を投じようという学生は、まだほとんどいなかった。そもそも筆者自身が大学生であった八〇年代半ば、「国際協力」といえば「国家」のお仕事であり、一般市民とは縁遠い話というのが一般的な感覚であった。

しかし、それからわずか一〇年、世紀の変わり目を迎えた頃には、学生たちの発想や行動パターンが一変してしま

表1　日本人の海外渡航者数

	1985	1990	1995	1998	1999	2000
外交	6,838	8,791	10,424	11,691	12,776	11,873
公用	20,990	30,314	41,178	44,361	45,550	43,984
短期商用/業務	696,962	1,442,526	2,065,990	2,218,708	2,270,755	2,599,173
海外支店等へ赴任	57,236	51,532	46,239	53,098	51,074	55,119
学術研究/調査	17,293	64,243	104,430	98,593	101,843	100,401
留学/研修/技術習得	23,830	121,645	165,257	180,979	186,827	193,779
役務提供	8,595	9,110	8,334	11,043	13,116	14,691
永住	34,492	75,562	89,699	122,869	125,732	130,251
同居	58,068	85,748	81,419	92,621	97,030	86,843
観光/その他	4,024,062	9,107,960	12,685,155	12,972,255	13,452,869	14,582,476
総数	4,948,366	10,997,431	15,298,125	15,806,218	16,357,572	17,818,590

出典：法務省大臣官房司法法制部司法法制課『出入国管理統計年報』のデータをもとに作成。

った。現在は国際関係を学ぶ学部に勤務しているということもあり、筆者の周りで海外に一度も出かけたことがないという学生は、もはや少数派となりつつある。しかも、彼／彼女らの間では、たんなる観光のレベルにとどまらない、より主体的な活動を目的とする渡航が増えている。今や語学研修はいうに及ばず、途上国でボランティア活動に参加する学生も珍しくなくなってきた。このように、現在の若い世代の人々が持つ行動力や世界観は、一〇年前、二〇年前の状況と比べ、明らかに大きく変化している。彼／彼女らは、ごく自然に「国家」という枠組みを越え、たとえば訪れたカンボジアの農村に住むエイズ孤児たちとアイデンティティを共有したりするのである。

実は今述べた筆者の個人的な体験は、八〇年代半ば以降の日本における、いわゆる「国際化」と呼ばれてきた状況の急速な進展とまさに一致するものである。[5] 一例として国境を越える「ヒト」の増加について見ると、この期間、海外に出る日本人が大幅に増えていることがわかる。日本人の海外渡航者数は一九九〇年から二〇〇〇年の間で一・六倍、一九八五年との比較では三・六倍に増加している。同期間の留学者数にいたっては、なんと八倍以上の増加である（表1参照）。

変化する日常生活

増えたのは「ヒト」の移動ばかりではない。「モノ」「カネ」「情報」の国境を越える移動、やりとりも、統計的にはもちろん、生活実感として近年急速に増大している。「モノ」についていえば、たとえば二十一世紀初頭の食料品売り場は、ネギやシイタケといった私たちの身近で採れるはずの野菜までが輸入品であふれ、しかも値段は国内産よりも安かったりする。生ウニは、日本から見れば地球の裏側にあるチリ、アルゼンチン産が、これまた国産品よりもはるかに安い値段で店頭に並んでいる。工業製品でも、日本メーカーの製品だからといって日本製であるとは限らない。家電製品などは国内生産を打ち切って完全に生産拠点を海外移転した「輸入品」が大半を占めている。

当然そうした「モノ」を海外とやりとりするためには、「カネ」も国境を越えて動いているわけである。もっとも、「モノ」の場合と異なり、「カネ」の移動は一般の目に触れることが少ないため、生活の実感としてはピンとこないかもしれない。しかしながら、現実には「カネ」の移動が「モノ」の移動をはるかに上回り、特に投機マネー——もっぱら利潤追求を目的とした「モノ」の動きをともなわない投資——の規模は、「モノ」のやりとりにともなう実体経済の数十倍から百倍近くにまで膨れ上がっている。今や世界の金融市場では一日あたり二〇〇兆〜三〇〇兆円もの取引がなされており、日本の最近の国家予算が八〇兆円程度、年間GDP(国内総生産)が五〇〇兆円程度であることを考えると、それがいかにすさまじい規模であるかが理解できよう。そのあまりの巨大さゆえ、このような「カネ」の動きが、場合によっては一瞬にして国家の経済を吹き飛ばすことすら起こりうるのである。[6]

「情報」の国境を越えたやりとりが増大したことは、われわれのライフスタイルを大きく変化させてきた。かつてケネディ大統領の暗殺事件やアポロの月面着陸をリアルタイムで配信し、世界をあっといわせた衛星中継も、今ではそれを通じてアメリカのメジャー・リーグやヨーロッパのサッカーを観戦することが私たちの日常と化している。同時多発テロで航空機が世界貿易センタービルに衝突した瞬間、そしてそれらのビルが崩落する瞬間の映像をリアルタイムで見つめていた人々は、世界中に数え切れないほどいる。さらに、前章でもふれられているインターネットの普及は、情報がもはや国境を意識することなく世界中を駆けめぐる状況を生み出している。この文章を書いている現在、出張でカナダに滞在している筆者自身、気軽に昼夜逆転している日本の同僚やゼミ生、カンボジアで活躍する友人たちとやりとりをし、出版社に原稿を送ることができるのは、電子メール（Eメール）のおかげである。さらには、日本の銀行にある自分の口座で取引を行い、クレジットカードの利用状況を確認し、あるいは世界各地から研究の資料を入手することも、ホームページ上で容易に行える。このような現実は、自分が地球レベルで数多くの人々とつながりを持っていることを強く実感させる。

変化するアイデンティティ

「国際化」という表現は、元来国家と国家によって成立する国家間関係としての、いわゆる狭義の「国際関係」を前提としてきた言葉であった。それに対し、最近ではむしろ「グローバリゼーション」という表現が用いられることの方が多くなってきた[7]。特に注目すべきは、人々の世界に対する認識のあり方が変化してきたということであろう。必ずしも国家という枠組みにとらわれない発想を持つ人々が増えてきたことに加え、かつてのような欧米中心的発想が薄れ、全世界に目を向けようとする傾向が強まってきたのである。

ここでは特に、「グローバリゼーション」のもたらした量的な変化が、私たち自身のアイデンティティのあり方を含めたさまざまな質的変化をもたらしている点に注目してみよう。たとえば、「ヒト」が国境を物理的に越えるためには、実は乗り越えるべき障害が意外と大きい。法制度、経済事情といった制約はもちろん、精神的な意味での制約（たとえば住み慣れた場所を離れ、言葉がわからない、右も左もわからない土地に向かうことに対する不安など）を克服する必要があるからである。そもそも海外に出る必要性自体を感じない人も少なくない。渡航が自由であるからといって、誰もが海外に出るわけではけっしてないのである。その意味で、海外渡航者数が増加したということは、国境が有する物理的な壁だけでなく、精神的な壁をも人々が乗り越え始めたということを意味する。

同じような変化は、たとえば私たちの身近な地域社会における、在日外国人問題に対する対応の変化としても表れ始めている。日本に滞在する外国人登録者の数は、この三〇年あまり一貫して増加し続けてきた。とりわけバブル期以降、ニューカマーと呼ばれる新たに移入してきた人々の増加が顕著である。この傾向には地域差が大きく、二〇〇一年現在、外国人登録者の割合は日本全体で一・四％にすぎないものの、自治体によっては一五％近い登録者を抱えるところも現れている。[8]こうした状況は、少なくともその変化を目のあたりにする人々にとって、従来日本人の多くが信じこんできた「単一民族神話」が、もはや本当に神話でしかないことを明確に意識させるものとなってきた。

さらに、このような問題意識は、同時にオールドカマーと呼ばれてきた在日コリアンや中国系など、いわゆるマイノリティと呼ばれる人々が抱えてきた問題をも浮上させることになってきた。その結果、賛否両論さまざまな議論を巻き起こしながらも、事態の改善に向けた動きが各地で見られるようになりつつある。たとえば、かつて「当然の法理」を盾に国が拒否し続けてきた公務員任用に関する国籍条項問題については、すでに段階的開放が各地で進みつつある。[9]また、在住外国人の地方参政権問題が国会で議論されるようになり、さらには、国籍の有無にかかわらず住民投票を認める自治体が登場するなどの進展も見られる。[10]このように、とりわけ八〇年代以降「内なる国際化」の課題として提示されてきた諸問題は、グローバリゼーションが進行するなかで、もはやたんなるスローガンとしてではなく、具体的施策をいかに実施していくかという段階に入っている。

ここに述べたような地域社会レベルにおける変化は、人々の「国家」に対するアイデンティティのあり方がしだいに変容してきたことを意味する。これまで「国民国家」は、「国民」と「国民でない人々」を明確に区分するための装置として機能してきた。しかし、今や人々は法制度的な意味での「国民」という形式的な枠組みよりも、むしろ

「住民」としての実質的な共感を大切にすることを選択し始めたのである。それぞれの国籍を保持したまま、その差違を認め合うということは、おたがいのアイデンティティの相互確認であると同時に、異なるアイデンティティに対する寛容性が高まってきたことを意味している。何よりそれは、地域住民としての共通のアイデンティティを、国籍の異なる人々が共有し始めたということである。今ではいくつもの自治体がこのような状況を意味する言葉として、しばしば「地球市民」という表現を用いるようになっている[11]。それは、ローカルなアイデンティティの共有であると同時に、国家という枠組みを越えたアイデンティティが成立し始めたことを意味している。

もちろん、常にこのような共通のアイデンティティが予定調和的に生み出されるわけではない。ヨーロッパにおける外国人労働者の急速な増加が、それに反発する極右勢力の台頭を招いたことも事実であるし、さらに深刻な民族紛争に直面している地域も世界には無数にある。大切なことは、異なるアイデンティティが、対立を深刻化させる契機にも、それを克服する契機にもなりうるという両義性を持つという点である。それは、アイデンティティの相違自体が対立の本質的な要因ではないということを意味している。

2　公正を求める人々

グローバリゼーションの両義性

グローバリゼーションは、共通のアイデンティティを生み出すきっかけにも、対立を深刻化させるきっかけにもなりうるという両義性を持つ。先に述べた「ヒト」のグローバリゼーションだけでなく、「モノ」や「カネ」といった経済のグローバリゼーションもまたしかりである。

ただし、経済のグローバリゼーションは、直接的なかたちでは共通のアイデンティティを生み出すきっかけになりにくい。というのも、その圧倒的な影響力にもかかわらず、日常生活のなかではよほど意識しない限り私たちの目には映りにくいからである。また、それが目に見えるかたちとなって表れるのは、対立要因として問題が表面化した場合であることが多いのもその一因であろう。[12] たとえば、経済的に弱い立場にある人々にとって、グローバリゼーションは資本主義という強者の論理として無情に押し寄せてくる。投機マネーや多国籍企業の物流支配は、しばしばその恩恵にあずかれない人々の経済を破綻させるものとしてとらえられる。一方、経済的に強い立場にある人々にとって、こうした経済のグローバリゼーションによる影響は、どちらかといえば輸入品が安くなるという程度の生活実感でしかない場合が多い。

にもかかわらず、途上国を中心に「反資本主義運動」(いわゆる反グローバリゼーション運動)として問題が浮上し始めたとき、それに共感する人々が世界中に現れ、大きな流れを生み出した。[13] 一九九九年のシアトルにおけるＷＴＯ閣僚会議に対して行われた大規模な抗議行動がそれである。「公正な経済のあり方」を求める世論が会議を失敗に追い込んだことは、経済のグローバリゼーションについてですら、先進国途上国を問わず人々が共通のアイデンティティを生み出す可能性を証明することになった。

これに対し、「情報」のグローバリゼーションは、共有されることを意識しやすいという点で、より直接的に共通のアイデンティティを生み出すきっかけになりやすいといえよう。ただし、その方向もまた両義的である。たとえば、同時多発テロ後のテレビとインターネットにおける情報展開は、まさにその両義性を体現していた。テレビは事件発生直後から世界中に情報をリアルタイムで配信し、その後も繰り返しテロの悲惨さを伝え続けた。それは、世界中に「反テロ」という共感を広めると同時に、結果としてアメリカによるアフガニスタン空爆を単純なかたちで正当化する社会心理状況をつくり出すことになった。情報の発信源が圧倒的にアメリカ側に偏ってしまったこと、情報が基本的にメディアから視聴者への単一方向で流されること、そしてなによりもテロの悲惨さがあまりに明白であったこと、それらが相まって、テレビ報道のあり方に対する批判的見解の入り込む余地を大幅に狭めてしまったからである。情報の受け手である視聴者は、あたかもメディアにコントロールされるがごとき状況にさらされ、結果として大国の「力による国際政治」を正当化する動きにつながっていった。

それに対し、インターネット上における反応ははるかに多様性に富んでいた。情報の速報性や臨場感という点でテレビよりも劣るインターネットは、たしかにテロ情報を伝えるという意味ではテレビに及ばなかった。しかし、インターネットというメディアの持つ双方向性は、そこに登場する見解の多様性を保障するものとして機能した。その結果、インターネット上の情報はテレビに比べると事件を相対視する傾向が強く、アメリカの政策に対して批判的な見解も数多く登場する結果をもたらした。テレビが国家による従来型の国際政治のためのメディアとして機能する一方で、インターネットはそれとは異なる新しい政治のメディアとして機能したのである。

新たなる「想像の共同体」

日本でもそうしたインターネットの新しい可能性を実証した象徴的な出来事があった。『世界がもし一〇〇人の村だったら』という本がベストセラーとなったことである。[14] 地球を一〇〇人からなる村にたとえ、そのうちの何人がどのような立場にあるのか、民族問題、富の偏在の問題などの視点を交えながら淡々と説明するこのメルヘンチックな絵本は、同時多発テロ以降、世界を相対化して見つめ直す格好の素材として話題になった。実は、この本に収められた話は、もともと英語圏で「一〇〇人の地球村(A Village of 100 People Representing the World)」として配信された電子メールであり、共感を覚えた人々の手によってグローバルな規模にまで広まっていったものであった。[15] 史上もっとも成功したチェーンメールといわれるこのおとぎ話は、インターネット上の仮想空間に参加する人々によって暖められ現実の世に放たれた、穏やかな、しかし強烈なメッセージであった。これもまた、公正を求めるという点で価値観を共有する人々がグローバルなレベルで生み出した一つの結果であった。

こうした仮想空間の存在はきわめて示唆的である。そこには、国家という枠組みを越えて公正という観点から世界のゆくえに関心を持ち、自発的にそれに参加しようとする人々がつくり出した社会がたしかに存在する。しかも、時としてそれは現実の政治的な力となって世界に影響を及ぼすのである。インターネットが他のメディアに比べて積極的な関与を利用者に要請するということが、その傾向を一層強くしている。積極的な関心を持った人々が容易に参加できる空間であることが、基本的に受け身の姿勢を強いられる他のメディアとの決定的な違いといえよう。そして、多くの人々が国境なき地球レベルの情報政治空間に足を踏み入れ始めたのである。[16]

かつて近代国民国家を「想像の共同体」であると指摘したのはベネディクト・アンダーソンであった。[17] 制度的な実体を持たない地球市民社会は、少なくとも現段階では国家以上に仮想的な空間としての性格が強い。しかし、けっしてそれが無意味な存在ではないことを証明して見せたのが、このような「電脳空間行動主義(cyber-space activism)」と呼ばれる新しい政治スタイルの実現である。おたがいに顔も知らない世界中の人々がインターネットというメディアを通じて結びつき、その力が政治空間に飛び出していったさまは、まさに「想像の共同体」が現実の政治的な力へと転換されるプロセスに他ならない。それは、グローバルなレベルで公正な社会を実現しようという共通の目的意識さえあれば、誰もが「地球市民」となって世界を動かすきっかけになりうることを意味している。

誰に世界を託すのか

こうした状況が生み出される背景として、もう一つ重要な認識の変化がある。世界のゆくえを握るのはけっして国家レベルのアクターにとどまらない、という感覚を共有する人々が世界中で増えてきたということである。たとえばそれは、学生たちの国際関係を見る目の変化としても表れている。毎年筆者が講義開講時に実施しているアンケート

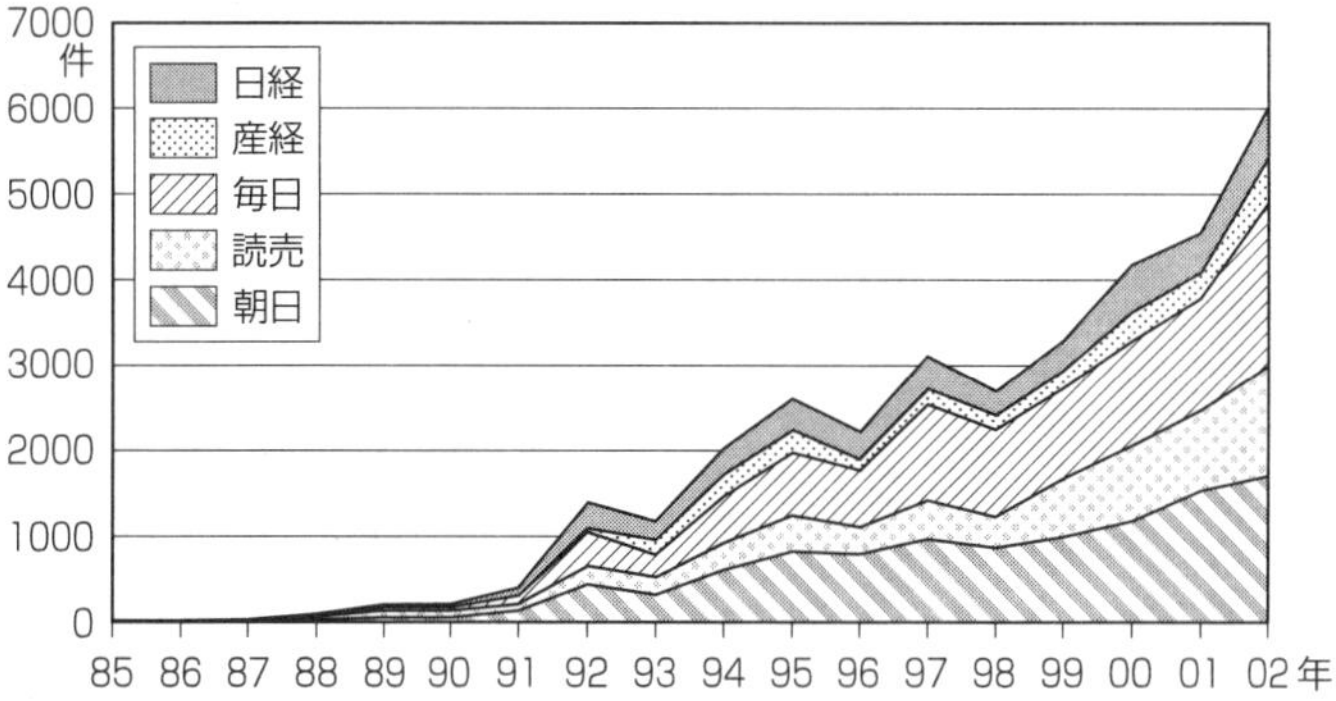

図1　主要全国紙「NGO」記事数

出所：日経テレコン21による新聞記事データ検索の結果をもとに，筆者作成。

に、「国際関係」における重要なアクターと考えるものは何か、という問いかけがある。その回答の内容が、近年大きく変わり始めている。九〇年代半ばまでは、国家の「外交」に携わるアクター(たとえばアメリカを筆頭とする大国、首相や大統領といった政治指導者、あるいは外交官など)に関する回答が多かった。それに対し、二〇〇〇年以降もっとも多い回答は、なんと地球市民社会の主役ともいわれる「NGO」なのである。[18] 若い世代を中心に、「国際関係」そのものに対する認識が大きく変化し始めている。

こうした認識の変化が生じている大きな要因の一つは、社会におけるNGOの認知度、評価が急激に上昇してきたことであろう。たとえばNGOという言葉が新聞記事に登場した回数を調べてみると、八〇年代半ばには主要全国紙五紙を合計してもせいぜい数十件レベルであり、むしろNGOに関する記事など取り上げたことのない新聞の方が多かった。それに対し、九〇年代に入ってから各社がNGOを取り上げる回数は急増し始め、地球サミットの開催された一九九二年には一〇〇〇件を、そして二〇〇二年にはついに六〇〇〇件を突破した(図1参照)。これは、情報の発信者であるメディア、そして受信者である読者双方の関心が爆発的に高まっていることを示すものである。二〇〇二年には、首都圏における調査でNGOという言葉の認知度が九〇%を上回ったという調査結果も出された。[19] これらはまさに、国家という枠組みを越えて問題意識を有し、時として実際に行動しようとする層が、けっして多数を占めるわけではないものの、日本にも定着し始めたことを意味している。

もちろんそうした人々が増えたからといって、誰もがそのような認識を持つようになっていくわけではない。むしろ、人々の考え方が多様化している、という方が適切であろう。実際、『一〇〇人の地球村』に対する反応は、「地球市民」としてのアイデンティティを生み出す一方で、「自分より恵まれない人がいることを知って安心する」という「癒し」をそこに求めた人も少なくなかったという。[20] このことは、地球的な課題に対する反応が、けっして「共感」だけではなく「分極化」にもつながるという両義性を持つことを意味している。もっとも、そもそもこれまではグローバルなレベルで「共感」を覚えること自体が無理であると考えられてきたなかで、「国家」を越える感覚が一般の人々の間に広がりつつあるという意味はけっして小さくない。なぜなら、そうした共感こそが地球市民社会という「想像の共同体」の基礎となるからである。

3 地球市民社会をめぐる議論

地球市民社会論の登場

地球市民社会(または「グローバル市民社会」)という言葉は、基本的に Global Civil Society の翻訳語である。ほぼ同義語として、世界市民社会(World Civil Society)という用語が用いられることもある。代表的な論者の一人、アメリカの国際関係論研究者ワプナーによると、地球市民社会とは「人々が特定の国家における市民としての役割を超えて関係を形成し、特定の国家にとらわれないアイデンティティを発展させる、トランスナショナルな領域」のことである。[21] それゆえに、利己的な国益を超えた、グローバルな公共利益に資する活動が行われうる、というのである

こうした議論の多くは一九八九年の東欧革命に関する分析を基盤にしながら、かつて国内レベルで想定されてきた

「市民社会」という概念をグローバルなレベルで適用しようとする発想に基づいている。[22] 主として地球市民社会論をリードしてきたのは、規範的な関心——世界のあるべき姿についての関心——を持つ国際関係論研究者たちであった。[23] 彼／彼女らの見解は、国家以外の多様なアクターが現実の国際政治に影響力を及ぼしているというトランスナショナルな国際社会観を基本にする点で一致している。[24] また、その議論の多くが、国家中心の政治に由来するさまざまな障害を乗り越える可能性を地球市民社会に見出そうとしている。

こうした議論が活発化する大きなきっかけは、一九九二年の「環境と開発に関する国連会議(地球サミット)」における地球市民社会の活躍であったとされる。地球環境問題という本質的にトランスナショナルな性格を有する課題に対処するためには、国家を超えた価値観に基づく協力が必要であり、それを体現したのが地球市民社会の動きであったというわけである。国家間の会議に並行して開催されたＮＧＯフォーラムには世界各地から二四〇〇ものＮＧＯが集まり、会議のゆくえに大きな影響を与えた。これがきっかけとなり、以後、グローバルな課題を扱う主要会議においてＮＧＯが並行会議を開催するというスタイルが定着することになった。

その後も世界に地球市民社会の実力を見せつける出来事が相次いだ。ＮＧＯの連合体ＩＣＢＬ(International Campaign on Ban Landmines, 対人地雷禁止国際キャンペーン)による対人地雷禁止条約成立への貢献とそれにともなうノーベル平和賞受賞、ＣＩＣＣ(Coalition for the International Criminal Court, 国際刑事裁判所を求めるＮＧＯ連合)による国際刑事裁判所設立への貢献、さらにはＭＳＦ(Medecins Sans Frontieres, 国境なき医師団)をはじめとするいくつかのＮＧＯが、国連安全保障理事会との情報交換の定例化を実現したことなどである。これらは、それまでの国家間交渉が「国益」のぶつかり合いのために暗礁に乗り上げていた状況を克服していくプロセス、として世界に伝えられた。

多様化する議論

地球市民社会のあり方をめぐる議論は、今後のグローバルな民主主義を推進する力としてその可能性を肯定的に評価する論者たちを中心に展開されてきた。資本主義経済のグローバリゼーションがもたらす負の側面に対抗する運動体として地球市民社会を位置づける議論は、その代表例である。[25]

それに対し、近年多種多様な見解が登場するようになった。たとえば、グローバリゼーションの負の側面を認識し始めた国家や国際機関が地球市民社会の政策決定に対する関与を促しているのだとする指摘がある。[26]これは、地球市民社会をたんなる運動の主体としてだけでなく、政治の客体としてもとらえる必要があることを再確認させるものである。また、経済のグローバリゼーションが個人の国境を越える活動を可能にし、新しいアイデンティティを生み出すきっかけになるとして、地球市民社会登場の前提条件になるとする指摘も見られる。[27]これは、グローバリゼーションをたんに批判の対象とするのではなく、その両義性に着目する必要があることを示唆するものといえる。

地球市民社会の現状に対する評価もさまざまである。NGOを中核とした地球市民社会の動きに肯定的評価を下す立場が多い一方で、たとえNGOのネットワーク化が進んでも、それだけでは国家への影響力の行使につながらないとする議論、[28]市民社会概念が規範的に規定される傾向が強かったため、これまでその内部における対立や矛盾が過小評価されてきた、と指摘する議論も登場している。[29]

各論者が想定する地球市民社会の範囲も論者により異なる。たとえば、その範囲を基本的に自発的・非営利な個人や集団からなる領域と限定し、過激な主義主張を行う集団は地球市民社会のアクターとして認めない、とする立場がある。[30]他方では、グローバリゼーションが持つ「陰」の側面としての国際的犯罪組織なども含む、絶えず緊張をはらんだ空間として地球市民社会を位置づけようとする立場もある。[31]

こうした数多くの議論の登場は、それらが矛盾する関係にあるというよりも、むしろ現実の多様性を反映したものである。と同時に、地球市民社会に対して安易に過度な期待を寄せることを戒めるものといえよう。[32]

問われ始めた内実

たしかに地球市民社会をグローバルな公共利益に貢献しようとする人々からなる社会であるとするイメージは、ややもすれば期待と現実とを混同した、性善説的な単純化に陥る危険性をはらんでいる。国益にとらわれない活動は、論理的にはより公益性の高い利益につながる場合がある一方で、一層私的な利益の追求になる可能性も含まれる。そうしたことから、最近ではＮＧＯや地球市民社会に対する批判的な検討も目立つようになっている。

たとえば、地球市民社会の主たる担い手とされるＮＧＯについては、常に受益者とスポンサーのどちらを優先すべきかという緊張状態におかれているとの指摘がなされている。これは、近年多くのＮＧＯが国家からの資金依存を高めるなか、きわめて現実的な解決を迫られる問題である。また、グローバルな民主化の担い手であると期待されてきた国際ＮＧＯも、組織の巨大化、官僚化といった課題に直面しつつあることが指摘されている。そのなかで、はたして実際にＮＧＯは国際世論を代弁しているのか、ＮＧＯ内部の民主化は不十分ではないかという批判もしばしば見受けられるようになった。[33]

地球市民社会という心地よい響きの一方で、その担い手も組織である以上、国家や企業と同様の問題を抱えざるをえないのはむしろ当然である。そもそもＮＧＯという概念は、現在ではあくまで「政府ではない」という組織形態を意味するにすぎないものとなっている。現実のＮＧＯに見られる多様性を考えると、それらを十把一絡げに議論すること自体無意味である。そうした動きのなか、最近ではＮＧＯという用語を忌避し、より否定的な色のつかない「ＣＳＯ(Civil Society Organization)」という表現を用いる論者も増えてきている。[34] また、地球市民社会に関与する組織が自らの抱える課題に対応するため、いかにその組織形態を変容させつつあるかを分析する議論も登場している。[35] 個々の事例を冷静に見つめ直すことが求められるようになってきたといえよう。

地球市民社会と軍事的安全保障の関係についても、冷静に検討されなければならない。たとえばイギリスの国際関係論研究者ショーは、近年の人道的な国際的軍事介入の背景にグローバルな市民社会からの圧力があることを指摘している。[36] たしかに現在、世界では軍事的な問題を避けておることができない現実も少なくなく、地球市民社会がその責任を果たそうとすればするほど、今後ますますこの問題と向き合わねばならなくなるであろう。また同時に、現実の国際政治では大国の影響力がいまだ根強く、国家がしばしば自らの戦略的利害にとって都合の良いときにのみ世論の圧力を利用する傾向にあるという点もショーは指摘している。地球市民社会は、絶えず国家との緊張関係にさらされているのである。こうした問題をどのように克服していくのかが、今後の地球市民社会の展開を左右していくことになろう。

4　地球「市民社会」か？「地球市民」社会か？

日本社会と「地球市民」

前節で述べた地球市民社会をめぐる議論は、たしかに現代世界を分析するための有意義な視点を数多く提供してくれる。しかし、一方でそれらの解釈に何となく違和感を覚える人も少なくないと思われる。というのも、地球市民社会という概念の受け止め方をめぐり、アカデミックな議論と日本社会における一般的なイメージとの間には、少なからぬギャップがあるように見受けられるからである。はたして日本では、これらの言葉が一般の人々の間ではどのようにとらえられているのであろうか。

実は「地球市民社会」という言葉は、意外なほど日本のマスメディアには登場していない。驚くべきことに、新聞記事のデータベースを調べてみると、この言葉を取り上げた記事は一九九一年に初登場して以来、主要全国紙五紙をあわせても年間に一〇件を上回ったことがないのである(図2参照)。しかも、初期の記事の多くはイベント等の紹介にすぎず、書き手が主体的に用いたものではない。他にも寄稿のなかで用いられるケースがほとんどで、記者自身が用いている例は九六年の『朝日新聞』および『日経新聞』の記事程度である。[37]

これに対し、「地球市民」という言葉は、主要全国紙をあわせると年間数百件の単位で新聞記事に登場するようになっている(図3参照)。これは実に興味深い現象である。少なくとも日本のマスメディアにおいて、「地球市民社会」という表現は滅多に用いられることがなく、むしろ「地球市民」という言葉が圧倒的に主流となっているのである。

それでは、しばしば見聞きする地球市民社会という言葉は、はたしてどこで用いられているのであろうか。一つには、国際関係に関する雑誌や専門書の類である。しかし、それらにふれる機会は、研究者や大学生など特定の人々に限られやすい。むしろ注目すべきは、インターネット・ホームページ上での流通ぶりである。たとえば、代表的な検索サイトである「google」で「地球市民社会」をキーワードに検索すると、二〇〇三年一月の時点で六〇〇件近くがヒットする。ここに地球市民社会という言葉の特徴がよく表れている。伝統的なマスメディアよりも、新しいメディアであるインターネットにおける情報展開が主流になっているのである。それは先に述べたとおり、自ら主体的に関わる人々がつくり出す「市民社会」としてのあり方を反映したものといえよう。

ちなみに、日本では、インターネット上でも「地球市民」という言葉の方が多用されている。同時期、「google」で「地球市民」をキーワードに検索すると、ヒット数は地球市民社会を数十倍も上回る約二万六〇〇〇件にも及ぶ。ところが、英語の場合、同じ検索エンジンによるヒット数はGlobal Civil Societyが約一万三五〇〇件であるのに対し、Global Citizenでは二万一六〇〇件と、その差はわずか二倍足らずにまで縮まるのである。[38]世界のホームページの八割が英語であるという現状を考えると、いかに日本で「地球市民」という言葉が突出しているかが窺える。

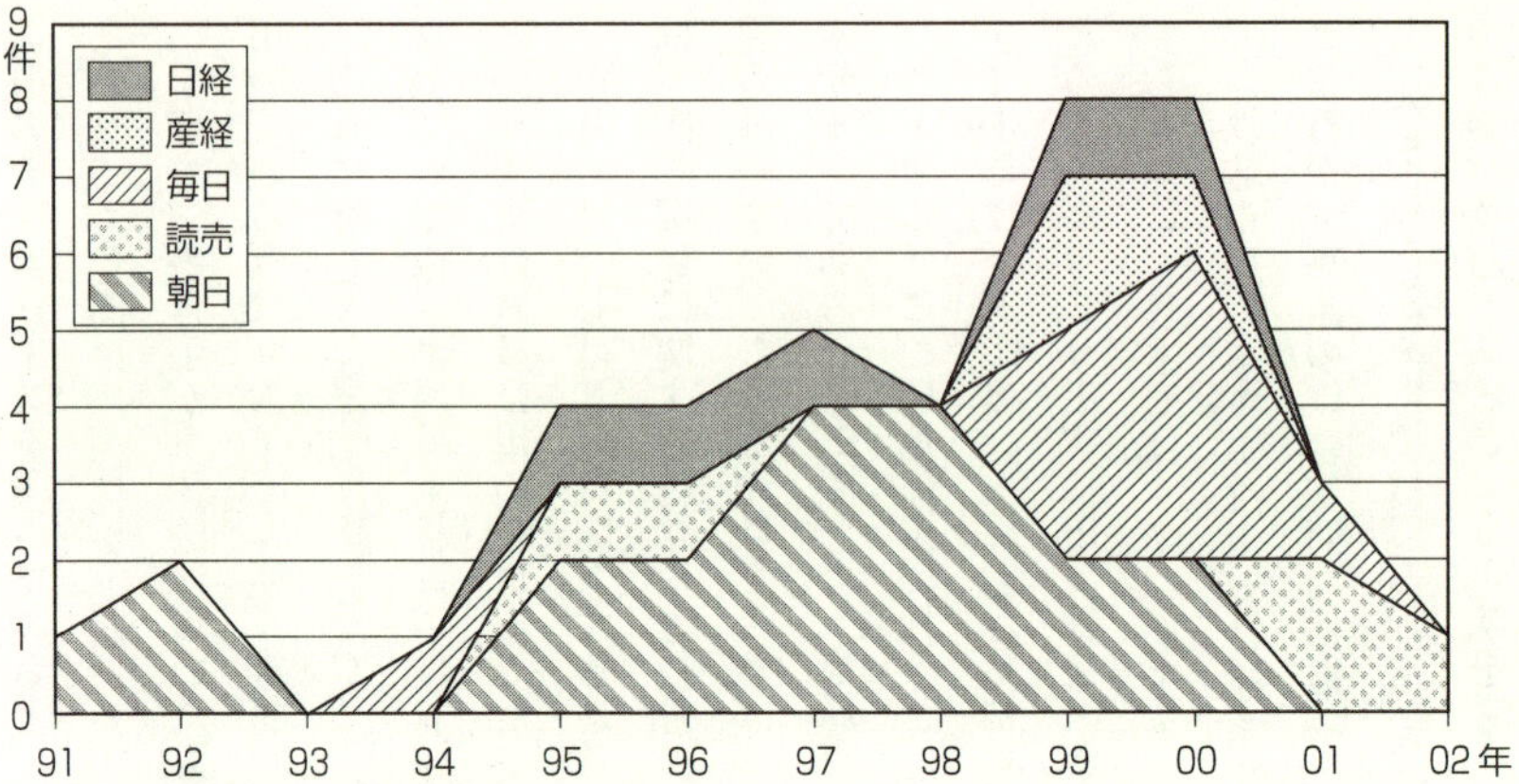

図2　主要全国紙「地球市民社会」記事数

出所：日経テレコン21による新聞記事データ検索の結果をもとに，筆者作成。

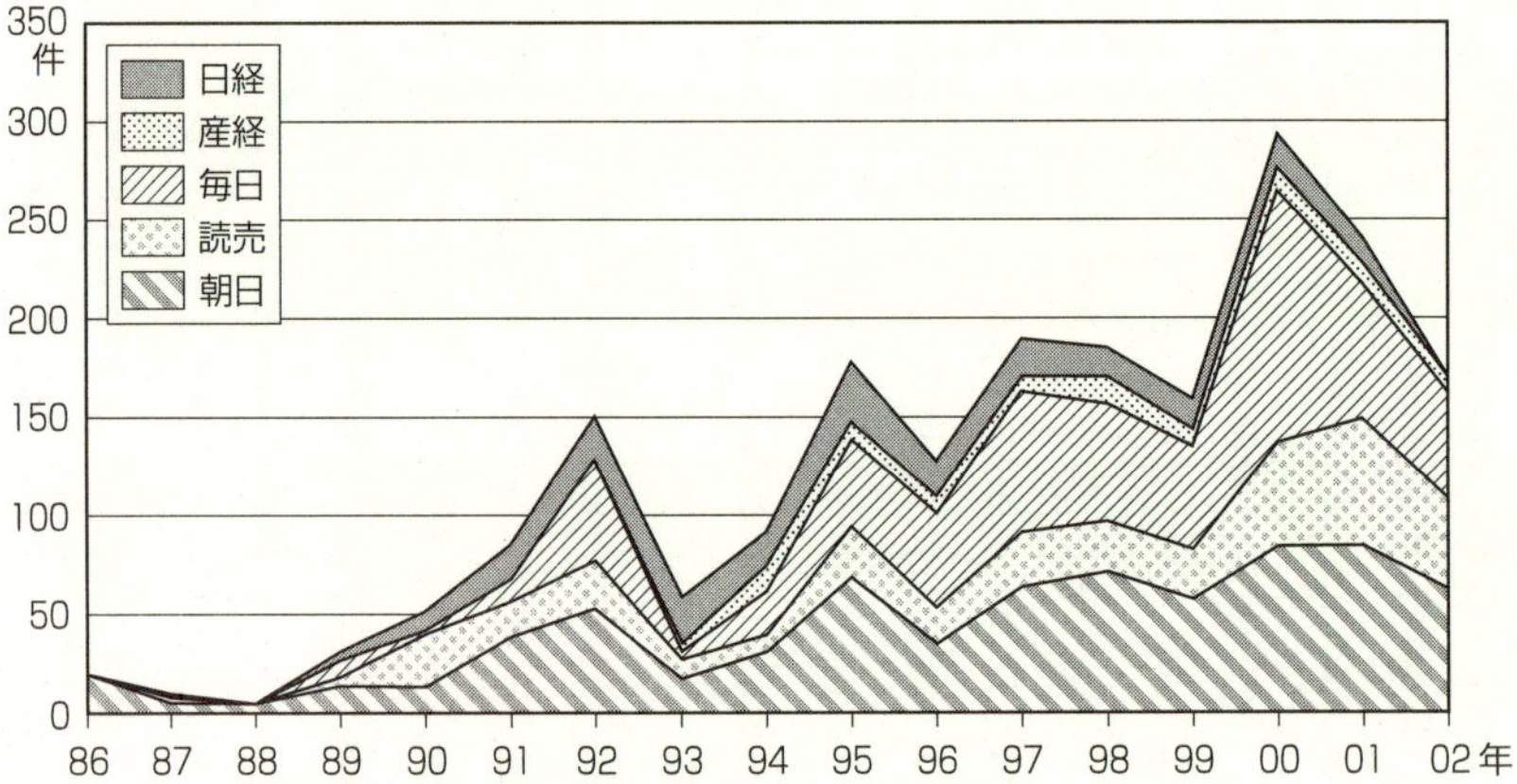

図3　主要全国紙「地球市民」記事数

出所：日経テレコン21による新聞記事データ検索の結果をもとに，筆者作成。

グローバルな「市民社会」か？「地球市民」による社会か？

こうしたデータは実に興味深い示唆を与えてくれる。そもそも地球市民社会とは、グローバルなレベルの「市民社会」であるのか、それとも「地球市民」というアイデンティティが成立しつつあるなかで生み出される「社会」であるのか、という発想の違いが見られるということである。学術用語として地球市民社会という概念が用いられる場合、そこに登場するのはほぼ間違いなくグローバルな「市民社会」論であった。それは欧米市民社会の歴史に裏打ちされた壮大な知の世界を背景に持つ、まさに欧米的な概念である。

それに対し、明らかに「地球市民」による社会という感覚が先行している日本の状況は何を意味するのだろうか。もちろん日本における市民社会論が欠如していることの反映、という評価も成り立ちうる。しかし、人々が「地球市民」としてのアイデンティティを共有しようとし始めている現実を、安易に「市民社会論の不在」として否定的に結論づけることには問題があるように思われる。アイデンティティを共有する実感があってこそ、うまく機能する社会が形成されるからである。

だとすれば、「市民社会」という十分条件を欠きつつも、一方で「地球市民」という新しいアイデンティティが育まれつつある日本の現状は、必要条件を整えつつあるという解釈も可能であろう。それは個人が秩序を形成する契機を強調するのか、それとも共同体秩序のなかに人間が生まれてくる契機を強調するのか、という古くて新しい論争に通じるものといえる。[39] 日本社会における地球市民社会の認識が後者の側面を持つとするならば、その可能性をいかに育てていくかが、今後ますます問われることになるであろう。地球市民社会と聞くとなにやら小難しいが、地球市民にならなれるかもしれないと感じる人々が少なくないという現実は、むしろ日本における地球市民社会論をそうした視点から組み立てていく必要性を示唆していると思われる。

地球市民というアイデンティティの可能性

たしかに現代世界では、トランスナショナルな動きがさまざまな次元で活発化している。ただしそれは、もはや「国家」が社会に対して果たしてきた機能が不要になったという単純な構図ではない。それは、かつてのようにすべての機能を「国家のみ」に依存することができない状況が生まれてきた、ということを意味するにすぎない。現在でも、福祉や教育といった国家による恩恵を受けることができない立場にある人々が世界には数多くいる。そうした人々にとって、アイデンティティを含めた「ナショナル」な価値によりどころを求める動きが出てくることは、むしろ当然であるといえよう。大切なことは、彼/彼女らのナショナルな願望を単純なかたちで否定したり肯定したりするのではなく、それを「排他的」ナショナリズムに結びつけないような流れをいかにつくり出すことができるかであろう。「地球市民」という視点は、そのような人々を取り込んでいくためのアイデンティティとして機能する可能性も秘めている。

もちろん現実に「地球市民」という存在が「制度」として保障されているわけではない。にもかかわらず、多くの人々がこのような動きに共感を覚え始めていることは何を意味するのか。それらは、地球市民社会を構成しようとする人々の主張が、それぞれのアイデンティティを越えて共有されうる側面を間違いなく有することの証左であろう。[40]このような感覚は、国家や経済の力に対抗する「生活世界の防衛」としての側面を持つものであると同時に、より能動的に公共空間に関わっていくグローバルな「市民的共和主義」の可能性を示すものとしての側面をも有している。[41]

もちろん、地球市民を自覚し始めた人々が必ずしも一枚岩的な価値観を持っているわけではない。しかし、だからといって彼/彼女らが共通のアイデンティティを獲得する可能性を否定する理由にはならない、ということこそ大切なポイントであろう。これまでグローバルな社会の問題が論じられるとき、しばしば「上から」共通の価値観を形成する必要性が強調されてきた。たしかに、社会が構成されるためには一定の社会正義を共有することが必要であるといわれる。[42] ただし、共通の価値観を単純なかたちで押しつけようとするとき、それはたとえば南北間に存在する格差を解決することを拒否する論理に成り下がり、あるいは共通の価値観が形成できないからといって、地球市民社会が有する可能性を安易に否定する論理に成り下がってしまう。世界中の、より多くの人々が素朴に共感を覚える領域を地道に確保していく作業こそが大切であり、それを「下から」積み上げていく可能性を「地球市民」というアイデンティティは示しているのである。

社会の構成員に共有される価値観が、アイデンティティのすべての領域に及ぶ必要などけっしてない。その意味で、「地球市民」というアイデンティティは、かつて「コスモポリタン」と呼ばれた人々が「根無し草」として批判された状況とは明らかに異なるものである。近代国民国家を前提としたアイデンティティ認識において、国家という枠組みを乗り越えることは、基盤となるナショナル・アイデンティティを引きかえに失うことであると考えられてきた。しかし、「地球市民」としてのアイデンティティとは、あくまで自らの基本的なアイデンティティをもとに、共有可能な範囲を共有していこうというところから始まる重層的なものである。だからこそ、そうしたアイデンティティが世界的な広まりを見せる可能性を有しているといえよう。

おわりに

地球市民社会論は、九〇年代以降の華々しい成果により、多くの人々から注目を集めてきた。それは、国家や国際機関の現状に対する失望感の裏返しでもあった。現在、過剰ともいえる期待を寄せられた時期は終わりを告げ、地球市民社会をめぐる議論はさまざまな批判や自省が行われる段階にさしかかりつつある。もっともそれは、けっして地球市民社会という存在の意義が薄れたことを意味するわけではない。なぜ地球市民社会という概念が必要とされてきたのかを考えるならば、自ずからそれは明らかになろう。そこに見られるのは、国家や国際機関によって支配されてきた社会がうまく機能しない場合、いかにそれ以外の迂回路（オルタナティヴなルート）をもって世界の公正を実現するかという「実質」を求める発想である。国家かＮＧＯか、といった安易な形式論ではなく、私たちがどのような世界を望ましいと考えるかという実質的な問いかけこそが、その鍵を握っている。

1　このあたりの事情については、以下の文献を参照。Glasius, Marlies and Mary Kaldor, "The State of Global Civil Society: Before and After September 11," *Global Civil Society Yearbook 2002*, New York: Oxford University Press, 2002.

2　ＮＧＯとは、元来国連憲章第七一条に規定された「国連用語」であったものが、しだいに拡大解釈されるかたちで広まっていった用語である。一般には非政府・非営利の自発的団体で、何らかの国際的要素を有する団体をさす言葉として用いられることが多い。一方、最近では先進諸国よりもむしろ途上諸国におけるＮＧＯが急増し、もっぱら自国内でのみ活動する団体に対しても、「国内ＮＧＯ」という表現が用いられるようになっている。そのため、ＯＸＦＡＭ（オックスファム）、グリーンピース、アムネスティ・インターナショナル、国境なき医師団といった、典型的な巨大国際ＮＧＯから、ごく少人数で運営されている途上国の草の根集団までが同じＮＧＯという表現で呼ばれる状況になっている。このような問題はあるものの、本章では便宜上、もっとも一般的であるＮＧＯという用語をそのまま用いることにする。

3　近年、政治哲学の分野などにおいても、グローバルな民主主義論とともに、国民国家の枠を越えるかたちでアイデンティティの問題が議論されるようになってきた。川原彰『市民社会の政治学』三嶺書房、二〇〇一年、一三六～一三七頁。なお、アイデンティティ問題の重要性をトランスナショナルな視点から先駆的に提起してきた文献として、馬場伸也『アイデンティティの国際政治学』東京大学出版会、一九八〇年。

4　地球市民社会とグローバリゼーションの関係については、Glasius and Kaldor, op.cit., p.4.

5　「国際化」とは、一般にヒト、モノ、カネ、情報などの国境を越える移動が増大すること、およびそれにともなって生じるさまざまな状況の変化をさすことが多い。

6　日本の経済力が一国で世界の約一割を占めているのに対し、世界中には二〇〇もの国家があることを思い起こす必要がある。世界のほとんどの国家の経済規模は、先進諸国に比べるとはるかに小さいのである。

7　グローバリゼーションという言葉もきわめて論争的で多義的に用いられる。「資本主義システムの地球規模的な拡大」をさす、比較的限定された用い方をされる場合もあれば、「政治的、社会的、文化的な相互作用の地球規模での拡大」といった広い意味で用いられる場合もある。ここでは、後者の意味合いで用いておきたい。

8　法務省入国管理局『平成一三年末現在における外国人登録者統計について』(http://www.moj.go.jp/PRESS/020611-1/020611-1.html)。群馬県大泉町では、二〇〇二年の外国人登録人口が一四・八%を占める (http://www.town.oizumi.gunma.jp/jouhou/toukei_02.html)。

9　拙稿「マイノリティの権利保障に取り組むアクター」吉川元・加藤普章編『マイノリティの国際政治学』有信堂、二〇〇〇年。なお、「当然の法理」とは、一九五三年の内閣法制局意見および一九七三年の自治省通達による「公権力の行使または地方公共団体の意思形成への参画に携わる公務員には、日本国籍が必要」という見解である。国はこの見解を盾に、自治体の公務員採用における国籍条項撤廃を制限し、一般事務職および管理職に外国人を採用・登用することを認めてこなかった。

10　二〇〇二年三月三十一日、岐阜県米原市で全国初の永住外国人を含めた住民投票が実施された。その後もいくつかの自治体がこれに続く動きを見せている。

11　現在、数多くの地方自治体が「地球市民」という表現を公式に用いている。たとえば川崎市は、その基本目標に「地球市民の時代における人間都市の新たな創造」という表現を用いている。川崎市『川崎新時代２０１０プラン』一九九三年。

12　たとえば、二〇〇一年にシイタケやネギがセーフガード(緊急輸入制限)問題として浮上したのがその一例といえよう。

13　近年では「反資本主義運動」という表現が「反グローバリゼーション」という表現よりも好んで用いられるようになってきている。というのも、これらの運動は必ずしもグローバリゼーションそのものに反対しているのではなく、グローバルな資本主義が無規制状態のまま拡大していくことによって生じる問題(資本主義という「強者の論理」がもたらす、さらなる格差の拡大など)に異議を唱えているからである。その背景には、一九九九年シアトルで開催されたＷＴＯ会議に対する抗議行動で問題になった暴動事件がある。一部の過激なグループによって引き起こされたこの事件は、「ＮＧＯの反グローバリゼーション運動が引き起こした暴動」として単純化されることが多かった。このことがＮＧＯや「反グローバリゼーション」という表現に否定的な印象を与えることになったからである。

14　池田加代子再話、ダグラス・ラミス対訳『世界がもし一〇〇人の村だったら』マガジンハウス、二〇〇一年。

15　近年、そのルーツは環境問題の古典的バイブルである『成長の限界』の作者として名を馳せたD・H・メドウズによるコラムであったことが判明した。Meadows, Donella H., "State of the Village Report," *The Global Citizen*, May 31, 1990. メドウズが寄稿していた新聞のタイトルが『地球市民(Global Citizen)』であるというのが、きわめて象徴的である。

16　もちろん、現実には言葉の問題や、デジタル・ディバイドの問題が存在することに留意する必要がある。現状を前提にするならば、インターネットの主要言語である英語が使いこなせるか否か、あるいはインターネットがそもそも利用できる状況にあるか否かといった条件の差によって、格差をますます広げてしまうことになりかねない。このことは、後述するNGOの問題とも通じる課題である。

17　ベネディクト・アンダーソン(白石さや・白石隆訳)『増補　想像の共同体――ナショナリズムの起源と流行』NTT出版、一九九七年。

18　広島市立大学国際学部で筆者が担当する講義「国際関係論」において、毎年四月に取っているアンケートの結果。九五年は国家、政府、政治指導者といった回答がもっとも多かったが、九八年には企業という回答が国家を上回り、二〇〇〇年度以降は三年連続でNGO・NPOと回答する学生がもっとも多くなっている。二〇〇二年は同時多発テロの影響もあり、アメリカという回答が同数一位であったものの、日本では国会議員の不祥事関連でNGOが注目を集めたこともあり、NGOと同数にとどまった。サンプル数が五、六〇名と限られ、また国際関係に関心がある対象層のみという限定はつくものの、この結果はきわめて示唆的である。

19　もちろん、NGOに対する認知が高まったことが、そのままNGOに対する支持や活動への参加に直結するわけではない。しかし、フォスター・プランが調査した結果によると、NGOの認知度はすでに九〇%以上にのぼり、NGOに関心を示した人々は全体の四〇%であった。これは二〇〇〇年の調査時で認知度五四%、関心を示した人々三五%という数値に比べ、大幅な増加である(表2参照)。

20　二〇〇二年六月十七日、NHK教育で放映された『ETV二〇〇二「一〇〇人の地球村」からのメッセージ』における、出演者の池田加代子と池澤夏樹の対話より。

21　Wapner, Paul, "The Normative Promise of Nonstate Actors: A Theoretical Account of Global Civil Society," in Paul Wapner and L. E. J. Ruiz, eds., *Principled World Politics: The Challenge of Normative International Relations*, Lanham: Rowman & Littlefields Publishers, 2000, p.261. また、地球市民社会論に関する議論を整理したものとして、遠藤貢「『市民社会』論――

グローバルな適用の可能性と問題」『国際問題』第四八四号、二〇〇〇年。

22　東中欧の民主化革命で再評価された「市民社会論」は、自発的な市民が形成するネットワーク的な公共性が持つ生命力の可能性に着目したものであった。このあたりの事情については、川原、前掲書参照。

23　特にそうした立場を打ち出している代表的な論者として、坂本義和、ショー(Shaw, Martin)、フォーク(Falk, Richard)、ギル(Gill, Stephen)、ヘルド(Held, David)らがいる。

24　こうした議論の背景として、リプシュッツは、近年国際関係理論で注目を集めた「コンストラクティビズム」の影響を論

表2　フォスター・プランによる調査結果(単位：パーセント)

1.「NGO」という言葉について

	2002年6月	2000年3月
言葉も内容も知っている	32.20	16.30
言葉は知っている	58.40	37.80
言葉も内容も知らない	9.40	46.00

※以下，1．で知っていると答えた人へ

2.「NGO」のイメージについて(複数回答)

	2002年6月	2000年3月
活動的である	43.80	38.40
好感が持てる	26.30	22.70
好感が持てない	3.20	1.40
信頼できる	27.80	33.30
信頼できない	5.80	3.20
わかりやすい	3.70	6.50
わかりにくい	33.60	37.00

3.「NGO」の活動に対する興味・関心について

	2002年6月	2000年3月
とても興味がある	4.60	5.10
やや興味がある	35.60	30.10
どちらともいえない	28.90	47.20
あまり興味はない	24.50	13.40
まったく興味はない	6.50	4.20

4.「NGO」を知った機会について(複数回答)

	2002年6月	2000年3月
テレビなどのメディアを通じて	77.10	69.00
新聞や雑誌のメディアを通じて	54.60	72.70
インターネット	2.50	1.90
友人や知人	6.30	9.30
自分自身がNGOに参加しいてる	1.10	1.40
NGOの情報がある公共の場所	2.50	1.40
その他	2.60	2.30

出所：http://www.fukushi.com/news/2002/07/020725-b.html
調査の実施期間は，2002年5月下旬～6月上旬。地域は東京30キロ圏(東京都・神奈川県・埼玉県・千葉県)で，対象者は15～59歳の男女630人(住民基本台帳より二段無作為抽出)。

じている。Lipschutz, Ronnie D., "Reconstructing World Politics: The Emergence of Global Civil Society," *Millennium*, vol.21, No.3, 1992, p.261.

25 Falk, Richard "Global Civil Society and the Democratic Prospects," in Barry Holden, ed., *Global Democracy: Key Debates*, London: Routledge, 2000. 坂本義和『相対化の時代』岩波新書、一九九七年。Gill, Stephen, "Structural Change and Global Political Economy: Globalizing Elites and the Emerging World Order," in Yoshikazu Sakamoto, ed., *Global Transformation: Challenge to the State System*, Tokyo: United Nations University Press, 1994.

26 Chandhoke, Neera, "The Limits of Global Civil Society," *Global Civil Society Yearbook 2002*, op.cit., p.44.

27 Wapner, op.cit., p.268.

28 Clark, Ann Marie, Elizabeth J. Friedman and Kathryn Hochstetler, "The Sovereign Limits of Global Civil Society: A Comparison of NGO Participation in UN World Conferences on the Environment, Human Rights, and Women," *World Politics*, vol.51, No.1, 1998.

29 Schechter, Michael G., "Globalization and Civil Society," in Michael G. Schechter, ed., *The Revival of Civil Society: Global and Comparative Perspectives*, London: Macmillan, 1999.

30 Falk, op.cit.

31 Williams, Phil, "The Dark Side of Global Civil Society: The Role and Impact of Transnational Criminal Organizations as a Threat to International Security," in Muthiah Alagappa and Takashi Inoguchi, eds., *International Security Management and the United Nations*, Tokyo: United Nations University Press, 1999.

32 なお、しばしば指摘されるように、地球市民社会という言葉のとらえ方には少なくとも三つの明確な違いがあるということを確認しておきたい。一つは、望ましい方向性、規範、あるいは目標、期待として地球市民社会という概念をとらえる立場である。次に、現実を分析するためのツールとしての用い方である。そして三つ目は、実際に社会に影響を及ぼしている具体的な存在そのものとしてのとらえ方である。ただし、実際にはこれらが混同されることが多く、それが混乱を招いている点には留意する必要があろう。遠藤、前掲論文参照。

33 これらの批判に関しては、以下の文献を参照。アン・C・ハドック（中村文隆・土屋光芳監訳）『開発ＮＧＯと市民社会——代理人の民主政治か？』人間の科学社、二〇〇二年。Glasius and Kaldor, *op.cit.* Anheier, Helmut and Nuno Themudo,

"Organizational Forms of Global Civil Society: Implications of Going Global," in *Global Civil Society Yearbook 2002*, op.cit.

34 Glasius and Kaldor, op.cit., p.5.

35 Anheier and Themudo, op.cit.

36 マーチン・ショー(高屋貞國・松尾眞訳)『グローバル社会と国際政治』ミネルヴァ書房、一九九六年、第五章〜第七章。

37 『朝日新聞』一九九六年三月五日夕刊、九頁、および『日本経済新聞』一九九六年十二月七日朝刊、六頁。

38 二〇〇三年一月一五日現在。なお、world civil society でヒットする件数は約二八〇〇件、world citizen では約一万四二〇〇件であった。

39 これは政治学でいう「リベラリズム」と「コミュニタリアニズム」との間の論争である。川原、前掲書、一三六頁。

40 Chandhoke, op.cit.

41 川原、前掲書、二八五〜三〇六頁。

42 マイケル・ウォルツァー(石田淳・越智敏夫・向山恭一・佐々木寛・高橋康浩訳)『グローバルな市民社会に向かって』日本経済評論社、二〇〇一年。

第三章

人権、民主主義、グローバル・ガヴァナンス

川村暁雄

はじめに

一九八九年のベルリンの壁の崩壊を皮切りとしたソ連・東欧ブロックの崩壊により東西冷戦は終結した。世界各地で民主化は進行し、自由権規約・社会権規約の二つの国際人権規約をはじめとする国際的な人権条約の批准は進んでいる。[1] もはや本質的な変化は起こらない「歴史の終わり」[2]に到達したと考える人さえ生まれる。こうしたなかで、新たな国際協調の可能性を模索する動きも始まり、国家や国際機関、市民社会の協働により地球的な問題を解決しようというグローバル・ガヴァナンスという考え方が論じられるようにもなっていく。[3]

しかし、現実はそう単純ではなかった。一九九三年の国連世界人権会議では、シンガポール、中国、インドネシアなど欧米に対抗し「アジア的」価値を主張する国々が注目を集める。[4] 新たに民主化を進めた国のなかには、アフリカのルワンダや東欧のユーゴスラヴィアのように狭量な民族主義が勃興、国家分裂につながったり民族浄化(エスニッ

ク・クレンジング）などの深刻な人権侵害を引き起こした国も生まれた。地球的な課題においても、地球温暖化を防止するために策定された「京都議定書」から米国が離脱するなど、グローバル・ガヴァナンスが単純に発展していくという楽観は許されないということもはっきりしてきた。二〇〇一年九月十一日の同時多発テロ以降、米国とイスラーム世界との緊張関係も高まっている。この現実を、どう理解するべきなのだろうか。

本章においては、人権や民主主義がトランスナショナルな関係にもたらす影響を、これらの概念が持つ二つの側面を区別しつつ考えていきたい。一つは、理念としての人権・民主主義である。理念としての人権や民主主義概念は、たしかに人間の平等性という普遍的に受け入れられやすい概念を基盤としており、民族などのエスニックなアイデンティティと関わらない脱国境的かつ地球市民的なアイデンティティを生み出す環境を準備する。もう一つは、制度としての人権・民主主義である。具体的な法制度や手続きからなる制度としての人権・民主主義は、制度の適用範囲（通常は国家内）の住人に便益を与え、国家統合の基盤となる。これは、国内のアイデンティティを強化する方向に働くことになる。

人権や民主主義の持つ二面性を認識することにより、これらがトランスナショナルなアイデンティティや国際的な制度の形成過程に与える影響を見抜きやすくなるだろう。そこで、まず前半において、人権や民主主義などの理念と制度がどのように国民としてのアイデンティティに関係しているのかを考える。次にさまざまなレジーム（国際体制）の形成に見られる国際関係の制度化と、地球市民としてのアイデンティティ形成の相互作用を検討し、民主主義や人権の広がりがグローバル・ガヴァナンスの実現につながる可能性を検討しよう。

1　制度としての人権および民主主義と国民的アイデンティティ

国家への帰属意識を強化する人権と民主主義

人権と民主主義は、どちらも人間は等しく尊厳を持っているという信念に基づいて構想されている。人権は、等しい価値を持つ存在である人間を守るための規範のセットであり、民主主義とは、個人が等しく自らに関わる物事についての意思決定に参加すべきであるという観念に基づいた一連の手続きをさす。これらは、多くの伝統的な社会秩序に関する概念と違って、特定のエスニック集団や社会的な身分の優越性を前提としているわけではないため、広く受け入れられる可能性はある。さらに基盤となっている人間の等価性についての信念が人々に受容されれば、超国境的な帰属意識につながるかもしれない。

だが、制度として人権や民主主義をとらえたときには、少し異なる側面が見出せる。これらは近代の国民国家を生み出した他の概念や制度とともに、国家への帰属意識を生み出し、国家統合を推進する方向にも働いてきたからだ。ここでは、国家と人権・民主主義の関係について考えてみよう。

まず理解しておく必要があるのは、制度としての人権・民主主義は何らかの政治共同体を前提としているということである(通常、国家がそうした政治共同体であるか、さもなくばそうした共同体の基盤を提供している)。人権や民主主義は、こうした政治共同体の健全な機能を保障し、共同体と個人の関係を維持するための仕組みでもある。

私たちは「人権」といえば何か一つのものがあるものと考えがちだが、制度としての人権は、人間の尊厳を守るために特に重要とされた法規範の集合体(人権カタログとも呼ぶ)である。人権カタログを構成する個別の権利は、憲法を中心に、刑法、刑事訴訟法、差別禁止法などさまざまな法律のなかで具体的に規定されている。これらを実現するためには、司法制度などの国家機構が必要である。しかも、時がたつにつれ人権カタログに含められる権利群はますます増え、それとともに人権保障のために国家のより積極的な関与が期待されるようになってきた。

十七、十八世紀の自然法思想により準備され、フランス人権宣言(一七八九年)やアメリカ独立宣言(一七七六年)などによって明文化された初期の人権カタログの内容は、主として自由権(国家権力によって干渉されない権利)と呼ばれるものからなっていた。自由権とは、「法の下の平等」「裁判を受ける権利」「信教の自由」「移動の自由」「財産の権利」など、権力の行使のされ方を一般的な法によって縛ることにより、個人の自由と財産を守ることを目的とした権利群である。人が生まれながらに持つ「自然権」とされた自由権だが、その保障は国家の機能と深く関わる。法の下の平等や裁判を受ける権利は司法制度の存在を前提としており、そもそも国家(もしくは同等の存在)がなければ意味を持たない。移動の自由・財産権などは、一見国家がなくても実現できそうに思うが、そうではない。領主や軍閥が各地を支配している状態では、移動の自由も財産の保障もありえない。これらの自由が保障されるためには、自由の制限を禁止するための単一の権威を必要とする。人権はその概念形成の初期から強い国家の存在と深く関わっていたのである。

こうした権利概念はしだいに拡張され、今では社会権と呼ばれる一連の権利を含むようになったが、これらは国家がさらに大きな役割を果たすことを想定している。「教育を受ける権利」「最低限の生活の保障」などのように、社会権の多くは必要に応じて国家が何らかの政策をとることを前提としているからだ。現在では、民間の個人や企業などが人種、性別、出自などに基づいて他人を差別すること(社会的差別)も、人権侵害として禁止対象とされるようになってきた。こうした人権侵害に取り組むため、多くの国では「人権委員会」「差別禁止委員会」などの独立機関をつくり始めている。[5]このように人権の内容が豊かになるにつれ、その保障のための国家の役割への期待が高まっている。

制度としての民主主義と具体的な政治共同体との関係はさらにはっきりしている。民主主義の理念は、たとえば

「人は自分に関わる公共的な決定に参加を認められるべきである」という信念として表現できる。こうした理念だけをとるならば、民主主義の実現とは、自分に影響を与えるあらゆる権力過程に参加し、自分の意思を反映した決定を生み出していくことであり、必ずしも特定の地域や政治共同体だけに関わるものではないかもしれない。しかし、現実には、制度としての民主主義は特定の集団における意思決定の制度として具体化されている。選挙制度、国民(住民)投票、リコールなどの制度がこれにあたる。

さらに民主主義は、「国家」などの政治的共同体を主語とする言説を生み出し、普及させることによって、共同体への帰属意識をつくり出す。民主主義のための制度は、「共同体の全体の利益を追求するべきである」という認識が前提となっている。学校教育においても、この前提を教えるためのカリキュラムが組まれる。議会においても、共同体全体の利益について議論がされることが前提(の一つ)となっている。現実の政治的共同体のなかにはさまざまな階級や地域、民族集団などが存在しているとしても、「全体の利益」は対立する利害を調停するための原理となる。[6] 通常、民主主義が機能している政治共同体においては、政治についての報道も、政治家が「私たち全体」の利益を代表しているのか、という視点でなされる。共同体の存在を前提とするこうした言説は、共同体の存在についての認識を「つくり出す」ことにもなる。

このように人権も民主主義も、国家(もしくは州など国家内部の自治体)の存在が前提となっている。人権や民主主義に基づく政治体制は、個人の利益や安全を守ることができるため、住民の支持を獲得しやすい。もちろん、個々の政治的決定にすべての人が満足するわけではなく、議会や政府が信用されないこともよくある。しかし、民主的な政治体制自体が否定されることは少ない。一九九五〜九六年に行われた世界価値観調査でも、対象の一二カ国で「民主主義は他のどの政治形態よりも優れている」とする人の方が、そうではないとする人よりも多かった。問題を抱えつつも、民主主義に基づく政治制度自体は人々をとりあえず満足させている。人権や民主主義は、政治的な統合を支えることにより、国家を一つの「共同体」とする意識を生み出す方向にも働くのである。

国家統合の理念としての人権、民主主義

「国民意識(ナショナリズム)」は利益共同体としての認識のみに根ざしているわけではない。また、抽象的な政治的共同体の存在を認知することが強い帰属意識を直接生み出すわけでもない。とりわけ強い帰属意識が必要とされる国家形成の時期には共通の伝統、文化、歴史に関する物語がつくられ、国民意識形成のために使われるのが普通である。だが、人権や民主主義が、国家の歴史の一部に深く関連づけられ、国民意識形成に大きな役割を果たす場合もある。

たとえば、イギリス、フランス、米国では、人権や民主主義の確立の過程が近代国民国家形成の歴史とほぼ重なっていた。通常、国民国家形成の過程では、身分制度の解体、中央集権的な行政機構や統一的な法制度の形成、産業の導入、学校教育の普及などが推進される。だが、この三国で特徴的なのは、こうした動きが人々の権利要求に既成権力が応じる(イギリスの名誉革命など)か、人々の要求を革命や独立によって実現するという方法で進められたことによる。この際、民主主義や人権などの理念が現状を批判し、改革を進めるために用いられた。社会変革の結果、既存の身分制度から解放された人々に国民という認識を与えるためにも、これらの概念は重要な役割を果たしている。近代化の過程と民主主義・人権確立の過程が重なるため、国家の歴史を語るなかで、民主主義や人権の価値を語ることが可能となる。[7] このように人権や民主主義は、国家の有用性を保障するだけではなく、「国家形成の物語」で中心的な役割を果たすこともある。

多民族化が進んでいる一部の国では、人権や民主主義以外に国家統合の象徴が存在しない場合もある。たとえば、移民国家の米国では特定のエスニック集団の歴史についての物語を、国家統合の象徴とすることは困難である。二〇〇一年の同時多発テロを、ブッシュ大統領は「自由、人権、アメリカン・ウェイ・オブ・ライフ(米国的な生活様式)へ

の攻撃」として位置づけ、愛国心をかき立てようとしていることは象徴的である。やはり移民が多いオーストラリアでは、多文化主義を原理とした国家統合を試みているが、ここでも多文化主義を根拠づけるために用いられているのが、「民主主義の伝統」である。[8]

なお、これらの国を追いかけるかたちで近代国家形成を進めた国々(日本、ドイツ、イタリア、ロシアなど)では、人権や民主主義が自然に「国家形成の物語」のなかで大きな位置を占めるようになったわけではない。政府主導の近代化を行ったこれらの国で、政策担当者は自らの権力を保持しつつ国家の経済力・軍事力をいかに強化するかを考え、制度や概念を選択的に導入した。たとえば、中央集権的な官僚機構、司法制度、産業化に必要とされる労働力の自由な移動を可能にするための身分制の解体、技術導入と労働者育成のための学校教育等は多くの場合採用されたが、政府の権限を制限する人権や民主主義などの制度の導入は慎重に進められた。他の帝国主義国家と対立するなか、「列強と対抗しながら民族が生き残る」必要性を訴えさえすれば国民の帰属意識を獲得できたので、人権や民主主義をあわてて導入する必要はなかったのである。ソ連などの社会主義国は、自由主義圏との対立を強調しつつ巨大な党・行政組織を用いた権力的な統治と、共産主義イデオロギーによる国民統合を試みた。第二次世界大戦後に独立した旧植民地の国々は、冷戦のなかでどちらかの陣営につくこと(もしくは非同盟諸国のように、どちらにもつかないという困難な選択を国民に示すこと)により、国内の結集をはかった。国民から支持されない政権であっても、帰属する陣営から支援を獲得し政権維持を行うことができた場合もある。[9]

ただし、これらの国では、人権や民主主義を無視し続けることはできなかった。特定の民族の優秀性といった、そもそも普遍化が不可能な統合原理に依存した日本、ドイツは第二次世界大戦で敗北し、ソ連・東欧ブロックの社会主義政権は、権力的な支配への不満と、経済・政治制度の矛盾により内部崩壊する。冷戦が終了した結果、冷戦構造のなかで援助・借款を得て政権維持を行っていたアジアやアフリカの権威主義的政権も、変化を強いられる。外圧もしくは外部からの支援がない状況で、国民の支持なしに政権を維持することは困難となったからである。こうして一九八〇年代から一九九〇年代初頭にかけて、アジア、アフリカ、ラテン・アメリカの権威主義的政権の民主化が進む。この時期には、韓国や台湾のように人権や民主主義を市民が主体的に要求し確立させていった場合も少なくなく、そうした国では人権や民主主義はより明確に国家の正統性と関わるようになってきている。

2　トランスナショナルなアイデンティティを生み出すもの

人権・民主主義とトランスナショナルなアイデンティティ

これまで見てきたように制度としての人権や民主主義は、国民の利益を保障し、国家の正統性を高める機能もある。その意味では、国民意識の強化につながる。民主化の進展や人権の受容が自動的に地球市民的なアイデンティティを生み出すわけではないのである。

だが、こうした社会では、国家が人々のアイデンティティを独占する必要はない。実際には、人権や民主主義が確立し一定の生活水準を達成した社会では、多様な集団に同時に帰属したり、地域－国家－人類などのように重層的なアイデンティティを持つ人も増えている。[10] 地球市民的なアイデンティティもこういう流れのなかで生まれている。この状況をもたらした理由として、一般的には次のような要因が考えられるだろう。

第一は、近代化の進行である。近代化が進んだ社会では、伝統的な社会と異なり、人が一つの集団だけに帰属するということはない。こうした社会の特徴は、身分制の解体、標準語の普及、全国的な学校教育の整備、労働の市場化などにより個人の移動性を高め、伝統的な社会集団と個人の関係を希薄化したところにあるからである。[11] さらに都市化の進行は、個人を社会集団から切り離す効果を持つことも多い。

第二に、民主主義や人権などの制度は、自由な情報の流れと市民が自発的に行動できる空間を生み出す。とりわけ、テレビなどのマスメディアの発達やインターネットの発展は、市民の自発的な行動をますます容易にする。しかも、民主主義や人権という考え方は多様性をある程度は許容しながらも、多元的な存在の行動調整を可能とする共通の行動様式や原則を生み出す。

第三は、市民の公益活動に対する制度的な支援である。こうした社会(とりわけ国家統合の理念として人権や民主主義が使われている国)では、人権や民主主義の前提となっている価値観＝人間の等価性が正統性を持っている。この場合、たとえ多くの人間が人権や民主主義を支援するのは、それらが自分たちの生活に利益を与えるからであるとしても、こうした理念の重要さが否定されることはない。このため、こうした理念をもとに行動している団体への直接・間接的な支援(寄付への税制優遇措置、法人格の認定等)がされることになる。[12] このように人権や民主主義を受け入れた国家では、地球市民的なアイデンティティを持つ団体が活動するために都合のよい社会環境が生まれやすい。

もちろん、これ以外にも、「公共」に対する考え方、宗教的伝統など個別の国の歴史的な状況がアイデンティティの多様性や市民活動全体の活発さに影響を与える。発展途上国の場合は、政府が公共サービスの提供能力を欠いているため市民セクターが強くならざるをえない場合もあった。[13] 市民社会組織が活発に活動できる社会では、地球市民的なアイデンティティを持つ団体も活動しやすい。現状では、途上国の多くの市民活動は自国の課題を中心に取り組む場合が多いが、そうした場合でもグローバル化の悪影響に対抗する社会運動の国際的な連帯というかたちで、トランスナショナルなアイデンティティが生まれることもある。

ただ、現時点では、地球市民的なアイデンティティ形成の条件がもっとも満たされているのは、欧米の人権や民主主義を確立した先進工業国諸国であろう。事実、国際協力に関わる団体は、欧米でもっとも活発に活動しており、そうした団体への市民の支援も明確である。イギリスの代表的な民間国際協力団体オックスファム(ＯＸＦＡＭ)は年間約二億ポンド(約三七〇億円)程度の財政規模を持つが、その収入の七割以上を、寄付やリサイクルショップの収益から得ている。[14] 一九七七年にノーベル平和賞を受賞した国際的な人権団体であるアムネスティ・インターナショナルも、草の根の市民活動によって支えられている団体だが、強力な支部は欧米に偏って存在している。[15] 他にも、米国などに事務所をおくヒューマンライツウォッチ、[16] ジュネーヴにある国際法律家協会[17]など、著名な国際人権団体のほとんどは欧米にある。途上国にも、WTOなどに途上国の意見を反映させようとしている第三世界ネットワーク(Third World Network)などの国際NGOが存在しているが、こうした団体の資金源は、しばしば先進国の助成財団であり、その活動も欧米における地球市民的アイデンティティの発達と無関係ではない。

グローバル・ガヴァナンスとトランスナショナルなアイデンティティ

国境を越えた連帯意識を持つ人々が生まれるということは、地球規模の問題群の解決の必要条件かもしれないが、それだけでは十分ではない。重要なのは、こうして生まれた国境を越えた帰属や連帯意識が、地球規模の問題を解決するために有効に機能する制度の生成(すなわちグローバル・ガヴァナンスの実現)につながるのか、そして、狭い意味での国民の利益と地球的の利益が対立した場合でも、地球的な利益を優先できるような意識を生み出しうるかということである。

とりあえず、国境を越えた相互関係の深化が、軍事、貿易、金融などさまざまな面での摩擦や紛争の危険を生み出し、その回避のための国際的な制度を生み出してきたことは間違いない。国際連合は第二次世界大戦のような戦争を繰り返したくないという意思から生み出された。国連の創設は、国家の軍事力が増大し、相互に甚大な損害を与えうるようになったなかで、紛争解決のための制度をつくる試みであった。同様に、国際通貨基金や世界銀行、貿易と関税に関する一般協定(GATT、後の世界貿易機構)などの貿易・金融レジームは、第一次世界大戦後の経済のブロック化がもたらした災厄を繰り返さないことを主要な目的として設置された。[18] こうした制度は、必ずしも世界的な共通利益を追求するためだけに生み出されたわけではない。むしろ、個々の国の利益追求の結果、生み出されたと考える人も多い。[19] 国益を代表して行動する国家代表の交渉により生まれた制度である以上、これは自然なことである。

国益との対立が少ない領域においては、地球市民的な理念を直接反映した制度づくりが進められた場合もある。とりわけ人道問題、人権問題などに関わる国連組織の形成にあたっては、地球市民的なアイデンティティに支えられた運動体や個人が大きな役割を果たしてきた。古くは、スイスのビジネスマン、アンリ・デュナンの働きかけにより一八六三年につくられた国際赤十字委員会がある。[20] 最近の例では、一九九三年の国連人権高等弁務官職の設置決定についても、アムネスティ・インターナショナルなどの人権NGOが大きな役割を果たした。

理由は何であれ国境を越えた制度が生み出されるということは、地球市民的なアイデンティティを生み出したり強化する方向にも働いた。こうした機関や制度は、国境を越えて人々に共通の議題を提供し、地球市民的なアイデンティティを持つ人々の意見が報道される機会も生み出す。たとえば一九九〇年代に盛んに行われた国連の人道問題会議（一九九二年の国連環境開発会議、一九九三年の国連世界人権会議、一九九四年の世界人権会議など）では、会議に参加したNGOが多くの報道機関の注目を集めた。国際機関が触媒となり、国境を越えて共通の課題に取り組む人々のネットワークを生み出し、それが共通の価値観や問題意識を持つ「認識共同体」として機能することもある。[21] 地球温暖化問題に取り組むためにつくられた「気候変動に関する政府間パネル」などはこうした働きをした。

逆にこうした国際的な機関に反対する人々の連帯によって、地球市民的なアイデンティティが生み出される場合もある。世界銀行の改革運動はこうした例であろう。世界銀行は、一九八〇年代からは貧困撲滅を旗印とし、巨額の融資を発展途上国に行ってきた。だが、融資対象の大規模プロジェクトは、現実には環境や社会基盤を破壊し、地元の住民組織、支援団体、ワシントンや世界各地の環境団体のネットワークにより問題とされるようになる。世界銀行の維持を求める米国政府は、こうした反世銀運動に対応するため、彼らの要求に部分的に応えていった。その結果、世界銀行の環境ガイドラインの整備や、その審査のための機関(査閲パネル)の設置、情報公開政策なども生まれていく。[22]このキャンペーンの過程では、議会での公聴会やマスコミにおける報道が行われ、地球市民的な立場に立った言説の正統性が確認されていった。

以下、国連の人権活動の発展過程を例として、地球市民的なアイデンティティを持つ人々の存在が、どのように国際的な制度に影響を与えたのか、そして逆にそうした制度の存在がこれらの人々の活動を支えたのかを詳しく見てみよう。

レジームと地球市民的なアイデンティティ

第二次世界大戦中は、人権は連合国側のスローガンとして盛んに使われていた。たとえば、一九四二年の連合国共同宣言は、「他国のみならず自国における人権と正義の保持のためには、敵に完全に勝利することが不可欠である」と述べている。多くの植民地(すなわちあからさまな不正義)を内に抱えた当時の連合国が、戦争状態に入らなければ「他国……における人権と正義」の確立に一致して取り組んだかどうかきわめて疑わしく、この言葉が国民動員のためのイデオロギーとして選ばれたことは間違いない。しかし、侵略国たるナチスドイツや日本の国内外の人権侵害の事実は、国際秩序と国内の深刻な人権侵害との関連についての認識を連合国にもたらした。このことが一つの背景となって、国連の目的として人権が取り上げられ、戦後秩序の構想に国際的な人権保障が組み込まれることになった。

もっとも人権が国連憲章に組み込まれる過程は単純ではなかった。イギリス、ソ連は人権保障を国連の目的に組み込むことに反対しており、米国もさほど積極的ではなかった。こうした国を動かし、人権を国連憲章に組み込ませることとなったのは、サンフランシスコの国連憲章起草会議に参加していたラテン・アメリカの中小国と米国のNGO

（とりわけプロテスタントの全米教会連盟やユダヤ系の組織）である。[23] NGOは政府代表団との会合のなかで、国連憲章のなかで人権を国連の目的と位置づけなければ、国連への加盟の支持を行わないと宣告し、圧力をかけた。[24] これを受けて米国は積極的に他国に働きかけを行い、最終的に国連憲章では、「人権の保障に向けての国際協力を促進」することが国連の目的として規定され（国連憲章第一条三項）、さらに社会経済理事会の下に人権委員会を設置することも規定された。

このように国連のなかで人権が活動目的として位置づけられたこと、人権をもっぱら取り扱う機関が設置されたことは、その後の国連の人権分野での活動を方向づけた。さらに、国連の人権活動には、NGOが関与できる仕組みも準備されていた。サンフランシスコの国連憲章起草会議で、国連経済社会理事会とNGOが正式の関係を取り結ぶ仕組みが、やはりNGOの提案により国連憲章のなかで規定されることになったのである。NGOは、この手続きを活用して人権関係の国連の会議に参加し、オブザーバーとして発言や資料提出を行った。こうしたNGOの影響力もあって、国連では世界人権宣言（一九四八年採択）、人種差別撤廃条約（一九六一年採択）、国際人権規約（一九六六年採択）など多くの人権条約が起草・採択されていった。[25]

国連人権委員会のもう一つの重要な業務に、人権基準の実現の監視がある。これは一九六〇年代に南アフリカのアパルトヘイト問題に関する国際的な（とりわけアフリカの新興独立諸国の）関心の高まりをきっかけとして、国連のなかで取り組みが始まった。具体的には、経済社会理事会の決議により「重大・大規模な人権侵害」についての調査を行う権限が人権委員会に付与されたのである（通称一二三五手続き）。当初は南アフリカのアパルトヘイトにのみ関心が払われ、他の深刻な人権問題については関係政府の反対が強く取り組みは進まなかった。だが、中東イスラエル占領地域に関する特別専門委員会の設置をはじめとして、しだいにチリ、赤道ギニア、エルサルバドルなど他のいくつかの国についても特別の委員会や代表団が設置されることとなっていった。ただし、これらは政治的な影響力のない国々についてのみ行われたことであり、国連の人権活動が客観的に機能したとはいえない。

一九八〇年代前半からは、「非自発的失踪に関する作業部会」の設置を皮切りに人権侵害の形態別の調査が行われるようになる。この形式の活動では、特定の形態の人権侵害であるならば、どのような国のものであれ取り上げることができた。国連の人権問題に関する調査が、より客観的なものとなったという意味でこの制度の意義は大きく、「革命的」であったとする見方もある。[26]「失踪作業部会」は、たんに調査を行うだけではなく、人権侵害が推定できる事例について緊急に懸念を表明する仕組みを設け、人権侵害の予防にも貢献するようになった。この過程では、アムネスティ・インターナショナル、国際法律家協会、国際人権連盟などの国際人権NGOが行った調査活動とキャンペーンは大きな役割を果たしている。

人権NGOの影響力と地球市民的なアイデンティティ

これらの過程で、地球市民的なアイデンティティを持つ人々はどのような役割を果たしたのだろうか？　まず、国連憲章に人権が組み込まれた過程では、米国の一部のNGOの地球市民的な意識が影響を与えている。だが、このとき国連が人権について取り組んでいくべきであるという考えを、広範な米国市民が強く持っていたわけではない。米国市民は伝統的に国際社会への関与に無関心であり、国際連盟にウィルソン大統領が参加できなかったのも議会の反対があったからであった。戦後の国際秩序を生み出すことを期待する政府が、国連への米国市民の消極性を恐れたからこそ、米国政府が政府代表団にNGOを顧問として参加させるという初めての試みを採用したのだとも考えられる。米国議会の権限の大きさも重要な要素である。米国では、人々を直接代表する議会が外交においても大きな役割を果たしており、その承認が得られなければ国際機関には加盟できないだけではなく、個別の資金の拠出もできない。国連によって戦後の国際秩序を生み出し、自国の安全保障に役立てようとした米国政府に対して、NGOは米国市民の

（潜在的な）消極性をむしろ梃子《てこ》として活用することによって目的を達成したといえよう。

その後、冷戦が深刻化するにもかかわらず、国連のなかで人権基準づくりが進行した背景には、冷戦のなかで自己の正統性を主張しようとする両陣営の勢力争いがあったと見ることもできるだろう。たとえば世界人権宣言を基礎に拘束力のある条約として生み出された人権規約については、ソ連は労働権や経済的・社会的権利などの面で主導権を持とうとしており、一方西側諸国は自由権を強く推進していた[27]。NGOは、こうした基準作成の過程に専門家として関与し監視を続けたが、NGOがこの過程の推進者であったとまではいえない。その後の国連の人権活動の拡大の過程においても、やはり各国の政府の意図が強く働くことが多かった。一九六〇年代に相次いで独立したアフリカ諸国は、アパルトヘイト廃絶を求める国際的な圧力を生み出すために国連の人権活動を活用する。しかし、この時も、人権NGOがアフリカの他の国の人権問題を扱うことは困難であり、そのような試みをしたNGOに対しては強い批判がされている[28]。人権NGOの行動は政府が許容する範囲でしか認められていなかったのである。

しかし、しだいにNGOの政治的な影響力は増していく。一九七〇年代後半に始まる課題別の調査はNGOが中心となって推進し、制度化をしていったという側面が強い。人権条約の起草においても人権NGOの役割は大きくなっていく。この背景には、人権NGOの活動に対する広範な市民の支持が明らかになってきたということがある。そのことをよく示したのがアムネスティ・インターナショナル（Amnesty International. 以下アムネスティと略）である。一九六一年に設立されたアムネスティは、人権専門家や情報源としてだけではなく、地球市民的なアイデンティティを持つ人々が各国に存在しているということをはっきり示したという点でも大きな意味を持つ。

そもそも、初期の国連の人権活動に参加してきたNGOは、宗教的な団体か弁護士の団体が主だった。国連憲章起草や世界人権宣言起草に関与していたのは、キリスト教系やユダヤ教系のNGOが中心で、当時は、人権を専門的に扱うNGOは少なかった。専門的な人権NGOとして注目を集め始めたのは、一九五二年に設立された国際法律家協会（International Commission on Jurists）、一九六一年に設立されたアムネスティなどが中心である。国際法律家協会は元アイルランド外相のニアル・マクダーモットを事務局長とし、政府高官との人脈と弁護士らによる正確な調査により影響力を発揮したが、団体自体が幅広い市民の支持を得ていたわけではなかった。

他方、アムネスティは、人権に特化するNGOのなかで、広範な支持母体を持つという意味では際だっている。アムネスティは設立時より「思想・信条・皮膚の色」などのみを理由に投獄された囚人（「良心の囚人」）を釈放するということを主目的とし、世界各地に支部・会員組織を設けて活動してきた。政治的な団体であるとの批判を避けるためにも自国の人権問題は扱わないという「自国条項」を定め、各グループは他の国の人権問題だけを扱うというトランスナショナルな運動形態をとっていた点も特徴的だ。地域グループのメンバーによる「手紙書き」を中心とする活動のしやすさと、ロンドンにおかれた数百名の職員を抱える事務局のたしかな情報収集機能により、組織と活動は急速に拡大し、現在では世界一四〇カ国・地域に一〇〇万人以上の会員を擁するまでにいたっている。

アムネスティは、国連による拷問禁止条約、国際人権規約死刑廃止議定書の採択にも大きな影響力を行使した。その活動は、国際的にも高く評価され一九七七年にはノーベル平和賞を受賞している。たしかにアムネスティの組織は、欧米に偏りがちで、アジアや発展途上国では十分な支持者を獲得していないなどの問題もある。しかし、アムネスティの運動には、国境を越えて人権を保障することに多くの人が関心を持っていることをはっきりと示したという意味で、大きな意義があった。

また、アムネスティの運動は、国際的な制度形成がトランスナショナル・アイデンティティの形成を支えるという例でもある。実は、アムネスティの市民への訴求力の中心は、個別具体的な人権状況を緻密に伝え、一人の人間としての共感を生み出すという手法にあり、国際的な制度の存在だけに依存しているわけではない。だが国際基準の存在がアムネスティの正当性と有効性を高め、その活動への支持を生み出しているのは間違いない。アムネスティは、キャンペーンを行う際には必ず国際的な人権基準を引用し、自らの運動の正当性の補強を行っている。国際的な人権基準が運動の有効性の基盤となっているため、その意義を積極的に国内に伝える努力も行っている。国際事務局は、人権規約を広報するビデオなどの作成を行い、アムネスティの日本支部でも「世界人権宣言」を日常語に「翻訳」するキャンペーンを行った[29]。

このように、国連の人権活動は、地球市民的なアイデンティティを持つ人々の影響を強く受けてきた。たしかに当初は、その影響力は限られており、NGOの役割は専門家としての知識や見識を提供する程度であった。しかし、こうした団体への支持が各国の国内で明らかになるにつれ、その政治的な影響力も高まっていく。この結果、NGOは国連の人権活動の拡大に大きな役割を果たすようになっていった。他方、国連における基準設定の進展は、これらの団体の正当性と有効性を高め、それが支持者の拡大につながっている。国連人権活動の事例は、グローバル・ガヴァナンスの進展が、地球市民的なアイデンティティを持つ人々との相互作用のなかで進んできた状況をよく示している。

おわりに——民主主義、人権、グローバル・ガヴァナンスの相互関係

民主化が進行し、人権の受容が進むことによって、多様なアイデンティティを持つ人々が行動しやすい環境ができた。同時に、国際的な制度形成が進むことよって、地球市民的アイデンティティを持つ人々が活躍できる場も生まれる。このことも、国境を越えたアイデンティティの形成を促進し、国際的な制度の改革にもつながってきた。NGOの力は、第二次世界大戦後の国際機関や国際NGOの爆発的な増加にともない、しだいに増大しているように見える。国連の人権活動の発展、オゾン層保護、対人地雷廃絶[30]、重債務国の債務帳消し[31]、世界銀行の改革[32]など、NGOがグローバル・ガヴァナンスの発展に向けて大きな役割を果たした例は少なくない。だが、このような団体の影響力は、経

済的利益や短期的な安全保障などの狭い意味での国益と深刻な衝突がない領域に限られていることも否定できない。

二十一世紀の最大の環境問題である地球温暖化については、気候変動枠組み条約やその実施のための京都議定書(一九九七年採択)がつくられた。しかし、米国のブッシュ政権は、クリントン政権が承認した京都議定書への参加を拒否している。米国の環境団体は、この決定を強く批判しているが、政府の行動に影響を与えることはできていない。人権・人道法の分野では、深刻な戦争犯罪を犯した人を裁くための国際的な裁判所を設置するための裁判所規定が採択された。しかし、これまた米国は参加を拒否している。国家のために命をかけた自国の軍人が裁かれる可能性がある条約に参加できない、というのがその理由である。このように「国益」を優先するのは、米国だけではもちろんない。人権条約のなかでも、国民の利益と衝突する可能性が高い「外国人労働者の人権条約」については、批准した国はもっぱら外国人労働者の送り出し国であり、受け入れ国はまったく批准していない。途上国の貧困解決のためには資金援助が必要であるということは国際的には何度も確認されているが、現実には先進国国内への支出が優先され、政府開発援助の金額はむしろ減少し続けている。民主政の下では、究極的には国益も各国の国民が定義するが、現状では「人類共通の利益」は各国の国益のなかに十分に組み込まれていないのである。

地域統合が進むヨーロッパでは、ヨーロッパ議会をつくることにより「ヨーロッパ市民」という帰属意識を生み出そうと試みている。しかし、現状ではヨーロッパ市民という意識はまだ強くはない[33]。議会の決定権限が限られており、議会が十分に「全体の利益を代表」したり、マスメディアの言説に影響したりする力を持っていないからである。さまざまな国際条約からなる国際社会の諸制度は、はるかに市民から遠く、「地球市民」が人類益のための代表を選出する仕組みはない。国際的な制度は、主権国家の代表によりつくられている。こうした制度形成においては、大国の利益が色濃く反映される。仮に、その過程にNGOが参加することにより、ある程度「人類益」を推進する制度ができたとしても、各国の市民に国民の権限が国際機関に奪われる「民主主義の赤字」として理解されれば、その正当性が認められないことになりかねない。

現時点では、地球市民的な価値観だけに基づいて国際的な制度を生み出すことは困難のようである。むしろ、何らかの理由で国際的な制度を必要としている国家代表が、国内での承認を必要としている場合や、国家間の対立が存在しているため調停原理が必要となっている場合に限って、地球市民的なアイデンティティを持つＮＧＯが一定の影響力を発揮してきた。各地で民主化が進展し、各国国内での国民統合が深まれば、「民主主義の赤字」に対する反発がますます高まる可能性もある。人権、民主主義の受容は、地球市民的なアイデンティティの形成を可能とする空間をつくったとしても、それが自動的に地球市民を生み出すわけではない。

しかし、「民主主義の赤字」に対する反発は、国際的な意思決定の過程に参加する要求につながる可能性もある。そのことをよく示したのが一九九九年のシアトルにおけるＷＴＯ交渉への多様な市民の反対表明であった。参加の要求を国際機関が受け止め、「地球全体の利益」に関する議論に人々を巻き込んでいったならば、地球市民としてのアイデンティティが強化されていく可能性もある。各国の国内での人権や民主主義の確立と、国際機関や制度における民主的な過程の実現が同時に進行していくことにより、地球市民としてのアイデンティティに基づいたグローバル・ガヴァナンスの形成も展望できるようになるかもしれない。

1　自由権規約（正式名称は「市民的及び政治的権利に関する国際規約」）と社会権規約（「経済的、社会的及び文化的権利に関する国際規約」）は世界人権宣言とあわせて世界人権憲章と呼ばれている。国連人権高等弁務官事務所によれば二〇〇二年八月段階で、両者とも七割以上の国が締結している。

2　Fukuyama, Francis, "The End of History," in *The National Interest*, 16, Summer, 1989.

3　グローバル・ガヴァナンスについては、たとえば以下を参照。渡辺昭夫・土山實男編『グローバル・ガヴァナンス――政府なき秩序の模索』東京大学出版会、二〇〇一年、Commission on Global Governance, *Our Global Neighbourhood: The*

Report of the Commission on Global Governance, Oxford and New York: Oxford University Press, 1995.

4　渡辺昭夫編『アジアの人権――国際政治の視点から』日本国再問題研究所、一九九七年六月、および、拙稿「アジア的人権論」『二十一世紀国際社会のパラダイム』有信堂高文社、二〇〇一年参照。

5　国内人権システム調査プロジェクト編『国内人権機関の国際比較』現代人文社、二〇〇〇年参照。

6　この前提が無視された場合には、国家統合は失敗することが多い。たとえば、冷戦終了後のユーゴスラヴィアでは、民族を「私たち」とする言説によって支持を得た民族主義政党が力を持ち、民族間の対立が激しくなるなかで内戦・国家の解体が生じた。

7　二〇〇二年のフランス大統領選挙で、極右派の国民戦線のルペンに対する市民の反対運動が「自由、平等、博愛」というフランス革命時のスローガンを多用していたことは、フランスにおける人権獲得の歴史と国民統合の関係をよく示す。ルペンに対抗する言説を反対派は「フランス」の国家形成の歴史から引き出すことができたのである。

8　オーストラリア政府が多文化主義を再定義するために設置した国家多文化諮問協議会の報告書『新世紀のためのオーストラリアの多文化主義』(National Multicultural *Advisory Council, Australian Multiculturalism for a New Century: Towards Inclusivenes*, Commonwealth of Australia, April 1999.) 参照。

9　自由主義圏の支援を得ていた国としては、たとえばインドネシアやフィリピンがある。インドネシアのスハルト政権は世界銀行や先進国の援助により、権威主義的な政権を維持していたが、冷戦後政権は崩壊した。

10　田中明彦『新しい「中世」――二十一世紀の世界システム』日本経済新聞社、一九九六年、および、馬場伸也『アイデンティティの国際政治学』東京大学出版会、一九八〇年参照。

11　逆に、こうした特徴を持たない社会において、代表民主制を導入した場合には、民族別・地域別の政治集団への帰属が高まる場合もある。

12　Salamon, Lester M. and Helmut K. Anheier, *The Emerging Sector*, Maryland: Johns Hopkins University Press, 1994. 邦訳、レスター・M・サラモン、H・K・アンハイアー(鈴木崇弘他訳)『台頭する非営利セクター――一二カ国の規模・構成・制度資金源の現状と展望』ダイヤモンド社、一九九六年。

13　こうした国としては、ラテン・アメリカ諸国やフィリピン、インドなどがある。GAP(国際公益活動研究会)監修『台頭する「市民社会」アジアのNPO』アルク、一九九七年参照。

14 オックスファム（OXFAM）については http://www.oxfam.org/ 参照。

15 アムネスティ・インターナショナル（Amnesty International）については http://www.amnesty.org/ および、同日本支部 http://www.amnesty.or.jp/参照。

16 ヒューマンライツウォッチ（Human Rights Watch）については http://www.hrw.org/ 参照。

17 国際法律家協会（International Commission on Jurists）については http://www.icj.org/参照。

18 冷戦に入ると、世界銀行や国際通貨基金は、西側の自由主義圏の経済発展を強化することが主要な目的とされるようになっていった。とりわけ開発金融機関である世界銀行を各国が支援した理由の一つには、貧困解決を行い共産主義勢力の広がりを押さえるというねらいがあった。

19 たとえば、Keohane, R. O., *After Hegemony: Cooperation and Discord in the World Political Economy*, Princeton University Press, 1984. 邦訳、ロバート・コヘイン（石黒馨・小林誠訳）『覇権後の国際政治経済学』晃洋書房、一九九八年。

20 Chatfield, Charles, "Intergovernmental and Nongovernmental Associations to 1945," in Jackie Smith, Charles Chatfield, and Ron Pagnucco, *Transnational Social Movements and Global Politics: Solidarity Beyond the States*, Syracuse University Press, 1997, esp. p.22. 参照。

21 Haas, Peter M., ed, *International Organization: Knowledge, Power, and International Policy Coordination*, Vol.46, No.1, 1992.

22 Fox, Jonathan A. and L. David Brown, eds., *The Struggle for Accountability: The World Bank, NGOs, and Grassroots Movements*, Cambridge, Massachusetts and London, England: The MIT Press, 1998. 鷲見一夫『世界銀行――開発金融と環境・人権問題』有斐閣、一九九四年、拙稿『Jacses Briefing Paper Series――持続可能な開発と国際援助――世界銀行の査閲パネルの機能と課題』「環境・持続社会」研究センター、一二、一九九八年七月参照。

23 阿部浩己・今井直『テキストブック国際人権法』日本評論社、一九九六年、一三～一四頁参照。また、以下の文献も参照。Korey, William, *NGOs and the Universal Declaration of Human Rights*, New York: St. Martin's Press, 1998; Gaer, Felice D., "Reality Check: Human Rights NGOs Confront Governments at the UN," in Thomas G. Weiss and Leon Gordenker, eds., *NGOs, The UN, and Global Governance*, Boulder, Colorado: Lynne Rienner, 1996.

24 Korey, op. cit., p. 37.

25 MacDermot, Niall, "The Role of NGOs in Human Rights Standard-Setting," in *Bulletin of Human Rights*, 90/1, United Nations,

December 1991.

26 今井・阿部、前掲、一五九～一六七頁、Korey, op. cit., p.252.

27 Mower, Alfred Glenn, *International Cooperation for Social Justice: Global and Regional Protection of Economic/Social Rights, Studies in Human Rights*, No 6, London-Westport: Greenwood Press, 1985, esp. pp.36–39. 参照。

28 Korey, op. cit., pp. 68–69.

29 アムネスティ・インターナショナル日本支部『わたしの訳・世界人権宣言』明石書店、一九九三年参照。

30 Price, Richard, "Reversing the Gun Sights: Transnational Civil Society Targets Land Mines," in *International Organization*, Vol. 52, No.3, 1998, pp.613–644; Cameron, Maxwell A., Robert J. Lawson, and Brian W. Tomlin, eds., *To Walk without Fear: The Global Movement to Ban Landmines*, Tront, Oxford New York: Oxford University Press, 1998.

31 北沢洋子『Jacses Briefing Paper Series——持続可能な開発と国際援助——国際政治を動かしたJubilee2000 国際キャンペーンについて』「環境・持続社会」研究センター、一四、二〇〇〇年一月。

32 Fox, Jonathan A. and L. David Brown eds., op.cit., pp.1–47. 参照。

33 林瑞枝「人の自由移動と国家を越える市民権」梶田孝道・小倉充夫編『国際社会三——国民国家はどう変わるか』東京大学出版会、二〇〇二年、五七～八三頁参照。

第四章

コモンズの悲劇とエコロジカル・アイデンティティ

熱帯雨林破壊／保護の政治経済学

土佐弘之

はじめに

主権国家は依然として国際政治における重要なアクターである。しかし、さまざまなレベル、領域での相互依存関係が複雑に絡み合いながら進展していることもあり、主権国家だけでは解決が困難なグローバル・プロブレマティーク（世界的諸問題）が増加している。たとえば地球環境問題などに見られるように、各国そして各企業が自国、自社の短期的利益（国益）だけを追求することにより、地球社会全体にとっての最悪の状況が生まれるといったような、いわゆる「囚人のジレンマ」型の協力問題が、グローバリゼーションの進展とともに、その深刻度を増している。しかし、その一方で、グローバリゼーションの進展は、トランスナショナルな社会運動がグローバル・ガヴァナンスに対して影響力を行使しうるような政治的機会の窓を開け非国家主体の介入などを可能にするなど、問題解決可能な環境をもつくり出している。こうした相反する新しい状況がたがいに反発し合いながらも絡み合いながら進行していっているなかで、その最終的な方向性を決めていっているのが、必ずしも主権国家という制度に立脚しない新しいアイデンティティ・ポリティクスの動向である。

本章では、グローバル・プロブレマティークの解決における新しいアイデンティティ・ポリティクスの役割に着目しながら、熱帯雨林保護をめぐる国際政治経済について見ていく。特に熱帯雨林保護の枠組みづくりなどにおいて環境NGOなどが果たしてきた役割、影響やその限界を中心に検討しながら、国際政治経済上の集合行為問題を解決する際にトランスナショナルな社会運動が果たす役割、またその活動を支えるアイデンティティの問題などについて検討する。熱帯雨林保護における新しいアクターの役割、限界を理解するためにも、まず、熱帯雨林保護の困難性について理解しておく必要がある。そこで、国内レベルにおいても、また国際レベルにおいても、熱帯雨林保護のための制度をつくり、維持し、強化することが困難である事情について、制度の政治経済学という視点から検討を行っていく。そのうえで、「コモンズの悲劇」問題を処理するような制度の創設、維持、強化において、環境NGOが果たす役割について、また、そうした活動を支えるエコロジカル・アイデンティティ(生態系との新しい関係性に基づくアイデンティティ)について、考えていきたい。

1 「コモンズの悲劇」としての熱帯雨林破壊

熱帯雨林破壊の現状

熱帯雨林保護の必要性は唱えられながら、その破壊は深刻さを増している。熱帯雨林は全世界の森林の約半分を占めているが(一九九〇年時点)、一九六〇年から八〇年にかけて、アジアの熱帯雨林の約三分の一が失われたという。[1] しかも、その後、その森林破壊のペースはさらに速くなっており、たとえばアジア太平洋地域における年平均の森林減少面積は、一九七七年から八〇年にかけては約二〇〇万ヘクタールだったのが、一九八一年から九〇年にかけては約三六〇万ヘクタールに増えているなど、熱帯雨林破壊の状況はさらに深刻な状態になりつつある。[2]

こうした熱帯雨林の破壊の急速な破壊は、地球大レベルでは、二酸化炭素の定着化サイクルを絶つことで大気中の二酸化炭素の割合を増し地球温暖化をより一層進めているし、また同時に生物多様性の宝庫そのものの消滅という事態を引き起こしている。また地域レベルでも、熱帯雨林の破壊は、土壌の流失から河川の氾濫などを引き起こしたり、熱帯雨林で生活してきた先住民族の生活的基盤そのものを奪うという問題も生じさせている。地域環境問題であると同時に、地球環境問題でもある熱帯雨林破壊の問題の原因は何かということになると、一般的には、焼き畑耕作、牧場造成、薪炭材の採取、そして木材業者による乱伐などが挙げられている。[3] また間接的な要因として、開発途上国の債務が乱伐につながっているという指摘もある。[4]

特に東南アジアにおける熱帯雨林破壊についていえば、木材・パルプ業者などによる乱伐が直接の引き金になっていると指摘されてきた。[5] なかでも深刻なのはフィリピンで、[6] 一九九〇年代に入る頃には、一九〇〇年時点であったとされる熱帯雨林の約八割が失われ、特に乱伐が著しかった時期はマルコス政権期(一九六五〜八六年)で、熱帯雨林が、いわゆるクローニー財閥の蓄財の手段として乱伐の対象となった。[7] 一九八六年のマルコス政権崩壊後も、フィリピンにおける森林消失のペースは衰えず、土壌流出などは深刻な問題となっている。タイの森林破壊もフィリピンと同様、かなり早い時期から深刻化しており、一九八〇年代には森林の全面積の約三分の一が、乱伐によって消失したとされている。タイ政府は一九八九年に伐採権を停止し、企業三〇〇社の伐採権を取り上げたが、違法伐採はなおも続き、逆に、近隣のビルマ(ミャンマー)、カンボジア、ラオスにおける乱伐を加速させるかたちとなった。[8] たとえば、和平後の復興のための資本不足に悩むカンボジアは一九九五年、森林のほとんどを企業約三〇社に伐採権を与え乱伐を急速に進めた結果、洪水の被害をもたらし、その損害は約一億五六〇〇万ドルにも及んだとされる。

また、東マレーシア（サバ、サラワク）やインドネシア（カリマンタン、スマトラなど）などにおける乱伐は一九八〇年代以降、その深刻さの度合いを増してきており[9]、近年では油ヤシなどへの森林のモノカルチャー化とも相まって、シンガポールなど近隣の諸国にまで大気汚染の被害をもたらすような大規模な山火事の引き金ともなっている。たとえば、インドネシアの場合、一九五〇年時点で存在していた森林の約四割が半世紀の間に消失したとされるが、その消失面積のペースも、一九八〇年代は年間平均一〇〇万ヘクタールだったものが、一九九六年以降は、年間約二〇〇万ヘクタールと、急ピッチで進んでいる。皮肉なことに、開発独裁ともいわれてきたスハルト政権が倒れて形式的な「民主化」が若干進んだ後も、状況は悪化の一途をたどっている。

「コモンズの悲劇」とその回避の可能性

こうした乱伐を進めているメーン・アクターとしては、まず輸出目的に伐採を進める現地企業、その木材の買い付けを行う商社などが挙げられるが、それに加えて、乱伐を進めている企業と癒着している、ないしは一体となっている地方や中央の政治家、軍人などが挙げられる。これらのアクターは自らの利益を最大化するかたちで行動しており、それが結果的に、全体の厚生的水準の低下、さらには熱帯雨林の消滅という破局的な結果をもたらしている。これは、オルソンの集合行為問題ないしは、ハーディングの「コモンズの悲劇（the tragedy of the commons）」問題と同じ構図となっている[10]。ハーディングが提示した「コモンズの悲劇」問題は、個々のアクターが自己利益を追求する結果として、持続的利用が可能な閾値《いきち》を越えて共有地を過剰利用してしまい、最終的には、共有地の生態系が破局的な局面を迎え、再生不可能になるというモデルである。しかし、こうした破局を避けるためには、つまり個々のアクターが過剰利用しないようにするには、外部不経済を内部化するような仕組みが必要となってくる。

考えられる一つの解法は、共有地の私有化による自己責任（コストの自己負担）の体系をつくることで、もう一つの解法は、共有地の国有化などによる共同管理(コストの共同負担)の体系をつくることであるが、いずれも問題を抱えている。前者の場合、コストの自己負担を回避するような、いわゆるフリーライド問題が発生しやすく、実際には機能しないおそれが大きい。また、逆に伐採権(concession rights)の付与を通じた熱帯雨林の実質的私有地化による乱伐が進み、共有地に生活している先住民たちが、資本主義的な囲い込みにより、共有地から駆逐されるといった「共有地生活者の悲劇(a tragedy of the commoners)」[11]が発生するおそれがある。現実にブラジルやサラワク(マレーシア)などでは、そうした問題が起きてきた。

すると、コストの共同負担の体系をつくることが望ましいということになる。それは、いいかえれば、国際レベルそして国内レベルで、乱伐を防ぎ、熱帯雨林の持続的利用を可能にするような制度的枠組みの構築、強化を進める必要性ということである。しかし、熱帯雨林問題自体が集合行為問題的性格を持っている以上、企業、国家というアクターだけで、保護を可能にするような制度をつくることは難しい。そこで、環境NGOのようなアクターが果たす役割が重要になってくる。熱帯雨林保護に限らず、集合行為問題的性格を持っているような問題において、つまり国家や企業だけでは国際的な協調の枠組み(国際レジーム)をつくったりすることが難しい問題において、NGOは独自のイニシアティヴを発揮することで、枠組みづくりやその強化において一定程度の役割を果たしてきた(たとえば、対人地雷禁止条約、死刑禁止条約、地球温暖化に関する京都議定書など)。こうしたトランスナショナルなNGOの活動は、国境を越えたアイデンティティ、さらには他者に対する責任の脱領域化(利他主義)といったような、グローバリゼーションにともなう新しい認識枠組みに支えられている。つまり逆にいうと、急速なグローバリゼーションの諸現象との相互作用過程のなかで、基本的な認識枠組み(たとえば「責任を負うべき他者の範囲」についての共通了解)が少しずつ変容し始め、そこから生まれた新しいエコロジカル・アイデンティティが、「コモンズの悲劇」問題の解決のための枠組みづくりに寄与しているということである。しかし、ネオ・リベラリズム原理を基調としているグローバリゼーションの力には、自己責任原則という名のもとで「他者に対する責任」の放棄を促していきながら、自己利益追求の果ての「コモンズの悲劇」への転落を加速化させている側面もある。次に、「コモンズの悲劇」の回避の努力を妨げようとする構造的な制約について、国内レベル、そして国際レベルという順番で見ていきたい。

2 国内制度の崩壊と脆弱な国際レジーム

レント・シーキング、制度の崩壊と熱帯雨林の破壊

国内レベルでの熱帯雨林の持続的利用を可能にするような制度的枠組みの構築、強化が必要であると述べた。つまり、政治体制が新家産制的であり[12]、政治家などが国家資産を使ってレント・シーキング的行為を行う傾向が見られる場合[13](たとえば、企業に伐採権を与える見返りに政治家はリベートを得るとか、管理責任者自身が違法伐採・売買によって収入を得るとかする場合)、熱帯雨林を国有化したりすることは逆に地域共同体による持続的利用のための伝統的制度(ローカル・コモンズを支える制度)[14]を崩壊させ、熱帯雨林を事実上のオープン・アクセスの状態にしてしまうことで、その破壊を加速化させることになる。[15]東南アジアの熱帯雨林破壊の多くは、こうした略奪型資本主義と家産制的政治体制の共同作業の帰結といってよいだろう。[16]しかも、そのレント・シーキング的行為が、時には国内の政治制度の実質的崩壊という事態を招き、ますますレント・シーキング的行為をあおるという、一種のダウン・スパイラルをつくり出している。

なぜ熱帯雨林の伐採がレント・シーキング的行為の対象となるのか。その要因として、木材やその加工品である紙パルプなどの輸出価格が、典型的な輸出用一次産品(たとえばコーヒー、砂糖など)と同様に中・短期的な乱高下に悩まされながらも、先進国側の一定の需要(なかでも日本市場)により引っぱられることで一定程度伸びていたこと[17]、また比

較的少ない初期投資で利益回収ができるといったことなどが挙げられる。石油ほどではないにせよ、そこから生まれた棚ぼた的な富がレント(地代)となり、獲得されたレントは、新家産制的な政治体制のなかのパトロン－クライアント関係の連鎖に沿って分配されることになる。つまり新家産制的な政治体制を維持するためにも、レントは創出され続ける必要があるため、中央政府や地方政府レベルにおいて、レント創出を困難にするような熱帯雨林保護を目的とした制度をつくることは困難であるばかりではなく、たとえできても骨抜きにされていくことになる。また木材価格の中・短期的な乱高下は、長期的な視点に立った森林の持続的な利用を難しくし、森林を短期的な投機の対象としか見ない傾向を強めているといえる。

しかし、レント・シーキング的行為としての熱帯雨林乱伐は、まず地域環境問題を引き起こし、特に先住民たちに大きなしわよせをもたらす。森林で実際に生活している人々がいるにもかかわらず、事実上、所有者のない土地つまり「無主の財(res nullius)」とみなすことで、森林を国有化し、伐採権を業者などに付与し、その森林を破壊することは、当然、森林を「共同所有の財(res communes)」とみなしていた先住民たちと大きな摩擦を生じさせる。そこで、アマゾンやサラワクなどの事例に見られるように、熱帯雨林保護運動は、しばしば先住民の人権保護運動という側面も持つようになり、先住民たちの人権問題は熱帯雨林保護運動の象徴となっていくのである。[18] 国際人権レジームが一定の影響力を持つようになった現在、著しい人権侵害があると認められる場合、当該政府は市民に対する十分な応答責任を果たしていないということで、主権に制限が加えられ、「国際社会」の介入が行われるような場合も出てきている。非軍事的な人道的介入が行われる場合、まず監視、報告などの活動をとおして、その先頭に立って介入を行うのは環境NGO、人権NGO、時には人類学者[19]などである。熱帯雨林破壊保護活動とともに行われる先住民の人権支援活動も、そうした事例の一つとして位置づけることは可能であろう。

また熱帯雨林の破壊は地域環境問題であると同時に地球環境問題であるため、環境NGOや他の諸国が介入を行う

表　国際社会における共同管理資源の位置づけ

		排除可能性	
		易	難
競合性	大	国有財（私有財）	共同管理資源
	小	クラブ財	国際公共財

出典：Ostrom Elinor et al., *Rules, Games, & Common-Pool Resources*, Ann Arbor：The University of Michigan Press, 1994, p. 7. の表をもとに筆者作成。

という側面もある。つまりエコロジカルな相互依存という観点から、他国に対して被害を与えるような環境破壊を行っているような場合においては、やはり国家主権に制限が加えられるようになっているということである。たとえば熱帯雨林を「地球の肺」、つまり全人類の「共同管理資源（Common-Pool Resources）」[20]と位置づけることによって（表参照）、環境NGOなどは、当地の環境NGOと連携しながら熱帯雨林保護を求める介入を行う。しかし、自国の資源に対する主権を主張する国家側は、こうした環境的介入をエコロジカルな帝国主義であるとして、それに反発することになる。先にもふれたように、熱帯雨林伐採は現地政府権力などのレント・シーキングの重要な対象となっているため、そうした既得権益を守ろうとする動きが反発をさらに強めることになる。

脆弱な国際レジームと「持続可能な森林経営」という名の骨抜き化

熱帯雨林の持続的利用を実現するような制度的枠組みの構築、強化が国内で困難な場合、国際的なレジームを構築、強化して外から制度的な圧力をかけることで、問題解決に向けていくことが重要になってくる。たとえば熱帯雨林破壊を先住民に対する人権問題としてとらえることで、つまり国際人権レジームを介したブーメラン効果を利用することで、現地政府に影響を与えるといったものは、その一つの例である。しかし、熱帯雨林保護を主目的とする国際レジームとなるときわめて脆弱であり、ブーメラン効果的なものが期待できないのが実情である。

熱帯雨林に関連する条約としては一九九二年のリオ会議で採択された生物多様性条約

があるが、それは北の観点から生物多様性のコントロール、管理、所有をグローバル化しようとするものであるとの批判があるのみならず、[21]特に熱帯雨林保護という点においては実効性を持っていない。森林保護に直接関与するものとしては、同じリオ会議で条約化に失敗した森林原則声名[22]が採択されただけである。その後、九五年には、国連の持続的発展に関する委員会によって森林に関する政府間パネルを設置されるなど、政府間の協議が続けられているが、いまだ熱帯雨林保護のための本格的な国際レジームの形成の段階にはいたっていない。

また熱帯雨林問題に直接関与する国際機関としては、たとえば国際熱帯木材機関（International Tropical Timber Organization, 以下ＩＴＴＯ）が挙げられるが、これもまた熱帯雨林保護という観点からすれば実効的な働きをしているとはいえない。ＩＴＴＯは国連貿易開発会議（ＵＮＣＴＡＤ）の主導のもと、一九八三年に国際熱帯木材協定が締結されたのを受けて熱帯木材経済のあらゆる側面について消費国と生産国が協議、情報交換、政策立案することを目的に設立された商品協定機関で、それ以前のレッセ・フェール的な状況からの転換をはかったものではあるが、価格規制枠組みもなく、輸出用一次産品に関する非常に緩やかな国際レジームの一つにすぎなかった。

たしかに熱帯雨林保護を求める環境運動などの圧力に呼応するかたちで、ＩＴＴＯは一九九〇年に「自然熱帯雨林の持続可能な管理のためのガイドライン」、九三年には「生物多様性についてのガイドライン」などを採択、「持続可能な開発」といったレトリックを取り込んでいったものの、その重点は依然として「開発」にあり、実際の目的は資源の供給確保にあった。またガイドラインの実質的な死文化、特にエコラベル認証制度の導入失敗やサラワク・ミッション・レポートの骨抜き化といった問題とともに、[23]ＩＴＴＯの協議から撤退をする環境ＮＧＯも現れ、機構は、熱帯雨林保護という点においては明らかに機能しなくなっていった。[24]

ＩＴＴＯが国際熱帯雨林保護レジームを担う機関とはならなかった背景には、機構のメンバー国、特に生産・輸出国（インドネシア、マレーシア、ブラジルなど）と木材・製紙業界の同盟が、環境ＮＧＯによる介入を実質的に斥け、それぞれの権益を死守したということが挙げられる。環境ＮＧＯなどによる国際熱帯雨林保護レジーム構築の試みは、輸出国側の国家主権の論理（資源に対する主権）と業界の経済的論理によって阻まれたかたちになった。結果として、「熱帯雨林の持続的管理」という用語における「持続性」の含意は、生物多様性の維持を含めた熱帯雨林の保護という性格をしだいに薄め、たんに生産・消費の継続可能性という意味にすりかわっていき、熱帯雨林の一部はしだいに短期的に回収可能なユーカリなどの二次林（森林プランテーション）に変えられていっている。[25] 熱帯雨林の破壊と同時に、「持続的管理」の名のもとにおいて行われている森林のモノカルチャー化もまた大きな問題となってきている。

ＩＴＴＯとは別に、熱帯雨林の乱伐、開発に大きな影響を与えうる国際機関として世界銀行（以下、世銀）が挙げられるが、他の多国間経済機関（ＩＭＦ、ＷＴＯ）と比べて、ＮＧＯの要求などを積極的に取り入れてきた世銀は[26]、その森林、熱帯雨林政策においても、援助に環境コンディショナリティをつけるかたちで対応をはかってきた。具体的には、世銀は一九九一年に、森林戦略、一九九三年には、それをもとにした森林政策（Operation Policy 4.36）を打ち出し、熱帯雨林（一次林）の商業用伐採事業に対する融資を一切禁じるなどの対応をとった。しかし、融資をカットしても、経済状況の悪化がさらにレント・シーキング的な熱帯雨林伐採行為を加速化させ、現状は悪化の一途をたどっていた。そこで、一次林の保護だけをねらった消極的な政策では不十分であるとの評価を受けて、世銀は二〇〇二年、森林保護と貧困改善を同時に射程に入れた包括的で森林政策を打ち出し、再び商業用伐採を含め森林政策全般に積極的にコミットしだした。[27]

ＩＴＴＯに比して、世銀がこのように積極的に森林保護政策にコミットしてきた背景としては、特に一九九〇年代後半になってからの機関と環境ＮＧＯの関係が比較的良好になってきたことが挙げられるであろう。実際に、世銀は、森林保護のためＷＷＦ（World Wildlife Fand）との連携関係（世銀－ＷＷＦ同盟）を強化するなど、ＮＧＯの履行監視力、政策提言力などを徐々に取り入れてきた。[28] これを、上からのグローバル・ガヴァナンスの下請け機関としてＮＧＯを積極的に取り込む動きと批判的に見ることも可能であるし、骨抜き化の一環であるとの批判も可能であろう。しかし、「コモンズの声」を代行する政治的エージェントの参加チャンネルが確保されたことで、コモンズの破壊を抑制するような制度を再構築する径《みち》が少しは開かれたといった側面があることも評価すべきかもしれない。

3　エコロジカル・アイデンティティと「他者」に対する責任の脱領域化

熱帯雨林保護のためのNGOネットワークの役割

熱帯雨林保護問題自体が集合行為問題的性格を持っているため、企業、国家というアクターだけで熱帯雨林保護を可能にするような制度をつくることは難しいということを先に述べてきた。しかし、熱帯雨林保護をめぐる最近の動向が示しているように、環境ＮＧＯのようなアクターが介入しても、国際的な協調の枠組み（国際レジーム）をつくることは、なお難しいということである。しかし、少なくとも問題状況の緩和という点において、環境ＮＧＯは一定の役割を果たしてきたし、今後も果たしていくだろうということである。

では、なぜ環境ＮＧＯなどによるトランスナショナルな社会運動が、「コモンズの悲劇」のような集合行為問題の解決に際して一定の寄与をするのか。それは、「自分たち」という集合的アイデンティティの範囲をより広くし、脱領域化していくことによって、集合行為問題の構造的制約そのものを取り除いていくからである。集合行為問題は、いいかえれば、自分たちの利益を最大化するという「合理的」行為が自分たちを含めたより広範な社会において不利益を生じさせるという問題であるが、その「自分たち」の範囲を広範にしていくことで、こうした問題を回避することは可能である。「自分たち」の範囲を広範にしていくということは、いいかえると、責任を負うべき、応答すべき「他者」の範囲を広げていくということでもある。ウェストファリア・システムにおける応答すべき「他者」の基本的な範囲とは、国民国家とほぼ同じ範囲であろうが、先にも述べたようにエコロジカルな相互依存が強まっていくと国家主権という虚構は揺さぶられ、応答すべき「他者」の範囲は、しだいに国境を越え空間軸に沿って広がっていかざるをえなくなる。その範囲を、さらに時間軸に沿って未来の世代へと拡張していくことも同時に迫られている。

また、エコロジカルな相互依存の実態をとおして、人類が宇宙船地球号を操縦する船員であるというより、ガイア(地球生命圏)[29]の一構成要素にすぎないということを認識し始めたとき、その応答すべき「他者」は人類のみならず、すべての生命、自然に広がっていかざるをえなくなる。エコロジカル・アイデンティティを、自然、地球生命圏との関係を媒介にした自己同一化の帰結として立ち現れる「自分たち」の様態としたとき[30]、エコロジカルな相互依存の認識は、当然、新しいエコロジカルなアイデンティティをもたらす。それは、アルド・レオポルドのいう「土地倫理(land ethics)」、つまり「共同体という概念の枠を土壌、水、植物、動物、つまりはこれらを総称した『土地』にまで拡大した倫理[31]」を共有したアイデンティティともいえる。土地倫理は、人間にとって役に立つか立たないかといった功利主義的判断によって自然を差別せず、「ヒトという種の役割を、土地という共同体の征服者からたんなる一構成員、一市民へと変えるのである。これは、仲間の構成員に対する尊敬の念の表れであると同時に、自分の所属している共同体への尊敬の念の表れでもある[32]」。そこでの共同体の構成員には、コモンズ(共有地)を共有する者だけではなく、コモンズそのものも含まれるということになり、熱帯雨林保護運動のような環境運動は、そうした「コモンズの声」を代理するという役割を持つことになる。

新しいエコロジカル・アイデンティティの契機

トランスナショナルな環境運動を支える、こうした新しいエコロジカル・アイデンティティの形成を可能にした重要な契機としては、まずエコロジカルな相互依存状況を気づかせるようないくつかの破局的な事故や現象(ここで取り上げた熱帯雨林の激減以外に、たとえばチェルノブイリ原発事故、オゾンホールの発見、地球温暖化の徴候など）が挙げられるであろう。脅威を媒介にして集団的アイデンティティの形成がなされる傾向があることを前提にしていえば、地球環境問題という新たな次元の脅威を認識することを通じて、人類自らが自然の脅威となっていることに気がつくことで、応答すべき「他者」をガイアにまで拡大すると同時に、人類を宇宙船地球号の操縦者、所有者ではなく、ガイアの共同体の一員として位置づけるようになったということである。皮肉なことであるが、人類は、自然を機械論的メタファーのもとでとらえ、その自然における不確実性を制御すべく科学技術を行使し続けた結果、地球環境問題という新たな不確実性をつくり出し制御不能の状況をつくり出した。そうした破局的な状況を経て初めて、人間は「自然に対する責任」を再認識することが可能になったといえる。[33]

次に、このように応答すべき「他者」が自然にまで拡大していくようになった、もう一つの背景的要因として、グローバリゼーション（急速な時・空間の圧縮過程）にともなう認識枠組みの変化も挙げられよう。[34] つまり、急速なグローバリゼーションの諸現象との相互作用過程のなかで、またインターネットなど新しい情報コミュニケーション技術の導入にともなう新しい「情報様式（mode of information）」の拡大・浸透にともない、基本的な認識枠組み（たとえば責任を負うべき他者の範囲、自分たちの範囲についての共通了解）に少しずつ変化が見られるようになり、[35] それが新しいエコロジカル・アイデンティティの形成を促してきたということである。熱帯雨林保護に関していえば、そうしたアイデンティティの形成・発展が、世界熱帯雨林運動、地球の友、熱帯雨林の先住民国際的同盟などのＮＧＯネットワーク形成・発展につながっていった。[36] また、そうしたトランスナショナルな社会運動はまた同時に、「われわれ」という集団的アイデンティティの脱／再構築、責任を負うべき他者の範囲を脱領域化といったかたちで、時・空間に関する従来の支配的な認識枠組みの変化を促している。[37]

おわりに——二重の環境的不正義を超えて

こうした新しいエコロジカル・アイデンティティに基礎をおくトランスナショナルな環境運動は、狭義の自己利益のみを追求する「合理的」主体だけでは解決が困難な集合行為問題において(国際環境レジーム形成のためのアジェンダ設定、レジーム維持のための履行監視などの局面において)、一定の役割を果たしてきたし、これからも果たしていくだろう。しかし、「コモンズの声」を代理して介入するという環境NGOの行為や言説に対する抵抗も当然根強くある。熱帯雨林保護を目的とした環境的介入に対して、開発途上国側は熱帯雨林という国内資源に対する主権を主張して反発するということになる。マレーシア政府などからよくなされた反論であるが、もし地球温暖化、二酸化炭素の排出ということでいうならば、開発途上国における熱帯雨林保護よりも、まず先進諸国の二酸化炭素の排出規制が必要であるという。たしかに、先進諸国の人々が享受している現在の生活様式を開発途上国の人々が享受することが、環境的な持続可能性という観点からして事実上不可能であるということなど、分配的不正義の問題そして環境的不正義の問題をも視野に入れたとき、マレーシア政府などの主張は一定の説得力を持つようになる。さらにいえば、エコロジカルな相互依存の考え方、つまり地球上のすべての土地、自然が人類すべての「グローバル・コモンズ」[38]であるという考え方には、北側の権益を守るために南側の「ローカル・コモンズ」を事実上領有しようとするエコロジカルな帝国主義、ないしはグローバルなレベルでのエコロジカルな不正義の側面がたしかに見られる[39]。

一方で、エコロジカルな帝国主義を非難する開発途上国もまた自国の開発権を主張しながら国内の先住民の「ローカル・コモンズ」を簒奪《さんだつ》しているという点で、ローカルなレベルでのエコロジカルな不正義状況をつくり出している。つまりエコロジカルな不正義は、グローバルなレベルでの不正義とローカルなレベルでの不正義といったように、二重の入れ子構造になっている。新しいエコロジカル・アイデンティティが、こうしたエコロジカルな不正義の二重性を捨象した場合、それはネオ・マルサス主義的な観点に立った抑圧的な環境的介入のエージェントになる危険性が高くなる。[40]

ネオ・マルサス主義の言説は、「欠乏」「資源の制約」といった社会的に構築された概念を前提に展開されており、「資源の制約」を前面に出すことで、配分的不正義の問題を隠蔽するという役割を果たしている側面がある。それがゆえに、グローバル・コモンズ論を前提にした環境的介入に対しては厳しい批判が行われることがある。しかし、環境ＮＧＯの多くは、グローバル・コモンズの問題を同時に、先住民の人権問題などのローカル・コモンズの問題としてとらえることで、つまり、そのエコロジカルなアイデンティティに、グローバルなアイデンティティとローカルなアイデンティティの両義性を持たせることで、エコロジカルな不正義という問題を解消していこうとしている。

ただし環境的介入が一方向的であり続ける限りは、エコロジカルな不正義の問題は根本的に解決しないといえよう。その意味では、南北の環境ＮＧＯが協力関係を維持していくということは重要である。そういう意味では、熱帯雨林保護のために、インドネシアの環境ＮＧＯであるＷＡＬＨＩ(Wahana Lingkungan Hidup Indonesia, インドネシア環境フォーラム)やＳＫＥＰＨＩ(Sekretaiat Kerjasama Pelestarian Hutan Indonesia, インドネシア森林保護ネットワーク)が地方の環境ＮＧＯとともに、それぞれ地球の友インターナショナルや世界熱帯雨林運動の一員として活動するといったような例は、[41] エコロジカルな不正義を解消していく方向に導く、グローバルなＮＧＯネットワークとナショナル、ローカルなＮＧＯとの協働関係として見ることは可能であろう。

そしてグローバルな環境ＮＧＯネットワーク、ナショナル、ローカルな環境ＮＧＯと国際機関の協働関係は、資源に対する国家主権という考え方を徐々にではあるが変えていっている。一九七二年のストックホルム宣言の二一条は、「各国は、国連憲章および国際法の原則に従い、自国の資源をその環境政策に基づいて開発する主権を有する」としながら、同時に「各国はまた、自国の管轄権内または管理下の活動が他国の環境または自国の管轄権を越えた地域の環境に損害を与えないよう確保する責任を負う」とした。一九九三年のリオ会議で採択されたリオ宣言第二原則や生物多様性条約第三条などにおいても資源に対する国家主権と他国の環境に対する責任（グローバルな責任）の両方が併記されたが、いずれにウェイトをおくのかは明示されていない。北側諸国の南に対する環境的介入に対して南側諸国が抵抗するといった図式は依然としてある。しかし、環境ＮＧＯなどの活躍もあり、時代的趨勢《すうせい》としてはしだいにグローバルな責任論に力点がおかれているようになってきている。[42]

繰り返しになるが、こうしたグローバルな責任論を前提にした環境的介入が一方向的なものにならないようにするには、つまりエコロジカル・アイデンティティが帝国主義的なものに転化しないようにするには、グローバル・コモンズ問題を同時にローカル・コモンズ問題としてとらえ続ける必要がある。そうした両義性を踏まえた新しいエコロジカル・アイデンティティは、モノカルチャー化の流れに抗して、熱帯雨林が象徴しているような多様性を維持するような制度を（再）構築しようとしてきたし、これからも、そうした制度（再）構築の役割を果たしていくであろう。「コモンズの悲劇」を回避することができるか否かは、そのようなトランスナショナルな社会運動の成否にかかっているといっても過言ではないだろう。

1 World Resource Institute, *The Last Frontier Forests: Ecosystems and Economies on the Edge*, Washington, D.C.: WRI, 1997. (http://www.wri.org/ffi/lff-eng/lff-toc.htm)

2 UNEP, *UNEP's Forest Policy and a Proposed Action Programme for the Period 1996–2000*, Nairobi, UNEP, 1996, p.16.

3 地球環境問題に対置して地域環境問題という用語を使用したものとして次を参照。寺田良一「地球環境意識と環境運動——地域環境主義と地球環境主義」飯島伸子編『講座環境社会学第五巻　アジアと世界』有斐閣、二〇〇一年、二三三〜二五八頁。

4 石弘之「熱帯林の破壊とその影響」『環境と公害』二二(三)、一九九三年、三〇～三一頁。

5 スーザン・ジョージ(佐々木建・毛利良一訳)『債務ブーメラン』朝日新聞社、一九九五年、二一～七二頁。

6 焼き畑耕作が熱帯雨林破壊の主因とする説に対しては、東南アジア熱帯雨林を研究している生態学者、人類学者の多くが異議を唱えている。たとえば、松岡俊二「熱帯林問題と持続的発展——マレーシア・サラワク州を中心に」『環境と公害』二二(三)、一九九三年、二三～二四頁、井上真「自然資源の共同管理制度としてのコモンズ」井上真・宮内泰介編『コモンズの社会学』新曜社、二〇〇一年、三頁。

7 フィリピンの森林破壊については、次を参照。Kummer, David M., *Deforestation in the Postwar Philippines*, The University of Chicago Press, 1991; Vitug, Danguilan Marites, *The Politics of Logging: Power from the Forest*, Manila: Philippine Center for Investigative Journalism, 1993. 葉山アツコ「熱帯林の憂鬱——森林の共同管理は可能か」秋道智彌編『自然はだれのものか——「コモンズの悲劇」を超えて』講座 人間と環境第一巻、昭和堂、一九九九年、一六四～一八五頁。

8 タイ、ビルマ(ミャンマー)などの熱帯雨林破壊については、田坂敏雄『熱帯林破壊と貧困化の経済学——タイ資本主義化の地域問題』お茶の水書房、一九九一年、World Resources Institute, *Logging Burma's Fronties Forests: Resources and the Regime*, Washington, D.C.: WRI, 1998; Global Witness, *Deforestation without Limits: How the Cambodian Government failed to tackle the Untouchable*, London: Global Witness, 2002.

9 マレーシアやインドネシアの熱帯雨林破壊については、Dauvergne, Peter, *Shadows in the Forest: Japan and the Politics of Timber in Southeast Asia*, Cambridge, Mass: The MIT Press, 1997, pp.59–132; Brookfield, Harold, Lesley Porter and Yvonne Byron, *In Place of the Forest: Environmental and Socio-economic Transformation in Borneo and the Early malay Peninsula*, Tokyo: United Nations University Pres, 1995. 竹内直一編『熱帯雨林とサラワク先住民族』明石書店、一九九三年、Peluson, Nancy Lee, *Rich Forest, Poor People: Resource Control and Resitance in Java*, University of California Press, 1992; Matthews, Emily, *The State of the Forest: Indonesia*, Washington, D.C.: World Resources Institute, 2002.

10 コモンズの悲劇は、共有地の悲劇とも訳されるが、ここでは前者が定着化しつつあると見て、前者を採用した。Hardin, Garrett, "The Tragedy of the Commons," Science, 162, 1968, pp.1243–48; Olson, Mancur, *The Logic of Collective Action: Public Goods and the Theory of Groups*, Harvard University Press, 1965. 邦訳、依田博・森脇俊雅訳『集合行為論——公共財と集団理論』ミネルヴァ書房、一九九六年。

11 Diegues, Antonio Carlos, "Social Movements and the Remaking of the Commons in the Brazilian Amazon," in *Privatizing Nature: Political Struggles for the Global Commons*, edited by Michael Goldman, London: Pluto Press, 1998, p.55.

12 新家産制的な政治体制は、国家が比較的脆弱な「家産制的寡頭制国家(フィリピン型)」と国家が比較的強い「家産制的官僚制国家(インドネシア型)」に類型化できるが、資本主義も同様に、それぞれ「官僚的資本主義」と「略奪的資本主義(booty capitalism)」に類型化できる。インドネシアの最近の変化を見る限り、権威主義体制の崩壊は、結果として前者から後者への移行を促すといえそうである。家産制国家の類型化には、Hutchcroft, Paul D., *Booty Capitalism: The Politics of Banking in the Philippines*, Ithaca: Cornell University Press, 1998, p.20.

13 レントとは、政府による規制や保護に守られている財・サービスの供給者が得る独占的な利益で、レント・シーキングとは、企業やそれと結びつく官僚、政治家などが、そうしたレントを求める行動のこと。レント・シーキングについては、たとえば次を参照。Tullock, Gordon, *Rent Seeking*, Brookfield, Vt: Edward Elgar, 1993.

14 ローカル・コモンズには、持続的利用を達成する生態学的機能があったとする議論については、次を参照。井上誠「コモンズとしての熱帯林」『環境社会学研究』三号、一九九七年、一五〜三二頁。

15 Ostrom, Elinor, *Governing the Commons: The Evolution of Institutions for Collective Action*, Cambridge University Press, 1990, p.23.

16 たとえばインドネシアの場合であるが、一九六〇年に制定された「土地基本法」の「他人の権利の及んでいない土地は国家によって直接管理される土地である」という規定により、熱帯雨林のほとんどを国家管理下においていたが、一九六七年に制定された林業基本法により、国はコンセッションというかたちで林業者(ボブ・ハサンのような政商)に森林伐採権を付与することで、熱帯森林を事実上のオープン・アクセス状態にすることで、乱伐を加速させた。Dauvergne, Peter, *Shadows in the Forest: Japan in the Politics of Timber in Southeast Asia*, Cambridge, Mass.: The MIT Press, 1997; Ross, Michael L., *Timber Booms and Institutional Breakdown in Southeast Asia*, Cambridge University Press, 2001; Barr, Christopher M., "Bob Hasan, the Rise of Apkindo, and the Shifting Dynamics of Control in Indonesia's Timber Sector," *Indonesia*, No.65, 1998, pp.1-36.

17 本の木材消費と東南アジアの熱帯雨林破壊との関係については、たとえば次の文献を参照。黒田洋一、フランソワ・ネクトゥー『熱帯雨林破壊と日本の木材貿易』築地書館、一九八九年、Dauvergne, op.cit.

18 Keck, Margaret E. and Kathryn Sikkink, *Activist Beyond Borders: Advocacy Networks in International Politics*, Ithaca: Cornell

University Press, 1998, pp.141–155.

19　Peluso, Nancy Lee, Peter Vandergeest and Lesley Potter, "Social Aspects of Forestry in Southeast Asia," *Journal of Southeast Asian Studies*, 26(1), 1995, p.211.

20　共同管理資源は、公共財と同様に、財の消費者を排除することは難しいが、公共財と異なり、財の消費において競合性が発生する性格を持った財である。熱帯雨林は、資源に対する国家主権ということから見て、排除可能な国有財ないしは私有財ということになろうが、環境的介入の制度化の進行とともに共同管理資源的性格を強めていると見てよいだろう。そして、ローカルなレベルでは、熱帯雨林はもともと共同資源的性格を持っていた財が、国有化された後、国から民間企業への伐採権賦与というかたちで国有財ないしは実質的な私有財へと転化していったといえる。

21　たとえば、ヴァンダナ・シヴァ（高橋由紀・戸田清訳）『生物多様性の危機』三一書房、一九九七年、一六六〜一七六頁。

22　UN Doc. A/CONF.151/6/Rev.1 "Non-legally binding authoritative statement of principles for a global consensus on the management, conservation and sustainable development of all types of forests," 13 June, 1992. リオ会議に向けて行われた環境ＮＧＯによる森林条約締結の試みについては、Humphreys, David, "Regime Theory and Non-Governmental Organizations: The Case of Forest Conservation," in David Potter, ed., *NGOs and Environmnental Policies*, London: Frank Cass, 1996, pp.97–103.

23　Keck and Sikkink, op.cit., pp.150–163.

24　ＩＴＴＯの政治経済的性格の推移については、次の文献を参照。Gale, Fred P., *The Tropical Timber Regime*, London: Macmillan, 1998; Humphreys, David, "Hegemonic Ideology and the International Tropical Timber Organization," in John Vogler and Mark F. Imber, eds., *The Environment and International Relations*, London: Routledge, 1996, pp.215–233.

25　たとえば、インドネシアにおける森林プランテーションによる天然熱帯雨林の侵食については、World Resources Institute, *The State of the Forest: Indonesia*, Washington, D.C.: WRI, 2002, pp.36–47.

26　世銀が、ＷＴＯやＩＭＦに比べて、ＮＧＯの声などに比較的積極的に対応してきた理由は、開発現場との接点があること、規模の大きさ（組織内部の意見の多様性）などが挙げられる。O'Brien, Robert, Ann Marie Goets, Jan Aart Scholte and Marc Williams, *Contesting Global Governance: Multilateral Economic Institutions and Global Social Movements*, Cambridge University Press, 2000, pp.213–216.

27　The World Bank Group, *A Revised Forest Strategy for the World Bank Group*, October 31, 2002.

28 Fox, Jonathan A. and L. David Brown, eds., *The Struggle for Accountability: The World Bank, NGOs and Grassroots Movements*, Cambridge, Mass.: The MIT Press, 1998, passim.

29 ガイア仮説については、ジェームス・ラブロック（星川淳訳）『ガイアの時代』工作舎、一九八九年などを参照。

30 Thmashow, Mitchell, *Ecological Identity: Becoming a Reflective Environmentalist*, Cambridge, Mass.: The MIT Press, 1995. p.3. いわゆるエコロジストにおいても、ディープ・エコロジストから浅いエコロジストまで、エコロジカルなアイデンティティはさまざまである。

31 レオポルド、アルド（新島義昭訳）『野生のうたが聞こえる』講談社学術文庫、一九九七年、三一八頁。

32 同書、三一九頁。

33 ジョン・パスモア（間瀬啓允訳）『自然に対する責任』岩波書店、一九九八年、リン・ホワイト（青木靖三訳）『機械と神――生態学的危機と歴史的根源』みすず書房、一九七二年。

34 グローバリゼーションにともなう認識論的転回については、拙稿「「長い二一世紀」におけるボーダー／ボディ・ポリティクス」『現代思想』二九・八、二〇〇一年、二〇八〜二二九頁。

35 情報様式の転換、またそれにともなうアイデンティティの変容については、ポスター、マーク（室井尚・吉岡洋訳）『情報様式論』岩波書店、二〇〇一年、拙著『グローバル／ジェンダー・ポリティクス』世界思想社、二〇〇〇年、三九〜七七頁。

36 社会運動の展開と集団的アイデンティティの再構築過程のつながりについては、Snow, David A. and Doug McAdam, "Identity Work Processes in the Context of Social Movements: Clarifying the Identity/ Movement Nexus," in Sheldon Stryker, Timothy J. Owens and Robert W. Whited, eds., *Self, Identity, and Social Movements*, Minneapolis : University of Minnesota Press, 2000, pp.41–67.

37 社会運動が支配的な認識枠組みを変革するのに大きな役割を果たすことについては、たとえば、次を参照。Zald, Mayer N., "Culture, Ideology, and Strategic Framing," in Doug McAdam, John McCarthy and Mayer Zald, ed. *Comparative Perspectives on Social Movements*, Cambridge University Press, 1996, pp.261–274.

38 狭義のグローバル・コモンズは、国家主権の及ばない公海、極地、深海、大気、宇宙空間などであるが、これらは技術革新によってアクセス可能な領域が増加した結果、公共財というより共同利用資源の性格を強めることになった。一方、国家主権のもとにある資源（たとえば熱帯雨林）も、他の国に及ぼす環境的影響の大きさゆえに、共同利用資源の性格を強めるようになった。ここでは、後者のものを含めて、広義のグローバル・コモンズと呼ぶ。狭義のグローバル・コモンズについては、Buck, Susan J., *The Global Commons*, Washington, D.C.: Island Press, 1998.

39 池田寛二「環境社会学の所有論的パースペクティブ――『グローバル・コモンズの悲劇』を超えて」『環境社会学研究』一号、一九九五年、二一～三七頁。

40 ネオ・マルサス主義的な介入の代表例としては、先進諸国ＮＧＯなどによる第三世界に対する人口抑制の実践が挙げられる。拙著、前掲書、一七九～二二〇頁。

41 ＷＡＬＨＩやＳＫＥＰＨＩの活動については、Eldridge, Philip J., *Non-Government Organizations and Democratic Participation in Indonesia*, Kuala Lumpur: Oxford University Press, 1995, pp.132–151; Eccleston, Bernard, "Does North-South Collboration Enhance NGO Influence on Deforestaion Policies in Malaysia and Indonesia?," in David Potter, ed., *NGOs and Environmental Policies: Asia and Africa*, London: Frank Cass, 1996, pp.66–89; Eccleston, Bernard and David Potter, "Environmental NGOs and Different Political Contexts in South-east Asia: Malaysia, Indonesia and Vietnam," in Michael J. G. Parnwell and Raymond L. Bryant, eds., *Environmental Change in South-east Asia*, London: Routledge, 1996, pp.49–66; Mayer, Judith, "Environmental Organizing in Indonesia: The Search for a Newer Order," in Ronnie D. Lipschutz with Judith Mayer, *Global Civil Society and Global Environmental Governance*, State University of New York Press, 1996, pp.169–213.

42 Wapner, Paul, "Reorienting State Sovereignty: Rights and Responsibilities in the Environmental Age," in Karen T. Litfin, ed., *The Greening of Sovereignty in World Politics*, Cambridge, Mass.: The MIT Press, 1998, pp.275–298.

II

国家を割って

共治の統治システムを求めて

第五章

エスニシティとエスニック・ネットワーク

中村　都

はじめに

冷戦の終結後、国内紛争が顕在化している。国内紛争は、冷戦期には米ソのイデオロギー対立の陰に隠れがちであった。[1]一九九〇年代に入ると、インターネットなどの情報技術の発達によって一国の枠内での問題解決が困難になった。特に東欧の場合、民主化によって体制移行期特有の紛争が顕在化したり、長年封じ込められていたエスニック対立が再燃したりしたのである。国内紛争はエスニック集団(後述)のみが必ずしも関わる紛争ではないが、争点が領土や天然資源の配分であっても少なくとも一方の当事者がエスニック集団と結びつき、暴力化した組織的な対立、すなわちエスニック紛争となることが多い。

さて、エスニック集団であるが、客観的指標(共通の出自や同一の言語、文化、宗教、身体的特徴)のみならず主観的指標(われわれ意識)からも構築される集団である。[2]ただ、客観的指標は固定的ではなく、あるエスニック集団がすべての属性を共有するわけではない。言語はエスニック集団の指標の核心とされるが、実生活上の不利などから母語が公的場面に登場しない場合も少なくなく、フランス領であったヴェトナムでの英語の作業言語化のように、使用言語は政治的・経済的に有力な言語に傾斜しがちである。[3] また、文化も個人のレベルで取捨選択・実践され変化してゆく。一方、「われわれ意識」は他者との相互作用のなかで顕在化し、エスニック集団やその成員のアイデンティティの形成にあずかる。[4] たとえば、中国の「ウイグル」とはタリム盆地のオアシス名で区別しあう複数の集団に国家が指定した名称であるが、彼ら／彼女らは外部に対して「ウイグル」と称するようになり、エスニック集団としての「ウイグル」の凝集性が高まっている。[5]

エスニックという言葉は数的な、またしばしば政治的・経済的・社会的な少数派を意味するマイノリティを形容して「エスニック・マイノリティ」のようにも使われ、一般に非主流的要素を示唆する。この言葉は生物学的概念としては否定されている「人種」、あるいは「有色の」の置き換えであり、近代英語からの否定的意味合いを引き継いでいる。[6] たとえば、米国では大陸部西欧系アメリカ人は一般にはエスニックとは形容されないが、英国系アメリカ人と対比された場合エスニック・ホワイトとなる。エスニック・マイノリティには例外もあり、少数派であっても権力を握っていた、アパルトヘイト体制下の南アフリカの白人はマイノリティとは呼ばれず、政治的には排除されているが、経済的にはその一部が民間部門の三分の二を握るとされるインドネシアの中国系住民はマイノリティと呼ばれる。

つまり、エスニック集団とは、他者との相互作用における自己認識により顕在化する、状況依存的・動態的な集団であり、非主流に位置し、けっして常に意識されるような存在ではないといえよう。

本章では、こうしたエスニック集団の関わるエスニック紛争の背景を探り、グローバル化する現代世界においてエスニック集団やそのネットワークはどのような国際政治上の役割を担うのか、われわれはこれらをどのように把握できるのかを検討する。

1　エスニック紛争の背景

エスニック集団と国民国家

エスニック集団と国民国家との関係を見てみよう。近代化論では社会の近代化にともなって人々の地域主義、属性主義、伝統主義への指向が普遍主義、業績主義、合理主義へと変化し、同化により文化と言語を共有する一つの国民・民族(nation)が形成されるとした。一言語、一民族、一国家という、西欧を起源とする理念に基づく「国民国家」論である。

第二次世界大戦後、世界は国民国家の集合となったが、複数のエスニック集団を抱える、多言語社会としての「国民国家」が現実である。現在地球上で話されている言語約六八〇〇に対して国家の数は二〇〇弱であり、複数の言語を使う人々が世界では圧倒的多数である。[7]

しかも近代化論の想定とは逆に、地域主義や属性主義が活発化し、エスニック紛争が増大している。「国民・民族の崩壊」である。[8]政府によるエスニック集団統合の必要性の強調や、分離を促進しかねない動きに対する政府の強硬な姿勢、あるいは先進国、途上国を問わない世界各地でのエスニック紛争の存在は、「国民国家」における国民の未形成を示している。たとえば、バスク独立運動の象徴であるバスク語は、スペイン側ではバスク自治州成立によって公的地位を獲得して(一九七九年)使用者を大幅に増加させ、移民の国である米国は「るつぼ」ではなく、「るつぼ」プラス「サラダ・ボウル」となった。[9]シンガポールではテロ関連事件での複数のマレー系同国人の逮捕を受けてエスニック集団間の実質的な絆の不在が問題化し、マレーシアでは大学で州別組織が禁止され、インドネシアのマルク州では分離主義派が同派の旗の掲揚で懲役刑をいいわたされた。[10]

エスニック紛争が顕在化していない場合でも、国民統合が達成されたと解することは早計にすぎよう。たとえば、インドネシアでは国民統合が実現したとされていたが[11]、政治・経済危機に揺れた一九九〇年代後半には各地でエスニック紛争が顕在化し、中国系インドネシア人はほかの非中国系住民と三〇年ほど平和裡《り》に暮らしてきたにもかかわらず、「裕福な華人」というステレオタイプによって、暴動で攻撃の対象となったことは記憶に新しい。「国民国家」は虚構ながら、その理念の普遍化は否定できないが、同時にエスニック集団は複数の国民国家にわたる構成単位でもありうると考えられる。

エスニシティの台頭

エスニック集団の顕在化、いいかえればエスニシティ（エスニック集団に関わる意識、ある特定のエスニック集団への帰属意識）の台頭には、何らかの契機が存在する。

エスニシティの台頭は原初的あるいは手段主義的アプローチから説明されてきた。原初的アプローチでは原初的感情（血縁や土地、言語などへの紐帯）がアイデンティティの源泉であり続け、近代化により疎外された個人がエスニシティを拠り所として求めるものとされる。エスニック集団間の積年の憎悪と利害の不一致、強力な指導者の行動が紛争を導くというカウフマンの議論[12]は原初的アプローチであるが、こうした説明は紛争の原因は説明しえてもその継続は説明しえない。

他方、移民、たとえば西欧社会に生きるマグレブ諸国やトルコ出身のイスラーム教徒の移民が、差別や疎外という経験から自らの身体的特徴や文化的背景を自覚してエスニック集団としての凝集性を高めることは、居住国政府に対する政策的要求の基盤となっている[13]。また、バンコク在住の第二・第三世代の中国・潮州系タイ人の場合、中国らしさ（Chineseness）が先端的とみなされる時代という状況もあって潮州人とタイ人を使い分けている[14]。トルコのクルド人は総人口の約二〇%を占めながら、その存在はほとんど公認されていないが、トルコ人を名乗りトルコ語を話しトルコ的生活をするならば、公職に就くなど制約のない生活をおくることができる。[15] 所属エスニック集団は表面的には変更可能なのである。

したがって、エスニシティを拠り所とした政治過程への参入の試み、また使用言語や所属エスニック集団の便宜的な変更という現実から、自発的、強制的とを問わずエスニック集団の手段化が読みとれよう。

手段主義的アプローチでは、エスニック集団を目標達成のために選択される形式と位置づけている。エスニシティの台頭が国政のあり方に関連づけられる一つの理由はヘクターによる、経済的格差がエスニック集団の覚醒を促すとする国内植民地化論である。[16] しかし、エスニック集団の範囲と経済的不平等の境界が一致し、かつエスニック集団内部にも格差がないことはありえない。もっとも、経済的格差が政治参加の不平等といった政治体制などと結びついたエスニシティの台頭は考えられよう。

もう一つは国家の崩壊である。国家が社会の要求を満たせなくなってくるとエスニック集団などが国家の対抗勢力と化し、それが国家による抑圧につながって法と秩序が揺らぎ、また国外から対抗エスニック集団への支援がなされ、資源獲得のためのエスニック紛争への道が敷かれるとされる。ザートマンによれば、国家の崩壊はエチオピアやチャドなどアフリカに特徴的である。[17]

あと一つは国家がとる特定の政策である。たとえば、インドネシアでの人口稠密《ちゅうみつ》なジャワ島などから地域平均としては人口が希薄なカリマンタンやパプア(旧イリアン・ジャヤ)への強制的集団移住政策が挙げられる。この政策は人口集中問題の解決に加え、国家の安定と統合の手段としても国家により正当化されているが、移住者と先住者との間に土地や仕事をめぐる争いを引き起こし、国軍に守られない先住者が難民化した場合もある。[18] トルコはトルコ人の国という「国民国家」の理念に固執するトルコの、クルド人の存在やクルド語を否定する対クルド政策も、変化の兆しはあるものの紛争の源であり続けている。

さらに環境破壊が挙げられる。環境破壊は現地での資源獲得をめぐる紛争のみならず、生活資源の減少・喪失からの強制的移住による移住先での紛争の原因ともなっている。たとえば、インド政府がガンジス上流の水路を乾期を基準に自国に有利に変更したため、下流のバングラデシュの住民(イスラーム教徒)は洪水や生業への打撃で家や職を失ってアッサムなどインド(ヒンドゥー教徒中心)各地へと移住する羽目に陥り、土地や仕事をめぐって現地住民と紛争となった。[19] 紛争は環境破壊の原因とも結果ともなりうるといえよう。

以上に加え、民族自決の理念がエスニック対立を誘発している。[20] 民族自決とは本来、植民地の人民が政治的地位を自由に決定すること意味した。この考え方は拡張され、この権利を行使した東西ドイツの統一(一九九〇年)を機にエスニック・マイノリティの分離を正当化する根拠とされた。たとえば、独立を国際社会が認める根拠としてスロヴェニア、クロアチアの承認などに援用されたのである。

要約しよう。エスニック紛争は原初的アプローチだけでは把握できない。エスニック集団の存在そのもの、言語の違い、宗教の違いが紛争を生み出しているわけでもない。エスニシティの台頭、そしてエスニック紛争を理解するには、歴史や文化、価値観、そして開発政策を含めた政治構造も考慮した、手段主義的アプローチが適切と思われる。

2 エスニック集団とエスニック・ネットワーク

ディアスポラと「祖国」のネットワーク

エスニック集団は世界各地に国境を越えて、郷里や同郷者の居住地につながるネットワークを形成している。こうしたネットワークは難民化(紛争、迫害、災害、経済的苦境)、労務提供(奴隷、契約労働)、交易の拡大、国策(植民、労働力輸出、国家形成）の結果であり、電子情報技術はサイバー・ヘイトという形態でも使われるものの、その進歩はエスニック集団のネットワーク化を加速する要因となっている。[22] 現代の国際移民は地球規模化、加速化、多様化、女性化に特徴づけられるが、現在一億七五〇〇万人と二五年間に倍増し、[23] 同化指向でない場合、ディアスポラとも自称し、あるいは称される。

　ディアスポラとは祖先の出身地からの被離散者をさし、ユダヤ人が典型とされてきた。しかし実際には自発的に移住したユダヤ人が多く、十三世紀以前、北アフリカやスペインのユダヤ人社会は必ずしも「失われた祖国」に愛着を持たなかったし、イスラエルから米国へのユダヤ移民は一九六七年から八〇年に一〇万人以上に上り、逆方向の移民を凌駕《りょうが》している。[24] そこで近年は、ユダヤ人を特別視せず、移民、国外追放者、難民、外国人労働者など、出身国外に居住し、強いエスニック・アイデンティティや同郷者との共属感を持つ人々をディアスポラに含めるようになった。[25] こうした状況のもとで、ディアスポラは被害者、労働、交易、帝国、文化に関わるディアスポラに、あるいは社会的形態、意識形態、文化生産様式に関わるディアスポラに類型化されているが、各類型は排他的ではない。[26]

　このようなディアスポラによる組織は文化の継承、教育などの活動目的に加え、政治的・宗教的イデオロギーによっても分化し系列化しているが、そのネットワークは活動の規模から三つのレベルに分けられる。第一に、家族・血縁関係レベルでは経済的・社会的な相互扶助が中心であり、出稼ぎ（家政婦や建設作業員としての就労）による送金での家族の生活保障、政変などに備えての家族や親族の分散居住などが挙げられる。[27]

　第二に、コミュニティ（出身地や言語、宗教、カースト）・レベルの場合、相互扶助やビジネスの推進、祭祀や言語など文化の継承、居住国あるいは「祖国」の出身コミュニティ・地域の権益擁護などに関わっている。具体的には、家・仕事探しなど新移民の定住の促進、経済活動の推進や文化の継承・振興を目的とする華商の世界大会の開催、イスラーム系組織の相互扶助・救貧活動へのイスラームの盟主を任じるサウジアラビアからの財政的支援、在欧米ウイグル人組織からの、「祖国」中国による同化・周縁化政策に反発する分離主義的同胞組織への非暴力的な支援（出版物の発行や会議の開催）、イスラーム教徒移民の覚醒や支援を目的とする、西欧各地の非政府・トルコ系のイスラーム復興（神の教えに則った生活を志向する草の根的・非暴力的な運動）組織などがある。[28]

また、文化的価値を共有するエスニック・コミュニティは快適な旅行先である。たとえば二〇〇一年九月の同時多発テロ事件以降、サウジアラビアから同じくイスラームを国教とするマレーシアへの観光客が、西欧での同教徒への偏見と差別のため、大幅に増加した。[29] 他方、エクアドルの首都キトのパレスチナ系住民のように、ディアスポラ・コミュニティの亀裂を懸念し、文化の継承には積極的でも政治的な発言や行動は控える場合もある。[30]

留意すべき点を挙げておこう。出身地や言語に基づく「華人」（居住国国籍を持つ中国系人）のネットワークは商業ネットワークとして言及されがちであるが、必ずしもそうではないため、商業ネットワークをさす場合、「華商」のネットワークとする方が望ましい。「華僑」（「僑」は「仮住まい」の意）とは、中国国外に一時的に居留する中国国籍の中国系人をさしている。同じく、インド系移民をさす「印僑」という言葉もインド系移民が一時的滞在者とは限らず、必ずしも商業に従事しないため、不適切と思われる。

第三に、国家レベルのディアスポラの活動では、コミュニティ・レベルの場合以上に「遠隔地ナショナリスト」[31]として、「祖国」の国益の擁護あるいは内政への異議申し立てに関わることが少なくない。たとえば、在米インド人団体は一九八〇年代初期、インドの原子力発電所の燃料をアメリカ連邦議会に圧力をかけて米国から確保することに成功し、在日ビルマ人は九〇年代初頭、民主化勢力が圧勝した九〇年選挙を無視し民政移管を行わない軍事政権下にあるビルマの民主化を求める大会を名古屋で開いた。[32]

逆に、トルコやシンガポールは政府の定義する国益にしたがって自国民ディアスポラを組織し、メキシコもアメリカ連邦議会での北米自由貿易協定（ＮＡＦＴＡ）の通過推進のために在米メキシコ人をロビー活動にあたらせた。[33]

以上のようなディアスポラのネットワークは、ネットワークとはいっても、必ずしも包括的かつ組織的ではなく、規模も異なれば部分的に活動や影響が重なる、動態的な、時にはインフォーマルなネットワークとして把握されるものである。たとえば、もっとも小規模なディアスポラである出稼ぎ者からの送金は各国の経済にも影響を及ぼし、ヨルダンやジャマイカ、エリトリアなどでは各国の国内総生産(GDP)に一〇%以上のプラスの影響を及ぼす(二〇〇〇年)一方、トルコでは貿易赤字の四〇〜五〇%を相殺している。[34]ディアスポラの行動はネットワーク化も含め、一方で社会階層、年齢、ディアスポラとしての世代、ジェンダー、エスニシティ、経由地、出身地域の社会構造、滞在期間などに、他方で受入国の移民政策、政治構造などに制約される。たとえば、トルコ出身のクルド人と異なり、イランやイラク出身のクルド人は出身国の政情が違うため、クルド政治に関与しない傾向にある。[35]

要約すれば、ディアスポラはエスニシティの再生産、国境を越えた家族やエスニック集団の紐帯の維持、場合によっては出身および受入国・地域の政治やエスニック紛争に関わっているのである。ディアスポラと「祖国」のネットワークは一義的ではないといえよう。

エスニック紛争とエスニック・ネットワーク

エスニック紛争と国際政治の媒介項の一つとなっているのはディアスポラである。相互依存が深化し情報通信手段が発達するなか、ディアスポラは武器や資金をエスニック紛争に関わる同胞に援助するほか、「祖国」に関わる居住国の外交政策の決定作成過程や「祖国」の政治に影響を及ぼそうとしてきた。

在米ディアスポラのうち、活発な政治活動を展開してきたのはユダヤ人である。[36]在米ユダヤ人(九〇%以上が米国生まれ)は総人口の二%弱のマイノリティながら、連邦下院で人口比を大幅に上回る議席を占め(五〜六%)、相互扶助や宗教関連の活動以外に「祖国」イスラエル、さらに「祖国」外の同胞のために組織的にロビー活動を行い、イスラエル以外で最大のユダヤ人口（五二〇万人）を擁する米国の中東政策を大きく方向づけてきた。[37] ユダヤ人を「祖国」イスラエルに意識上、向かわせるのは祖先の故郷イスラエルとホロコーストとされるが、主要な政治運動資金の四分の一から三分の一はユダヤ人からと推定され、政治力があり裕福なニューヨーク、カリフォルニア、イリノイ、フロリダなどの州にユダヤ人が集中していることも米外交の動因となっている。[38]

ユダヤ人ロビーの中核的存在は、連邦議会議員への影響力行使を目的に一九五〇年代から活動する米国・イスラエル公共問題委員会（ＡＩＰＡＣ、本部ワシントン）であり、目的を達しえなかったのは戦闘機や武器のアラブ諸国への売却阻止など過去数件でしかない。七四～七五年、ソ連でのユダヤ人出国に対する法外な出国税を人権侵害として、在米ユダヤ人はソ連から他国への移住の自由と対ソ最恵国待遇などの貿易条件を連動させるジャクソン＝バニク修正の成立に成功した。[39] 八〇年、国連大使のパレスチナ寄りの決議支持に対し、ユダヤ人ロビーは三週間後にニューヨーク州民主党の大統領予備選挙を控えたカーター大統領に圧力をかけた結果、過ちを認めた大統領は安全保障理事会で国連大使に拒否権を行使させた。[40] 対するアラブ系米人（二〇〇万～三〇〇万人）の組織は出身国や宗教の違いのため利害が一致せず、米国外交に大きな影響を及ぼしてはいない。

他方、ギリシア系アメリカ人は七〇年代半ばのキプロス危機に際し、アルメニア系アメリカ人やユダヤ人の支援も得て米国製兵器のトルコへの禁輸に成功し、人口比で一三％と最大のエスニック・マイノリティであるアフリカ系アメリカ人は八六年、南アフリカへの経済制裁を導いた。[41]

米国では利益集団の活動は冷戦後、外交政策の決定作成過程の変化により活発化した。連邦議会の権限の強化、両院外交委員会の公聴会や職員の増加、危機的というより戦略的・構造的な外交問題の増加によって、利益集団やメディアの関与が容易になったためである。[42] たとえば、ボスニア・ヘルツェゴヴィナ政府はボスニア紛争時、米国の広告代理店を中核にメディアやアメリカ連邦議会への広報を行い米国外交に影響力を行使した。[43] 利益集団の影響はしかし、ディアスポラ・コミュニティの亀裂や利益集団の増大もあって、ごく一部の場合を除いて決定的とはなっていない。[44] エスニック集団が米外交に影響を及ぼすには、第一に米国の戦略的利害とエスニック集団の方向性の一致、第二に米国社会へのエスニック集団の十分な統合および「祖国」との強力なエスニック・アイデンティティの維持、第三にエスニック集団内部の凝集性の高さが要件なのである。[45]

在欧ディアスポラの場合、居住国は異なっても出身地域を同じくするならば、共通した活動目標を掲げていることがある。世俗国家を標榜するトルコの出身者は、ドイツやオランダ、英国、フィンランドなどそれぞれの居住国のトルコ政府系組織(同国出身者を同国政府支援者にするのが目的)で活動する場合もあれば、民間組織を通じてトルコでの宗教活動や言論・表現の自由を訴え、居住国およびトルコでのイスラーム復興をめざす場合もあり、ボスニアなどの紛争地域のイスラーム教徒に救援の手を差しのべたりしている。トルコ出身の在欧クルド人は本国の支持政党に財政的援助を行い、クルド労働者党(PKK)など一部には暴力的手段を用いることも厭わず分離独立をめざす組織もある。一方、出身国の異なるクルド人や支援者が共同で(時には中立的に)あるいは政党ごとにクルド問題の周知と国際的な議論の促進、クルド人の連帯のために、クルド語や英語で雑誌やテレビ、また印刷物や放送と違い検閲されにくいインターネットなどを通じて情報を提供している。[46] なかでも在外トルコ人や支援者は、トルコが欧州連合(EU)加盟をめざしているため、同国の人権状況がEUなどからの外圧によって改善に向かうよう取り組んできた。[47]

ディアスポラは、時には非ディアスポラも含むネットワーク化によって、国際政治に関わる行為体として情報(収集と生産、広報)、資金、行動面とも、より大きな影響力を獲得し、方法や程度はさまざまながらエスニック紛争に関わっているといえよう。

3 「文明の衝突」とエスニック・ネットワーク

冷戦後の国際政治の対立軸を「文明の衝突」と論じたのは米国の政治学者ハンチントンである。[48] 文明の違いは決定的で、異文明との接触の増大がアイデンティティの覚醒を導き、文明の絆で結ばれない国家間、特に西洋(米国と西欧)のキリスト教文明圏と非西洋のイスラーム文明圏、儒教文明圏が衝突するという議論である。

「文明の衝突」論は、冷戦後の紛争の顕在化、世界秩序の未形成という状況のもとで、大きな反響を呼び、また同時多発テロ事件後、再び盛んになった。しかし、批判も少なくない。[49] たとえば、イデオロギー的「東西」区分の「文明の対立」への適用、独自の政治経済的な文明区分、文明を本質主義的に把握した「文明間の差異の認識すなわち対立」論、武器移転の実態や湾岸戦争時の米国とサウジアラビアの「西洋とイスラームのコネクション」を無視した「儒教とイスラームのコネクション」論である。

文明は西洋キリスト教、東方正教会、ラテン・アメリカ、儒教、日本、イスラーム、ヒンドゥー、(出現するであろう)アフリカの各文明圏に区分されているが、文明間の交流や相剋、文明内部の多様性は捨象され、文化と文明は同一視されている。文明とはどの社会にも存在可能な普遍的性格を持った装置・制度群を、文化とはある社会の基本的な価値観を反映する特異な性格を意味する。[50] しかも、西洋文化の非西洋への浸透を認めながらも、変化しにくい人類学的文化(言語、宗教、エスニシティ)と変化しやすい社会学的文化(生活様式、産業文化、ファッション)を同列に論じ、広く人類学的文化に関わる対立を文明の対立とした。これでは、エスニック紛争は文化という価値体系ではなく文明という社会システムに関わる対立と解釈され、米国など移民国家は存立しえず、ディアスポラが生きる空間はもとより存在しない。

また、「儒教とイスラームのコネクション」論は結局、各国の国益の問題に収斂《しゅうれん》する。たとえば、米国からの通常兵器の上位五受取国・地域(一九九七〜二〇〇一年実績)は台湾、サウジアラビア、トルコ、日本、エジプトであり、中国政府は新疆《しんきょう》ウイグル自治区でイスラーム教徒を迫害し、イスラーム教徒が国民の八八%を占める(九八年)インドネシアは最近緩和しつつあるものの、華人文化を公的に保護しないなど反華人政策をとっている。[51]

しかし問題の核心は、「文明の衝突」論が米国および西欧の政治的・経済的・軍事的優位の先行きに対する懸念に発すると見られる点にある。儒教文明圏という区分は東・東南アジアを西洋に挑戦する地域ととらえ、経済発展の原動力を儒教に求めた儒教資本主義論に触発されたものと思われる。[52] 日本文明、独自の西洋文明という区分も政治経済的要因に求められる。たしかに議論は諸文明共存の追求の必要性で締めくくられている。しかし、西洋中心的な問題提起、およびシンガポール発展の立役者であるリー・クアンユーらによる人権や民主主義に関する主張など非西洋の見解を問題視し、西洋優位の枠組みに位置づけようとする議論の展開は西洋中心主義に他ならない。[53]

こうした点から、「文明の衝突」論は多分に状況的・政治的な異質論に基づく、西洋中心の、より正確には米国中心の権力政治論といえよう。

しかし同時に、「文明の衝突」論はアイデンティティをめぐる議論でもある。アイデンティティは人々の行動を大きく規定する要因だからである。では、文明は冷戦後の国際政治の枠組みなのであろうか。アフガニスタンやボスニアなどでの紛争への世界各地からのイスラーム教徒義勇兵の参加、マレーシアの同教徒難民の受け入れにはイスラームが、前述のユダヤ人の行動にはユダヤ性が、人々の行動を促すアイデンティティであり、国境を越えたネットワークの形成を導いている。もっとも、共通のアイデンティティが常にネットワークとして作用するわけではない。一方、イラン・イラク戦争や北アイルランド紛争、イスラエルでの東洋系・欧米系ユダヤ人の確執は、アイデンティティ(順に、イスラーム、キリスト教、ユダヤ性)の基層は共有していても、非基層部分は分化し、他の要因とも絡まって対立の契機となりうる証左である。また、スリランカのカタラガマのように、ヒンドゥー、イスラーム、仏教の信者が集まる聖地もある。[55] 重要なのは、二〇〇一年の同時多発テロ事件や同事件に対する米国の対応、米国によるイラクの大量破壊兵器廃棄要求のように「文明の衝突」と見える事例においても、対立の原因は文明の相違そのものにあるのではなく、歴史的・政治的・社会的な条件に求められるということである。

つまるところ、アイデンティティが国境を越えた文明のネットワークを常にかたちづくるとは限らず、文明や文化の差異がそれだけで常に衝突を招くわけでもない。アイデンティティは国家や文明という単位にも必ずしもなじまない、多面的かつ可変的なものなのである。

「文明の衝突」論はしたがって、イデオロギーにかわって紛争を説明する枠組みではなく、国家を文明で強引に区分し、文明の接触を二項対立的にとらえた議論ということができる。

おわりに

エスニック集団は冷戦の終結後、ディアスポラによるネットワーク化などによって国際政治に関わる非国家行為体として、より大きな位置を占めるようになった。国家とディアスポラというトランスナショナルな行為体が直接関わり合うようになったのである。

では、領域的な主権国家と社会的アイデンティティの非領域化を特徴とするディアスポラは、対立・衝突するだけの関係であろうか。ディアスポラが、制約はあるにせよ重層的な(エスニック・ローカル・ナショナル・トランスナショナルな)アイデンティティに依拠した要求によって内政と外交を複雑化し、頭脳流出によって国家間の格差を拡大させている面は否定できない。[56] 頭脳流出先は北米、西欧、オーストラリア、中東であり、ディアスポラからの送金や投資はあるにせよ、流出元では教育投資が当該社会に還元されず発展に障害となっている[57]。しかし、ディアスポラには別の角度からも接近できよう。

第一に、エスニック紛争が国家による収拾になじまないという事実は、ディアスポラによって国民国家がいっそう相対化され、大国中心に展開されがちな国際政治の非階層化・民主化が促される契機となる。ディアスポラが、調停など非暴力的手段によるエスニック紛争の解決に建設的に関わっていくならば、国際政治に新しい潮流が生まれるであろう。また、ディアスポラが民主主義と人権という普遍的とされる価値の尊重を居住国の外交や出身国に要求するならば、翻ってこうした信条が複数のエスニック・コミュニティからなる居住国社会における民主的な価値の共有と絆の機能を担うと考えられる[58]。ディアスポラはシビリアン・パワー（非軍事的手段を用いて、国家のシビリアン化、すなわち非軍事化、民主化を促す、市民あるいは文民を中心とする勢力）[59]のひとつと見てよい。

第二に、ディアスポラは冷戦後のグローバル化する世界に、その活動によって経済面で国境を越えたネットワークをつくり出している。国家間関係とは必ずしも重複しない相互依存、連携であり、従来の国益の概念は再考されざるをえない。

第三に、ディアスポラはかつて属していた文化や新しく属する文化とは異なる、混淆《こんこう》文化の発展を担い、世界の文化的豊饒性に寄与する存在でもある。ディアスポラとその文化は世界各地を文化的に多元化し、人々のアイデンティティの排他性を減じると思われる。こうした現象は文化のたんなる並存を越えて、異質な存在と積極的に関わるという共存への展望を開くといえよう。

要約すれば、ディアスポラはエスニック紛争に時には政治的に、手段も程度もさまざまに関わりながらも国民国家を相対化し、そして国際政治の非階層化・民主化に寄与し、経済的には国家・非国家に関わりなく相互依存を深化させ、文化的には国境に囚われない新しい文化の創造に関わる主体でもある。ディアスポラは国家に対峙するというよりも、むしろ国家に、多面性に基づく強靱性を与えていると見るべきであろう。

こうしたディアスポラにとって、レッテル貼りやステレオタイプはディアスポラの持つ前述の可能性を減じる一方、他者の理解やさまざまな出来事の解釈の幅を狭める方向に働く。同様に、欧米メディアによる報道の寡占やオリエンタリズム(西洋中心の視点からなされる他者理解)に象徴されるその姿勢は国際社会の西洋中心性を温存、強化しかねない。[60]

国民国家の自立性が空洞化し国境の浸透性が高まるなか、国際政治においてエスニシティという視座はますます重要になりつつある。たとえば、米国の政治家であり政治学者でもあるモイニハンは、エスニシティという視座があればソ連崩壊はかなり正確に予測できたと見る。[61] 情報を伝える技術やその量以上に、内容の豊かさが重要であるゆえんである。エスニック集団、国民国家に拘泥せず、アイデンティティの新しいありさまを体現すると同時に、西洋中心的な世界観を脱中心化し、文化的側面からも安全保障を築き、国際政治に新しい地平を拓く可能性を持つ、脱領域的な存在なのである。

1　Holsti, K.J., "The Coming Chaos? Armed Conflict in the World's Periphery," T. V. Paul, et al., eds., *International Order and the Future of World Politics*, Cambridge University Press, 1999.

2　Barth, F., "Introduction," F. Barth, ed., *Ethnic Groups and Boundaries: the Social Organization of Culture Difference*, Bergen: Universitetsforlaget, 1969; Isajiw, W. W., Definitions of Ethnicity, *Ethnicity*, 1(2). 1974. 李光一「エスニシティと現代社会——政治社会学的アプローチの試み」『思想』七三〇号、岩波書店、一九八五年、関根政美『エスニシティの政治社会学』名古屋大学出版会、一九九四年。

3　エスニック集団における言語の位置づけについて、Fishman, J. A., *The Rise and Fall of the Ethnic Revival: Perspectives on Language and Ethnicity*, Berlin: Mouton, 1985, p.xii. 母語は絶対的なものである(H・アーレント、〈聞き手〉G・ガウス(矢野久美子訳)「〈インタヴュー〉何が残ったか? 母語が残った」『思想』八五四号、岩波書店、一九九五年)とは限らない(B・

アブドゥライ(中村雄祐訳)「マリの多言語状況に関する一考察——ジェンネの事例」川田順造編『ニジェール川大湾曲部の自然と文化』東京大学出版会、一九九七年)。使用言語の変化について、Singer, M. R., "Language Follows Power: The Linguistic Free Market in the Old Soviet Bloc," *Foreign Affairs*(*FA*), 77(1), 1998; Skutnabb-Kangas, T., *Linguistic Genocide in Education: Or Worldwide Diversity and Human Rights*?, Mahwah, NJ: Lawrence Erlbaum, 2000.

4　国際政治におけるアイデンティティに着目した初期の文献として、馬場伸也『アイデンティティの国際政治学』東京大学出版会、一九八〇年。

5　Gladney, D. C., "Clashed Civilization? : Muslim and Chinese Identities in the PRC," D. C. Gladney, ed., *Making Majorities: Constituting the Nation in Japan, Korea, China, Malaysia, Fiji, Turkey, and the United States*, Stanford University Press, 1998.

6　人種概念の否定について、竹沢泰子「『人種』——生物学的概念から排他的世界観へ」『民族學研究』六三号、日本民族学会、一九九七年。人種概念を否定する国際文書として、「あらゆる形態の人種差別の撤廃に関する国連宣言」(第一八回国連総会、六三年)など。「エスニック」の置き換えについてSkutnabb-Kangas, *Linguistic*, p.167. その意味合いについてFishman, *The Rise*, pp.11–12.

7　言語数は*Ethnologue: Languages of the World*, 14th edition, 2000.〈http://www.sil.org/ ethnologue/〉による。言語と方言の区分などについて言語学的基準は存在せず、政治的に区分される場合(北京語と福建語は英語とドイツ語以上に異なるが福建語は北京語の方言とされる。セルボ・クロアチア語は国家形成によりセルビア語とクロアチア語に分離された)も少なからずあり、言語を客観的に分類することは不可能である(Skutnabb-Kangas, *Linguistic*.)。単一言語使用者の少なさについて、ibid. pp.239–240. クルマスによれば、言語数が少ないほど経済・社会が発展する(F・クルマス(諏訪功ほか訳)『ことばの経済学』大修館、一九九三年)。

8　Conner, W., "Nation-building or Nation-destroying?," *World Politics*, 24(3), 1972.

9　バスクについて、萩尾生「変容するバスク・ナショナリズムとその多様性」立石博高・中塚次郎編『スペインにおける国家と地域——ナショナリズムの相克』国際書院、二〇〇二年。こうした変化がバスク・ナショナリズムの消滅や同運動に対するスペイン国家の権威主義的対応の終焉を意味しないことはいうまでもない(*Amnesty International USA*〈http://www.amnestyusa.org/〉; *EuskalinfoReporting*.〈http://www.euskalinfo.org.uk/〉)。米国について、有賀貞「アメリカのエスニック状況——歴史と現在」有賀貞編『エスニック状況の現在』日本国際問題研究所、一九九五年、三六頁。

10 旧英領のシンガポールやマレーシアのエスニック集団の分類はセンサスが起源であり(eg. Hirshman, C., "The Meaning and Measurement of Ethnicity in Malaysia: An Analysis of Census Classifications," *Journal of Asian Studies*, 46(3), 1987)、両国ではエスニック集団に対しraceという語が使われている。シンガポール、マレーシア、インドネシアの事例について、順に *Straits Times Interative*(*STI*), Sept. 30, 2002; Ibid., Oct. 19, 2002; Ibid., Oct. 22, 2002.(http://straitstimes.asia1.com.sg/)。

11 土屋健治「政治文化論」矢野暢編『第三世界の政治発展』岩波書店、一九八八年。

12 Kaufman, S. J., *Modern Hatreds: The Symbolic Politics of Ethnic War*, Ithaca: Cornell University Press, 2001.

13 内藤正典『アッラーのヨーロッパ――移民とイスラム復興』東京大学出版会、一九九六年、一八頁。

14 Lau, F., "Performing Identity: Musical Expression of Thai-Chinese in Contemporary Bangkok," *Sojourn*, 16(1), 2001.

15 クルド人はトルコ、イラン、イラク、シリア、アルメニア、アゼルバイジャンなどの国境を挟む地帯に居住する、推定人口二千数百万～四〇〇〇万人の国家を持たない最大のエスニック集団であるが、各国ではマイノリティとなり、言語は相互理解の不可能な「方言」に分かれ共通の表記法がないという状況にある。トルコのクルド人人口について、*CWF 02*(*CIA World Factbook 2002*)〈http://www.cia.gov/cia/publications/factbook/〉。クルド人について、I・ベシクチ(中川喜与志ほか編訳)『クルディスタン 多国間植民地』柘植書房、一九九四年、小島剛一『トルコ――もうひとつの顔』中央公論社、一九九一年。なお、一九九一年、クルド語は合法化された。また、トルコ議会は二〇〇二年八月初旬、クルド語の学習や放送を条件付きで認める法案を可決したが、欧州連合(EU)加盟のための方策ではないかと見られている(*Kurdistan Observer*, Oct. 3, 2002〈http://home.cogeco.ca/konews/〉)。

16 Hechter, M., "Towards a Theory of Ethnic Change," *Politics and Society*, 2(1), 1971.

17 Zartman, I. W., "Introduction: Posing the Problem of State Collapse," I. W. Zartman, ed., *Collapsed States: The Disintegration and Restoration of Legitimate Authority*, Denver: Lynne Riener, 1995.

18 もっとも、分離派の先住者を逆に少数民族化する計画もある(Kipp, R. S., *Dissociated Identities: Ethnicity, Religion, and Class in an Indonesian Society*, Ann Arbor: University of Michigan Press, 1993, p.115.)。

19 Swain, A., "Displacing the Conflict: Environmental Destruction in Bangladesh and Ethnic Conflict in India," *Journal of Peace Research*, 33(2), 1996.

20 吉川元「マイノリティの安全と国際安全保障」吉川元・加藤普章編『マイノリティの国際政治学』有信堂、二〇〇〇年。

21 日本も高度成長以前、ハワイや中南米（ドミニカやペルー）などに労働力輸出を行っていた（鈴木穣二『日本人出稼ぎ移民』平凡社、一九九二年）。たとえば、フィリピンは八二年以来、海外雇用庁を設けて積極的に労働力輸出を行っている（http://www.poea.gov.ph/）。

22 サイバー・ヘイトについて、関口真理「アメリカのインド人」古賀正則他編『移民から市民へ——世界のインド系コミュニティ』東京大学出版会、二〇〇〇年、ネットワーク化について、中村光男「電子メールによるイスラーム・ネットワーク——北アメリカ」片倉もとこ編『イスラーム教徒の社会と生活』、栄光教育文化研究所、一九九四年。ネットワーク化はエスニック集団間に限定されず、メキシコのサパティスタのように、同国による先住民の周縁化政策を反グローバル化という課題に組み替え、エスニック集団以外、すなわちグローバル化に反対する非政府組織（NGO）や個人をネットワーク化した事例もある（落合一泰「〈征服〉から〈インターネット戦争〉へ——サパティスタ蜂起の歴史的背景と現代的意味」青木保他編『紛争と運動』岩波書店、一九九七年）。

23 国際移民の特徴について、S・カースルズ、M・J・ミラー（関根政美他訳）『国際移民の時代』名古屋大学出版会、一九九六年、八～九頁。その数について、*UN Press Release*（*UN PR*）〈http://www.un.org/News/Press/docs/2002/〉, POP844.

24 地中海沿岸のユダヤ人社会に関して、R・コーエン（角谷多佳子訳）『グローバル・ディアスポラ』明石書店、二〇〇一年、三八頁、イスラエル・米国間の移民に関して、Lipset, S. M. and E. Raab, *Jews and the New American Scene*, Cambridge, MA: Harvard University Press, 1995, pp.46, 131.

25 コーエン『グローバル』、Clifford, J., "Diasporas," J. Clifford, *Routes: Travel and Translation in the Late Twentieth Century*, Cambridge, MA.: Harvard University Press, 1997. なお、ユダヤ人は世界に一億三二〇〇万人と推定される（*AJC Publication-American Jewish Year Book 2002*〈http://www.ajc.org/〉）が、その範囲についてはイスラエルや米国で特に政治に関わる問題となってきた（臼杵陽「イスラエルにおける宗教、国家、そして政治——『だれがユダヤ人か』問題とその法制化をめぐって」『国際政治』一二一号、一九九九年）。

26 前者の類型化に関して、コーエン『グローバル』、後者の類型化に関して、Vertovec, S., "Three Meanings of 'Diaspora,' Exemplified among South Asian Religions," *Diaspora*, 6(3), 1997.

27 Helweg, A. W., "The Indian Diaspora: Influence on International Relations," G. Sheffer, ed., *Modern Diasporas in International Politics*, London: Croom Helm, 1986, p.116–118.

28 新移民とネットワークに関して、Tilly, C., "Transplanted Networks," V. Yans-McLaughlin, ed., *Immigration Reconsidered: History, Sociology, and Politics*, New York: Oxford University Press, 1990. サウジアラビアの国家の枠を越えた活動に関して、Weyland, P., "International Muslim Networks and Islam in Singapore," *Sojourn*, 5(2), 1990. ウイグルに関して、Chung, C. P., "China's 'War on Terror': September 11 and Uighur Separatism," *FA*, 81(4), 2002, p.9. トルコ系のイスラーム復興組織に関して、内藤『アッラー』、二〇七〜二三三頁。

29 *STI*. July 22, 2002. なお、マレーシアでは、マレー人（ほとんどがイスラーム教徒）とマレー系住民が全人口の五八％を占める（二〇〇〇年）（*CWF 02*）。

30 Aoudé, I. G., "Maintaining Culture: Reclaiming Identity: Palestinian Lives in the Diaspora," *Asian Studies Review*, 25(2), 2001.

31 B・アンダーソン（関根政美訳）「〈遠隔地ナショナリズム〉の出現」『世界』九三年九月号。

32 インドの事例に関しては、八〇年、カーター政権に要請し、レーガン政権で承認された（Helweg "The Indian Diaspora."）。ビルマの事例は、ある日本企業の技術研修生であったビルマ人からの聞き取りによる。ミャンマーという国名は国民の信任を得ていない軍事政権（国家法秩序回復評議会（SLORC）当時）による改称（八九年）である。

33 トルコに関して、内藤『アッラー』、シンガポールに関して、Lee, G. B., ed., *Singaporeans Exposed: Navigating the Ins and Outs of Globalisation*, Published in conjunction with the 10th anniversary of the Singapore International Foundation, Singapore, Landmark Books, 2001. メキシコに関して、Shain, Y., "Multicultural Foreign Policy", *Foreign Policy*, 100, 1995, p.71.

34 ヨルダンなどについて、*UN PR*, POP844、トルコについて、内藤『アッラー』一六〜一七頁。

35 Wahlbeck, O., *Kurdish Diasporas: A Comparative Study of Kurdish Refugee Communities*, New York: St. Martin's Press, 1999, p.173.

36 Ahrari, M. E. ed., *Ethnic Groups and U.S. Foreign Policy*, Westport, CT: Greenwood Press, 1987; DeConde, A., *Ethnicity, Race and American Foreign Policy: A History*, Boston: Northeastern University Press, 1992; Tierney, J. T., "Interest Group Involvement in Congressional Foreign and Defense Policy," R. B. Ripley et al., eds., *Congress Resurgent: Foreign and Defense Policy on Capitol Hil*, Duke University Press, 1993; Shain, "Multicultural"; Uslaner, E. M., "All Politics Are Global: Interest Groups and the Making of Foreign Policy," A. J. Cigler et al., eds., *Interest Group Politics*, Fourth Edition, Washington, D.C.:CQ Press, 1995.

37 在米ユダヤ人について、*2000–2001 National Jewish Population Survey*(*NJPS*). この調査でのユダヤ人とは自らユダヤ人と認める者、父母いずれかがユダヤ人の者、ユダヤ人として育てられ改宗していない者である。ユダヤ系という広義の定義ならば六九〇万人になる(*Seniors USA*〈http://senrs.com/〉)。在米ユダヤ人の米国生まれの比率は*2000–2001 NJPS*が一部しか公表されていないため、*1990 NJPS*(*North American Jewish Databank*〈http://www.jewishdatabank.com/〉)に依拠した。イスラエルの人口のうちユダヤ人は八〇%で四八〇万人、非ユダヤ人はほとんどアラブ系である(一九九六年)(*CWF 02*)。同国の一九七〇年帰還法によれば、ユダヤ人とはユダヤ人を母として生まれた者、ユダヤ教に改宗した者、そして他宗教の成員ではない者である(臼杵「イスラエル国家」、九八頁)。

38 ユダヤ人とイスラエルの結びつきに関してDeConde, *Ethnicity*, p.165. 政治運動資金に関してLipset and Raab, *Jews*, p.138.

39 ソ連は法案成立阻止のために出国税を廃止し(Dec 13, 1999, *AIPAC*〈http://www.aipac.org/〉)、また成立後まもなく、貿易協定を破棄しユダヤ人の出国を減らすなどした(DeConde, *Ethnicity*, p.167)。

40 Ibid., p.168.

41 一九七八年、カーター政権はこの武器禁輸法を廃止し(Ibid., p.174.)、八八年にレーガン政権はより強力な法案を阻止した(ibid. p.182.)。黒人比率(二〇〇〇年)について、*CWF 02*.

42 McCormick, J. M., "Interest Groups and the Media in Post-Cold War U.S. Foreign Policy," J. M. Scott; ed., *After the End: Making U.S. Foreign Policy in the Post-Cold War World*, Durham: Duke University Press, 1998.

43 高木徹『ドキュメント　戦争広告代理店――情報操作とボスニア紛争』講談社、二〇〇二年。

44 Tierney, "Interest Group," p.94.

45 Ahrari, M. E., "Conclusions," M. E. Ahrari, ed., *Ethnic Groups*.

46 Lyon, A. J. and E. M. Uçarer, "Mobilizing Ethnic Conflict: Kurdish Separatism in Germany and the PKK," *Ethnic and Racial Studies*, 24(6), 2001; 内藤『アッラー』、Wahlbeck, *Kurdish Diasporas*; KurdishMedia〈http://www.kurdmedia.com〉. バスク人も同様の活動をしている(*Elkarri*〈http://www.elkarri.org/〉; *EuskalinfoReporting*.)。

47 『朝日新聞』二〇〇二年十月二十五日、*Kurdistan Observer*, Sept. 7, 2002; *AKIN*(*American Kurdish Information Network*) Campaign〈http://kurdistan.org/〉。

48 S・P・ハンチントン(竹下興喜監訳)「文明の衝突――再現した「西欧」対「非西欧」の対立構図」『中央公論』一九九三年八月号、中央公論社。原題(Clash of Civilizations?)(*FA*, 72(3), 1993)は邦訳では疑問符が外されて副題がついたが、九六年出版の単行本『文明の衝突』(*The Clash of Civilizations and the Remaking of World Order*)(鈴木主税訳、集英社、九八年)では「衝突」に疑問符はない。文明を国際政治の枠組みとしたのは批判に対するFA誌上での反論(「『文明の衝突』批判に応える」(If Not Civilizations, What? Paradigms of the Post-Cold War World.)『中央公論』一九九三年十二月号、中央公論社)である。

49 *FA*, 72. 誌上での批判に、F・マフバーニー(竹下興喜監訳)「西欧は非西欧から何を学ぶか」『中央公論』九三年十一月号、F・アジャミー(竹下興喜監訳)「近代化と西欧文明の力」『中央公論』九三年十二月号、以上、中央公論社。他に、D・ベル(秋月謙吾訳)「疑わしき『衝突』」『季刊アスティオン』三一号、TBSブリタニカ、一九九四年、平野健一郎「文明の衝突か、文化摩擦か?――ハンチントン論文批判」『比較文明』十号、刀水書房、一九九四年など。

50 濱口恵俊「文明変動における文化との位相動態 「国際化」と「情報化」の分析拠点」『比較文明』四号、一九八八年、刀水書房、一四頁。

51 通常兵器供給について、Stockholm Peace Research Institute (SIPRI), *SIPRI Yearbook 2002: Armaments, Disarmament and International Security*, Oxford University Press, 2002, ch.8. イスラーム教徒迫害について、Chung, "China's": 反華人政策について、Kipp, *Dissociated Identities*, pp.116–117. インドネシアのイスラーム教徒比率は、*CWF 02* による。なお、イスラームは同国の国教ではない。

52 儒教資本主義論として、金日坤『儒教文化圏の秩序と経済』名古屋大学出版会、一九八四年。ただし、儒教資本主義論では資本主義の興隆の時期や地域の差を説明できない。

53 アジアからの主張として、たとえば、リー・クアンユー、〈聞き手〉P・ザカリア(竹下興喜監訳)「文化は宿命である」『中央公論』九四年五月号、中央公論社。

ハンチントンの関心が米国の国益にあることを示す論文として、佐々木坦訳「わがアメリカの対日被害調書」(Why International Primacy Matters.)『諸君』九三年十一月号、文芸春秋社、Huntington, S. P., "The Erosion of American National Interests," *FA*, 76(5), 1997.

54 臼杵陽『見えざるユダヤ人――イスラエルの〈東洋〉』平凡社、一九九八年。

55 青木保『境界の時間――日常性をこえるもの』岩波書店、一九八五年、第二章。

56 Shain, ("Multicultural," P. 87.) は、米外交ではディアスポラの否定的影響力が強調されすぎとみる。

57 たとえば、Emigration of Nurses Hurts Philippines' Health Services, *STI*, Sept. 7, 2002.

58　Shain, "Multicultural". ただし、要求する側（米国やフランス）が外交に二重基準を用いていれば、その撤廃が「普遍的」価値の効果的な機能の前提となろう。
59　H・M・マウル（高埜健訳）「シビリアン・パワーが世界を変える」『中央公論』九二年九月号、中央公論社。
60　Break the Western Media Stranglehold, *STI*, Sept. 25, 2002. 内藤『アッラー』、二四四〜二四六頁、E・W・サイード（今沢紀子訳）『オリエンタリズム』平凡社、一九九三年。
61　D・P・モイニハン（吉川元訳）『パンダモニアム——国際政治のなかのエスニシティ』三嶺書房、一九九六年、第一章。

第六章

新しい権力分掌の理念と形

北アイルランド社会の共有をめざして

分田順子

はじめに

和平合意によって紛争に終止符を打った社会は、急速にメディアの関心から遠ざかる。しかし、そこでは、紛争に引き裂かれた社会の修復と再建という新たな挑戦が始まっている。この挑戦は、和平交渉の最中にすでに始まっているともいえる。なぜなら和平合意は、その後にくる真の平和の構築という、和平プロセスの正念場を、誰が、どのような理念と方法によって前進させてゆくかを取り決めたものだからである。

本章の論じる北アイルランドも、一九九八年四月の「ベルファスト合意」で和平にこぎ着け、平和構築の道を歩み始めて五年がたった。それがけっして平坦な道でないことは、予測されていたが、紛争当事者が紆余曲折を経て合意した権力分掌に基づく地域自治は、「進まぬ武装解除問題」をめぐる政治対立によって、これまでに四度の停止に追い込まれている(二〇〇三年四月十日現在)。そのたびにイギリスが北アイルランド議会や内閣その他の機関を一時停止して、同地を直轄統治下におくのは、プロテスタント・ユニオニストとカソリック・ナショナリスト[1]の間の権力分掌に関する合意自体までご破算にしかねない政治対立を収拾するためだとされている。

いいかえれば、両者の権力分掌に関する合意は、それほどまでして支えてゆく価値のある合意だということである。なぜなら北アイルランドの将来は、紛争を通じて相互分離を深刻化させたプロテスタント・カソリック両コミュニティが、今後北アイルランド社会を共有してゆけるか否かにかかっているからである。そこでは、両者の「対等な処遇」と政治・経済・社会への「実質的な参加」が可能な「開かれた社会」を創り出してゆくことが鍵になる。両者はそのために権力分掌に合意したのであり、それは、人権擁護規定や多数派の権力濫用を防ぐためのセイフガードを盛り込んだ画期的なものだったのである。

本章の目的は、右記のような分断社会の修復と再建を可能にするための新たな権力分掌の理念とメカニズムが、どのような人々によって、どのような環境で育まれてきたかを探ることにある。その際、他の多文化・多言語社会で追求されてきた「従来の権力分掌ないし多極共存モデル」の限界を、北アイルランド市民の視点で見きわめ(一節)、彼らが打ち出した新たな社会共有の理念と、それに立脚した「新しい権力分掌」の形を照らし出す(二節)。そしてそのユニークさを、一九九〇年代に締結された他の和平合意との比較を通じて明らかにする。さらに北アイルランドで生じたこの権力分掌の進化が、国際的な人権擁護の潮流を背景としていたことを述べる(三節)。最後に、マイノリティとマジョリティによる社会の共有には、両者が後ろ楯としてきた国同士の国境を超えた提携が不可欠になることにもふれてみたい。

1 権力分掌の限界——浮上する人権擁護論

権力分掌までの道のり

ここでは、本題に入る前に、北アイルランドが、どのような道のりを経て権力分掌自体に到達したのかを述べておこう。

二十世紀初頭、北アイルランドの多数派プロテスタントは、高まるアイルランド自治の機運のなかで、イギリス残留への意志を固め、イギリスにアイルランドの南北分割を余儀なしとさせてゆく。そして一九二一年、彼らは、自分たちが常に多数派になれるように線引きされた選挙区と国境線に縁取られた「自治国家」を勝ち取る。そこで一九六九年に始まったカソリック住民の公民権運動は、半世紀にわたって続いてきたこの多数派支配の構造を明るみに出す。カソリックは、自らの意志に反して引かれた国境の、本来帰属すべきでない側に取り込まれたまま、そこで事実上の二級市民として処遇されていたのだ。

カソリックが状況を打開するには、北アイルランドの政治・社会改革の道と、国境線の引き直し、すなわちアイルランドの南北統一の二つの道がありえた。公民権運動は前者を志向したものだった。しかしプロテスタント多数派の抵抗と、彼らの治安維持の要請で投入された軍そして警察によるカソリック・コミュニティの監視・捜査・蹂躙は、カソリックをマイノリティからマジョリティになれる国の獲得へと駆り立てていった。それによって、アイルランド島のマジョリティであることに依拠したカソリックの民族自決と、北アイルランドのマジョリティであるプロテスタントの民族自決が、真っ向からぶつかりあう格好となった。両者双方の内に育まれた武装組織が、対立を力の対決へとエスカレートさせていった。

二つの相容れない民族自決の主張に対して、イギリス政府が一貫して示してきた調停案は、両者による北アイルランド統治権の共有、すなわち権力分掌案だった。それだけでは穏健派のナショナリストさえ納得させられないことが判明すると、北アイルランドに関するアイルランド共和国の発言権を制度化する方向が求められ、それと抱き合わせにされた権力分掌案が提示された。一九七三年十二月に締結された「サニングデール合意」がそれである。合意に先立って、比例代表制による北アイルランド議会選挙が実施され、つづいて新内閣が組閣された。こうして北アイルランド史上初の、二つのコミュニティの代表からなる権力分掌内閣が発足した。しかしカソリックとの権力分掌を拒むユニオニスト強硬派と、南北統一以外は見向きもしないナショナリスト強硬派は閣外にとどめられた。[2]

また閣僚ポストの比例配分を中心とした権力分掌メカニズムも、ナショナリストにすれば彼らの政策決定への参加権を十分に保障したものとはいえなかった。しかし最大の難点は、「サニングデール合意」によって設置された「南北評議会」だった。ユニオニストの多くは、南北協力に関する広範な権限を付託されたこの評議会を、南北統一への第一歩と危惧した。合意の埒外にとどまったユニオニスト強硬派は、プロテスタント労働者にゼネストを呼びかけ、一九七四年一月に成立したばかりの内閣は崩壊に追い込まれる。こうして北アイルランド初の権力分掌の試みが潰え去り、再び権力分掌案が「ベルファスト合意」として提示されるまでに、二四年の歳月が経過していた。

その間、ナショナリスト・プロテスタント双方の武装組織が行ったテロや組織間抗争によって三四六八人もの人命が奪われ、数万もの人々が傷つき、住処を追われた。紛争下の社会では、北アイルランドに限らず、敵対集団への暴力に加えて、身内に対する締めつけが「内なる暴力」となって横行する。武装組織が支配するコミュニティでは、人々は制裁を恐れ、沈黙と忍従の生活を強いられる。こうした状況下で、人々は常に和平を渇望していたといえる。和平が、ナショナリスト・ユニオニストいずれかの民族自決に軍配があがるまで戦うという道の断念を意味するならば、両者は、北アイルランド社会共有の道を考えざるをえなかった。それには排他的な民族自決(self-determination)という発想から、両者による共同決定(co-determination)という発想への転換が不可欠だった。

その際の問題の一つは、北アイルランドの帰属をめぐる政治対決に明け暮れる政治家とは別に、プロテスタントとカソリック双方の市民に社会を共有する意志が実際にあるかどうかだった。これは北アイルランドのイギリス残留を前提としているだけに、カソリックにとって高いハードルと思われた。ところが一九九六年四・五月に行われた世論調査の結果では、むしろカソリックの方で、全般的な「社会の共有」への意欲が高く、しかもそれは九四%という驚くべき数値に達していた(プロテスタントでは八〇%)。職場・居住地区・学校の共有についても、両者双方が共有への高い意欲を示していた。[3] この結果は、和平合意の立案者に、どうすれば差別や分離を廃して、両者の望む形での共有を実現できるかという課題を課し、それが後述の人権擁護規定などのセイフガード策定につながった。

もう一つの問題は、それまでプロテスタント・カソリック双方にとって次善の策でしかなかった権力分掌を、共同決定の方法としてデザインし直してゆくことだった。プロテスタントが、国境線の現状維持の見返りに、不承不承でも共和国の発言権とあわせてこの権力分掌を受け入れなければならないことは、すでに明らかだった。ではどうすれば、彼らの権力分掌への懸念——その先に待ち受けているかもしれない南北統一への恐れ——を払拭できるのか。またそれをどう練り直せば、カソリックの統治への参加を確保できるのか。それらは権力分掌が、統治権力分配の手段にとどまらず、両コミュニティの異なる政治志向とアイデンティティをセイフガードしながら社会の共有を実現する方法に脱皮できるか否かにかかっていた。

レイプハルトの権力分掌論

一九九五年二月、イギリス・アイルランド両国政府は、和平合意のたたき台として、「未来のための枠組み」と題する文書(一般には「枠組み文書」と呼ばれている)を発表する。その第一部でイギリス政府は、北アイルランドに権力分掌に基づく地域自治を回復することを提案している。多極共存型民主主義の先駆的な研究で知られるレイプハルトは、提案を多極共存の要件を完全にみたすものと高く評価し、持論を次のように展開している。北アイルランドのようなマイノリティとマジョリティが隣接して暮す社会では、帰属がどうであれ、権力分掌以外の方法で社会の細分化を解決することはできない。再分割のような方法が非現実的だとすれば、イギリス政府は一九七四年の失敗に懲りることなく、北アイルランドに改善された権力分掌システムを構築する他はないのである。[4]

ところでレイプハルトがイギリス政府の提案について評価したのは、次の三点だった。(1) 再開される北アイルランド議会や、院内委員会のメンバーが、「比例代表制」によって選ばれること、(2) 文書では内閣と規定されている執行部の陣容を、諸政党が議会に確保した議席数を反映したものにすることで、カソリック・ナショナリストとプロテスタント・ユニオニスト間の「大連合」(ないし執行権力の分掌)が可能になること、(3) 議会の議決方法に、加重修正された多数決を採り入れ、「少数派の拒否権」を認めたこと。[5] しかしレイプハルトは、イギリス政府案が、彼のいう第四の多極共存要件を欠いているのを見落さなかった。「枠組み文書」には、二つの宗派集団の「文化的自治」について、何も書かれていないというのである。

ところがレイプハルトは、これを重大な遺漏とはとらえなかった。なぜなら彼は、北アイルランドの少数派カソリックは、すでに事実上の文化的自治を獲得していると見ていたからだ。彼は根拠として、カソリック・プロテスタント両派の間の分離教育を挙げ、一九九二年、カソリック校が公立校(北アイルランドでは事実上、プロテスタント校を意味する)と等しく助成されるようになって以来、カソリックの教育上の自治は完璧となり、彼らは「違いを保全しつつ対等に処遇されてきた」、と述べている。[6]

レイプハルトが完璧かつ徹底した多極共存モデルと評した「枠組み文書」の権力分掌案は、和平交渉の過程でさらに鍛えられ、三年後の「ベルファスト合意」に盛り込まれてゆく。しかし合意では、レイプハルトが「枠組み文書」

について指摘した文化的自治に関する規定の欠落が、彼の予想を超えた形で、埋められることになる。それは合意のなかの「諸権利、セイフガード、機会均等」と題された部分だが、この人権に関する規定は、合意全体を貫く人権擁護の理念に裏打ちされていて、合意を、それまでのいかなる和平案とも異なる画期的なものにしている。[7]

では、「社会の共有」を実現するには、なぜ従来の権力分掌モデルの強化では不十分で、人権擁護規定による補完が必要なのか。なぜ文化的自治に多くを期待できないのか。以下では、従来の権力分掌ないし多極共存モデルに内在する問題を整理し、「ベルファスト合意」の打ち出した新たな権力分掌の形が、どのような課題への答えなのかをみてゆく。

市民社会の周辺化

従来の権力分掌モデルには、大別して二つの問題が指摘できる。一つは、そのエリート中心主義であり、もう一つは、集団を代表するエリート同士の権力分掌が、個々の集団に認められた文化的自治に支えられている点である。ここではまず、エリートを中心とする権力分掌が、北アイルランドの政治過程で実際に機能しうるかどうかから検討してみたい。

北アイルランドの政界は、周知のとおり長らくユニオニスト、ナショナリスト双方の非妥協的な政治家に支配されてきた。これは、エリート政治家間の妥協や合意に多くを期待する権力分掌にとって、きわめて不利な環境だといえる。本来少数派の主張と利益を守るために導入された議決方法や拒否権が、ユニオニスト・ナショナリスト両陣営に存在する強硬派に濫用されれば、議会はただちに膠着状態に陥ってしまう。IRAの武装解除問題をめぐる政治対立が、これまで数回、自治を停止に追い込んできたことが、その例といえるだろう。

政治家たちが、いまだに領土帰属をめぐる争いの尾を引きずっているとすれば、そうした抗争に翻弄される政治過程は、市民を疎外し、彼らの日常的な関心事は手付かずのままになる。権力分掌は、民主的な政策決定とかけ離れたところで、ただ空回りしているだけになる。資源分配をエリート間協議に委ねる権力分掌モデルは、参加型の民主主義を想定しておらず、本質的に正義や公正の追求とは無縁という批判もある[8]。

エリート中心の権力分掌は、社会に横行する差別や不平等について、ほとんど打つ手がないという点にも、留意しておく必要がある。というのも差別や不平等が続く限り、人々はたがいに袂を分かち、自分を庇護してくれるコミュニティとその指導者を頼るようになるからである。それがコミュニティ間の対立と相互分離に拍車をかけ、差別／不平等の問題をますます深刻化させる。この循環のなかで、権力分掌によって紛争の調停をめざすべきエリートが、実は紛争を供給源にしているということになってしまう。

文化的自治の問題点

差別／不平等の問題を、集団に文化的な専管領域を認めて解決しようというのが、文化的自治の発想だろう。北アイルランドのカソリックは、レイプハルトも指摘するように、たしかに文化的自治を認められてきた。ところがそれが文化間の権力格差の解消につながってきたかといえば、答は否である。彼らの居住地区を一歩出れば、共有されるべき公的空間で、彼らの言語・文化は対等に処遇され表明されてきたとはいいがたい。街路名の二言語表記（英語とアイルランド語）は、プロテスタントの根強い反発もあって、ほとんど進展していない。毎年七月十二日にクライマックスを迎えるプロテスタントのパレードも、すでに規制の対象にはなっているが、今度はそれがカソリック・プロテスタント住民を新たな対決に駆り立てている。つまり、これまで公的空間で圧倒的に優位にあった文化と、自治空間でのみ保全・表明されてきた文化の間でかろうじて保たれてきた均衡が破れ、新たな抗争が生じた場合、それを誰がどのような理念によって調停してゆくかは、文化的自治を超えた問題なのである。

文化的自治によって擁護されるのは、それを認められた集団の一員だけであるという自明の理にも、思わぬ落とし穴がひそんでいる。これまで少数派の立場にあった集団が、文化的自治を一定領域について認められた時、今度は彼らが多数派となり、そこに取り込まれた異文化・異言語集団の言語・教育権を侵害しがちであったことを想起してみるといい。たとえば、カタロニアにスペインの他地域から移り住んだ人々が、子供をスペイン語で教育したくても、スペイン語とカタロニア語の間での選択が認められないという問題や、ベルギーのフラマン語地域に暮すフランス語話者が直面する同様の問題が挙げられる。

集団からの権利要求に、文化的自治では足らず、領土的自治を保障することでようやく紛争を終結させたボスニア・ヘルツェゴヴィナでは、事態はより深刻である。新生国家ボスニアを構成する二つの「自治政府」(エンティティ)、すなわちボスニア連邦とスルプスカ共和国は、民族浄化の結果を追認された形の各領域で、それぞれ多数派民族中心主義ともいうべき法制度を擁している。たとえば「スルプスカ共和国修正憲法」は、同共和国が「セルビア人国家であり、その市民すべての国家である」と規定していて、ムスリム、クロアチア人そしてその他の民族を排除している。[9]この制度化された民族差別もあって、同共和国への非セルビア人難民の帰還はきわめて困難になっている。他方のボスニア連邦でも、セルビア人難民が同じ困難に直面しているという。

また、たまたま文化的自治によって擁護される集団に生まれ落ちたとしても、そこで個人としての選択権や自己決定権を求める人々は、集団に依拠した人権擁護のあり方に疎外される結果となる。ところが集団の権利の擁護派は従来こうした懸念を口にする人々を、個人主義者や保守反動と呼んで封じ込めてきた。集団間の関係が緊張すればするほど、集団の一員の「あるべき姿」は硬直化し、それに疑問や異議を唱えれば裏切り者とみなされた。たとえば紛争下の北アイルランドで、カソリック女性が、教会や周囲の耳目を気にせずに妊娠・出産に関する自己決定権をどれほど主張できただろう。

分断社会につきものの共同体的規制のなかで、身を処す術は沈黙と決まっている。沈黙に乗じて集団が諸権利を獲得できたとしても、沈黙の陰で、集団内部の階層分化は日夜進行し、人々の政治志向やアイデンティティは多元化を遂げてゆく。集団内の「違い」が覆いがたくなったとき、それをどう認知するのか、その一方でどこまで集団としての特性や一体性を主張できるのかが問われることになる。本節でみた従来の権力分掌モデルにつきものの欠陥は、この文化的自治に関わるものであれ、先述のエリート中心主義に関るものであれ、いずれも北アイルランドに新たな人権擁護のあり方を求める動きを生み出し、それが権力分掌のあり方を進化させてゆくのである。

2 新しい権力分掌の理念と形——「社会の共有」をセイフガードする

市民社会からの問題提起

権力分掌にこぎ着けるのも困難だと思われてきた北アイルランドで、それが社会の共有のための新たな政治制度に脱皮し、カソリック・プロテスタント双方の圧倒的支持(「ベルファスト合意」の住民投票結果は、七一%が賛成票だった)によって迎えられたというのは、大方の政治学者にとって意外な進展ではないだろうか。それは、彼らが北アイルランドの市民社会の底力を見落としてきたからである。[10] 紛争下で進行した市民社会のエンパワーメントに関する議論は別の機会に譲るとして、ここでは次の点をあらためて強調しておきたい。それは、従来の権力分掌モデルに疑問を呈したのが、領土帰属をめぐる権力政治からの疎外によって逆に力量を蓄えてきたその市民たちだったことである。では彼/彼女たちは、権力分掌にかわるいかなる理念によって社会の共有を実現しようとしてきたのか。

紛争下の北アイルランドで、政治が置き去りにした庶民のニーズに対処してきたのは、コミュニティに根ざして活動する草の根の活動家たちだった。マルホランドもそうしたコミュニティ・ワークから出発した一人だが、彼女は、市内の女性センターの宗派を超えたネットワークを立ち上げた経験を背景に、これまでユニオニストが独占・濫用してきた権力を、ナショナリストが奪還する、あるいは分けてもらうというアファーマティヴ・アクション的な発想でいいのかと問う。つまり彼女は、これまで政治に疎外されてきた自分たちのような人間が日の目を見るためには、政策決定の枠組み自体を変えるトランスフォーマティヴ・アクションが必要だというのである[11]。

マルホランドのような草の根の活動家は、カソリック・プロテスタント双方に周辺化された人々——失業者、家庭内暴力にさらされる女性、障害者、孤立した高齢者——が存在するのに気づかされる。そうした人々が体現するコミュニティの内部亀裂は、宗派の異なるコミュニティを横断している。彼/彼女らはそれを見すえたうえで、社会の最下層にとどめおかれてきた人々自身が、帰属コミュニティの違いを超えて、自分たちに対する施策の形成・決定・監査の場に参加することと、それを可能にする新たな政治制度を求めてきたのだ。市民社会の活動家にとって、市民の参加に対して開かれた(「インクルーシヴな」と表現されることが多い)政治そして社会なくして「社会の共有」はありえないのである[12]。

しかし人々を連帯よりも不信と対立に駆り立ててきたエスノ・ナショナルな「違い」は、そこでどう処理されるのか。たとえば北アイルランドの女性が、そろって家庭内暴力やコミュニティに横行する「懲罰」という名の暴力に立ち向かうとしても、彼女たちの間の相反する政治志向、異なる紛争体験は、もう問題にはならないのだろうか。実際にはそう簡単ではないらしい。なぜなら女性の間には、「コミュニティ内の暴力」(内なる暴力)をどこまで「コミュニティ間の暴力」(政治暴力)と切り離してとらえられるか、政治暴力自体をどこまで否定できるかについて、さまざまな立場があり[13]、そこには宗派や個人としての見解の違いが大きな影を落としているからである。

人々のアイデンティティに関わるこのような「違い」が無視されたり、安易に否定されたりすれば、誰も本気で討論や協同の場に参加しなくなる。参加はしていても、それは形ばかりのものになる。そこで、すべての人々に開かれた社会を、さらに踏み込んで、人々の間のさまざまな「違い」に対して開いてゆくことが、人々の「実質的な参加」を導きだすうえで肝要となる。したがって開かれた社会は、「違い」に対等性を認め、「違い」を積極的に擁護し、「違い」による選択が可能な社会として構想されてゆく。北アイルランドの市民社会は、これを共通理念として、和平プロセスへの働きかけを続けてきた。「違いのセイフガード」が、社会の分有ではなく共有を選んだ人々の、そこで同時にどのように「違い」をたがいに認知し、表明し、保全できるかという命題への解だったからである。

権力共有のためのセイフガード

ではどうすれば実際に「違い」を擁護でき、人々の「実質的な参加」を導き出せるのか。「ベルファスト合意」には、そのための方策が、いくつかのセイフガードとして書き込まれている。

合意はまず、序文にあたる「支持表明」で、「われわれの間に存在しつづける政治志向の違い」に言及し、その対等性を認めると明言している。[14] さらに合意は、大別して二箇所でそのセイフガードを規定している。一つは「第一綱北アイルランドの民主制度」の「議会」に関する規定につづいて、おもにその運営のあり方を記述した部分。もう一つは、「諸権利、セイフガード、機会均等」という綱目のもとで、北アイルランドにおける人権擁護のあり方と、イギリス政府の経済・社会・文化分野での取り組みについて述べた部分である。[15] これら二つのセイフガード規定は、次のように整理できる。すなわち前者が、すべての人々の「統治(政策決定と執行システム)への実質的な参加を可能にするためのメカニズム」、すなわち権力共有のためのセイフガードだとすれば、後者は、すべての人々の「社会への実質的な参加(職場、地域社会、公的空間などの共有)を可能にするためのメカニズム」、すなわち社会共有のためのセイフガードとみることができる。

前者は、「パラレル・コンセント」という新たな議決方法の導入を核心としながら、実は第一綱の規定全般に関わっている。そこでは議員選挙のあり方、議会の議長・副議長の選出方法、院内委員会の委員長および委員ポストの配分方法、「執行機関」（内閣に相当）を構成する一〇人の閣僚ポストの配分方法、首相および副首相の選出方法が、「北アイルランド社会のすべての局面」からの参加が可能になるよう定められている。そのエッセンスは、議員の帰属登録によって、二つの政治志向――ユニオニズムとナショナリズム――を制度上で認知し、両者の間のポスト・権力の比例配分を徹底して追及していることである。これに「双方のコミュニティからの同意」の確保を旨とする議決方法と、それによって双方が事実上の拒否権を得ることで、多数派の専制への逆行だけは防げる態勢となっている。一言でいうならば、合意のこの部分は、統治への実質的参加を可能にするために、従来の権力分掌メカニズムを徹底的に強化したものになっているのである。

ではその権力分掌自体に市民社会が表明してきた懸念に、合意はどう応えたのか。その意味で、合意文書のなかでは際立った規定ではないものの、「市民フォーラム」の創設について書かれた六行は注目に値する。フォーラムは、産業界、労働界、民間公益団体、その他の分野からの代表が参加するとされていて、社会・経済・文化の諸問題に関する諮問機関としての役割を期待されている。[16] 市民社会は、議会政治の欄外にかろうじて発言の場を確保した形である。しかし当の市民社会は、フォーラムの可能性に期待しており、研究者も、「市民社会が違いを超えて社会的公正を追求するために、公的機関とどう連携しうるかを示したモデル」と評価している。[17]

社会共有のためのセイフガード

次にもう一つのセイフガードである、すべての人々の社会への実質的な参加を可能にするためのメカニズムをみてみよう。それは大別して二つの部分からなっている。すなわち、⑴ 個人に保障される人権の細目、北アイルランド人権委員会（ＮＩＨＲＣ）の新設、アイルランド共和国政府が同国の人権擁護法制についてとるべき同等の手続きをおもな内容とした部分と、(2)北アイルランド社会を構成する地域・コミュニティ・集団——女性／社会の底辺層／言語・文化集団——のインクルージョンをめざした、イギリス政府の措置をリストした部分である。

「違いのセイフガード」によって人々の社会参加を促すという点では、(1)と(2)双方に注目すべき規定が含まれている。まず(1)の個人に保障される人権には、北アイルランドが経てきた紛争と、紛争が残した分断社会の実情を反映した権利が含まれている。なかでも、ナショナルかつ政治的な志向を民主的に追求する権利、平和的かつ合法的な方法で北アイルランドの帰属の変更を求める権利、そして階級・宗派・障害の有無・ジェンダー・エスニシティの違いにかかわらず、すべての社会的・経済的活動において機会均等が保障される権利は特筆に値しよう。

同じく(1)で新設が規定された人権委員会も、委託された任務の主要部分が、この「違いのセイフガード」に関わっている。人権委員会は、分断社会としての北アイルランドに見合った新たな人権章典を策定し、イギリスがすでに加入している「ヨーロッパ人権条約」（ＥＣＨＲ、一九五〇年）の補完をめざすとされている。なぜなら「ヨーロッパ人権条約」は、マイノリティや集団の権利の擁護では不備が明らかだからである。人権委員会は、その構成に北アイルランドのコミュニティ・バランスを反映させる一方、[18]市民社会の意見を十分に聴取するという態勢で、現在、北アイルランド版の人権章典（ＮＩＢＲ）の内容をつめている。そこには集団の権利がこれまでになく強化された形で書き込まれる見込みである。

なぜなら、人権章典策定の趣旨が、「ヨーロッパ人権条約」の補完にある点はもとより、「ベルファスト合意」自体が、人権章典を、「二つのコミュニティのアイデンティティと特質を相互に尊重し、それらに対等な敬意(parity of esteem)を払う」という根本原則に則すべし、と規定しているからである。[19]これが人権委員会自体の基本認識であることは、青少年向けのブックレットにも『違い』の尊重は、平等の保障のうえで核心に位置している」と平易に記されていることから明らかだろう。[20]

さて、人権章典に盛り込まれる集団の権利の内容であるが、考慮の対象となっているのは、北アイルランドのおもなコミュニティが、その学校に等しく助成を受ける権利、言語に関する権利、パレードやデモンストレーションに関する権利、旗やシンボルに関する権利、コミュニティの自治権などである。[21] このうち言語と教育の権利については、右記の(2)で、すでに北アイルランドの言語的多様性の尊重・理解・寛容が謳われており、アイルランド語、アルスター・スコッツ、他のエスニック集団の言語が、多様性を構成する言語として認知されている。[22] さらに(2)には、アイルランド語に関する特段の擁護規定があり、イギリス政府が、同語の振興・使用促進、同語での教育、同語による放送などの分野で実施する政策が掲げられている。[23]

集団の権利をいかに規定するか

留意しておきたいのは、北アイルランド社会を構成する集団の言語・教育権が具体的に規定されるのに先立って、イギリス政府がこれらの政策措置をとるとしている点である。和平交渉の推進者たちは、集団の権利を具体的につめるのにかかる時間、そこで生じる論争を見越し、合意締結の時点で提示しうるものを提示せざるをえなかったのではないか。ここでは最後に、集団の権利の規定過程で、実際にどのような議論が起きているかをみておこう。

次ページの表の集団の権利に関する世論調査の結果からわかるのは、プロテスタントとカソリックの集団の権利への志向に、かなりの開きがあるという点である。これが、強化される見込みの集団の権利に対する懸念や、集団の権利をどう個人の人権や個人の選択権とバランスさせるかという議論――たとえば、カソリック校の教員採用で、カソリックであることを条件にしてよいかをめぐる議論――の背景にあるのは確かだろう。この議論は、前節で指摘した、集団の権利が極大化されたときに生じる個人、および異文化・異言語集団に属する人々の人権侵害をどう防ぐかという問題を、一つの焦点としている。人権委員会は、打開策として、「マイノリティ保護のための枠組み条約」(一九九四

表　異なる「集団の権利」への志向　（1999年7月調査）　　単位：%

1．集団として対等に処遇される権利

	不可欠・望ましい	受け入れられる	受け入れがたい
プロテスタント	64	34	3
カソリック	85	15	0

2．自分たちの宗教を信じ、言語を使い、文化を謳歌する権利

	不可欠・望ましい	受け入れられる	受け入れがたい
プロテスタント	65	33	2
カソリック	82	17	0

3．本人の意思に反して特定集団の一員として扱われない権利

	不可欠・望ましい	受け入れられる	受け入れがたい
プロテスタント	65	30	4
カソリック	82	17	2

4．自分たちに関する施策の形成に実質的に参加する権利

	不可欠・望ましい	受け入れられる	受け入れがたい
プロテスタント	59	38	5
カソリック	83	17	1

5．民族自決の権利

	不可欠・望ましい	受け入れられる	受け入れがたい
プロテスタント	55	38	6
カソリック	71	23	6

6．集団固有の言語で教育を受ける権利

	不可欠・望ましい	受け入れられる	受け入れがたい
プロテスタント	47	44	18
カソリック	75	23	2

出典：NIHRC, *A Bill of Rights your questions answered*, Belfast: circa 2000. より作成。

年）の第三条一項などに準拠し、個人の選択権を相補的に保障することを考慮しているようである。[24]

ところでこの議論では、これまでマイノリティだったカソリックが、集団の権利の擁護派で、対するプロテスタントが個人の人権の擁護派であるかというと、事はそう単純ではない。表の世論調査結果に見られるように、「本人の意志に反して特定集団の一員として扱われない権利」への支持は、なぜかむしろカソリックの方で高くなっている。これが、カソリック・コミュニティの内部分化の進行によるのか、あるいはカソリックの「人権意識」の高さのゆえなのかは定かでない。しかし、北アイルランドには、カソリック・プロテスタント双方が、帰属集団の違いを理由に、個人の選択権を主張せざるをえない状況があることも忘れてはならない。紛争下で進行した相互分離のなかで今も暮す人々にとって、公営住宅への入居と学校選択での個人の選択権は切実な要求である。研究者たちは、その保障を抜きにした平等政策は意味がないと断じている。[25]

右の問題とならんで懸念されるのは、集団の権利の強化が、分離主義を助長するのではないかということである。人権委員会は、この問題を市民向けのパンフレットのなかで指摘してはいるものの、十分な議論の材料を提供しているようには見えない。[26] にもかかわらず、人権委員会はすでに、二つのコミュニティに加えて、新たな言語・文化集団からの認知要求に直面しつつある。彼らとの交渉を経て、そのうちのどれを認知するか、つまりどのような「違い」を北アイルランドで認知すべき「違い」とするかは、きわめて政治的な判断といえる（たとえばアルスター・スコッツを、アイルランド語と同等の北アイルランドの公用語とするのか否かについての判断）。それが論争から抗争に発展したとき、北アイルランド社会はさらに分極化するのでは、と危惧されなくもない。

3　ベルファスト合意と人権擁護——国境を超えて

和平合意における人権規定の位置——比較の視点

和平合意に盛り込まれた人権規定は、従来、和平交渉の取引材料とみなされ、北アイルランドの場合も、合意によって譲歩を強いられた人々——同地のイギリス残留が決まり、相変わらずそこでマイノリティとして暮し続けることになったカソリック——への見返りとして語られることが多かった。[27] たしかにカソリックからの人権擁護の声は高かったし、和平交渉の推進者たちは、合意締結に際して、彼らに対する補償措置を目に見えて示す必要があった。それが前節でふれた「ベルファスト合意」のアイルランド語への肩入れになったとみることもできる。

しかし合意の人権規定は、たんにカソリックからの求めに応じたものでも、彼らに対する文化的自治保障の代替策でもない。「違いのセイフガード」に力点をおく人権擁護は、基本的に、マジョリティ・マイノリティ双方の利益にかなっているからである。北アイルランドのようなマイノリティとマジョリティの地位が長期的にみて入れ替わりうる地域ではとりわけそうで、両者はともに人権擁護のようなセイフガードを求め、それを得てはじめて権力分掌を受け入れられる。[28] それによって社会の共有への展望も開ける。つまり人権擁護は、国家と国家の狭間に位置し、そこに暮す人々の異なる帰属意識と言語・文化権の主張のぶつかり合う地域(EFZ：Ethnic Frontier Zone)が、その帰属の如何にかかわらず、すべての人々に共有される地域となるかどうかの決め手だといえるだろう。

この点で「ベルファスト合意」はきわめて先駆的であり、合意が人権規定に託した役割は、一九九〇年代に結ばれた他の和平合意と比べて、際立ったものとなっている。たとえば、一九九六年に採択された「南アフリカ憲法」も、南アフリカ社会の所有をめぐる黒人多数派と白人少数派の間の抗争に決着をつけた一種の和平合意とみなせる。同憲法に盛り込まれた人権章典は、一般に、アパルトヘイト時代の人権抑圧を繰り返さないという新政権の意思表明と解されている。しかし和平合意における人権規定の位置づけを比較分析したベルは、南アフリカの人権章典こそ、アパルトヘイトの放棄によって一挙にマイノリティの地位に転落することになった白人たちの危機感に応えたものとみる。一九九四年、史上初の全人種参加選挙を経て発足した新生南アフリカは、ボスニアのような事実上の国家連合としてでなく、統一国家としての再出発を期していた。以来、その新たな多数派となった黒人と、かつての多数派の白人は、新憲法の制定を通じて、どのように領域・制度・組織を共有してゆくかを模索してきた。この点は北アイルランドと同じだが、南アフリカの場合、多数派と少数派の人口に圧倒的な格差があった。しかも多数派は権力分掌よりも多数決原理を志向していた。一九九三年の「暫定憲法」は、一定の権力分掌措置を規定していたものの、それはあくまでも暫定措置だった。白人少数派は当初、拒否権の確保によって、多数派支配への抵抗を試みようとする。しかしそれが容れられないとなったとき、彼らは自分たちの権益を守る手立てとして、人権規定を求めざるをえなかった[29]。

もちろん黒人多数派も、新政権の民主的性格の証とすべく、人権章典策定に積極的だった。しかし多数・少数両派は、そこにどのような権利を盛り込むかについて必ずしも合意していたとはいえない。たとえば財産権を擁護すべき権利とするかどうかについて、両者の間には大きな隔たりがあった。その結果、人権章典は包括的ではあるものの、個人の権利擁護を中心としたものに落ち着き、集団の権利と呼べるような規定は含まれなかった[30]。「ベルファスト合意」が、「違いのセイフガード」という共通理念をベースに人権規定を策定しているのとは対照的である。

広範な人権規定を擁するもう一つの和平合意として、ボスニア紛争終結時に締結された「デイトン合意」(一九九五年)が挙げられる。しかし合意の付属書六を中心とした人権規定は、北アイルランドや南アフリカのように、紛争当事者が紛争後の同地の行方をにらんで書き入れたものとはいいがたい。ベルによれば、「デイトン合意」の人権規定は、国際社会からの要請に応じたものだという。ボスニアの「民主化」を名目に紛争後も同地への介入を続けてきた国際社会は、ボスニアの主要三民族に二つのエンティティを与えて領土的自治を容認するかわりに、和平案に難民の帰還の権利を中心とした人権規定を挿入し、ボスニアに統一国家としての体裁を持たせようとした。[31] しかし、そもそも民族浄化を追認された形で発足したそれら二つのエンティティに、どこまで実効ある人権擁護を期待できただろう。現実は、一節で述べた難民帰還の困難が物語るとおりである。

ボスニアと南アフリカの事例から、和平合意と人権規定との関係について指摘できるのは次のことである。紛争当事者が和平合意によって権力分掌にこぎ着けたとしても、それが領土的自治に担保されたものになればなるほど人権擁護は省みられなくなる。それは一九九三年の「パレスチナ暫定自治に関する諸原則宣言」にもあてはまるだろう。逆に紛争当事者が合意した権力分掌が十全でない場合、人権擁護はマイノリティにとってとりわけ切実な要求事項となる。それにマジョリティがどう応じるかが、人権規定のあり方を決めることになる。

「ベルファスト合意」は、万全な権力分掌メカニズムを盛り込みながら、さらにそれをマイノリティ・マジョリティ双方が納得できる人権擁護の理念／規定でもって補完している。その理由を、プロテスタントのマイノリティ転落への不安だけでは説明しきれないだろう。論者は、そこに、権力分掌だけでは社会の共有に不十分だと看破した市民社会の働きかけが大きく作用したとみる。ボスニアのように、市民社会の意志とは無縁に——あるいはそうした市民社会自体の不在のなかで——和平合意に盛り込まれた人権規定は、構成民族の自民族中心主義の前に効力を失い、合意のなかに奉られたままになる。権力分掌の質を担保して人々の共同決定への意志と参加を引き出す力にはなりえないのである。紛争後の平和構築の目的は、本来この共同決定であるにもかかわらず、その方策にすぎない権力分掌が自己目的化し、かえって社会の共有を難しくしてしまう。

国際的な人権擁護の潮流のなかで

人権規定に大きな意味を持たせた「ベルファスト合意」の先駆性は、一九九〇年代前半に形成されたマイノリティの権利に関する国際合意に後押しされた結果でもあった。よって合意の「人権規定に補強された権力分掌モデル」が、どのような先行例を参照し、国際的な人権基準をどの程度反映したものなのかが気になる。以下では、この人権規定策定の国際環境ともいうべき側面についてふれておこう。

「ベルファスト合意」が打ち出した新しい権力分掌は、ベルギー、南チロル、オランダ、カナダ、南アフリカなどの多言語・多文化社会における先行モデルや憲法規定のあり方を参考にしている。このことは、別稿ですでに論じ、他稿にも詳しいので、ここでは繰り返さない。[32] そのかわり、権力分掌を補強し、北アイルランドの共有に道を開く人権擁護のあり方が、どのような国際環境のなかで模索されてきたかを中心に記しておこう。

一九九〇年代前半のヨーロッパでは、欧州安保協力会議(CSCE、一九九五年にOSCEに改称)の「コペンハーゲン文書」(一九九〇年)を皮切りに、次々にマイノリティの人権擁護に関する国際条約が生み出されてゆく。背景には、ソヴィエト連邦につづいてユーゴスラヴィアを解体に追い込んだ民族主義の台頭、新国家樹立を求める動き、それらを欧州安全保障への脅威とみたヨーロッパ諸国の危機感があった。ヨーロッパ諸国は、「マイノリティの権利を伸長させる一方で、人権侵害やマイノリティの抑圧が地域の平和と安全を脅かすとして、こうした問題を内政不干渉の原則からはずし」[33] ヨーロッパ全域で守るべきルールを確立してきたのである。

なかでも一九九四年にヨーロッパ審議会加盟国の間で結ばれた「マイノリティ保護のための枠組み条約」(以下「枠組み条約」)は、前記の「コペンハーゲン文書」そして一九九二年の国連による「民族的・宗教的・言語的マイノリティに属する者の権利宣言」とならんで、「ベルファスト合意」の人権規定に大きな影響を及ぼした。これらの人権文書が異口同音に規定するマイノリティの、社会の政治・経済・文化すべての局面での「実質的参加」は、合意が何をおいてもみたすべき要件とされた。そして成立した合意は、その要件を十分にみたしていると評価された。[34]

和平プロセスをとおして人権擁護を標榜してきた市民社会も、これらの人権文書を後ろ楯にしていた。たとえば先述のマルホランドの主張も、「枠組み条約」第一五条の「締約国は……マイノリティに影響を及ぼす施策の形成について、その実質的な参加のための条件を整えるものとする」に依拠したものと思われる。合意締結を目前にした時期に実施された世論調査でも、合意の人権規定のあり方についての質問項目は、国際的な人権条約に盛り込まれた諸権利をふまえて設定され、それらが北アイルランドでも保障されるべきかどうかが問われた。北アイルランドの市民が、そうした形で、マイノリティの権利に関する国際水準を知らされるというのも興味深い。

このように「ベルファスト合意」は、一九九〇年代に醸成されたマイノリティの人権に関する国際基準を十分に反映したものだった。ここで留意しておきたいのは、そうした基準が、既存の国境線を尊重しあいながら、その内側に取り込まれたマイノリティの人権を擁護するというヨーロッパ諸国の合意の産物だったことである。北アイルランドのイギリス残留、すなわちイギリス・アイルランド間の国境線の現状維持を大前提とする「ベルファスト合意」は、その点でもヨーロッパ諸国の合意を踏襲しているのである。[35]

おわりに

既存の国境線を尊重することを前提に生み出されたマイノリティの擁護条約が、国境や主権を超える取り組みについて規定していて、国境・主権の不可侵性を自ら揺るがしているように見えるのは、皮肉なことである。たとえば先述の「コペンハーゲン文書」や「枠組み条約」はともに、隣接国が二国間条約などを通じ、北アイルランドのようなＥＦＺに居住するマイノリティを擁護することを規定している。それが、係争地としてのＥＦＺに対する隣接国の国境を超えた発言権を認めることにつながるのは、北アイルランド問題でイギリス・アイルランド両国が締結した一九八五年の「イギリス・アイルランド条約」が示すとおりである。

同条約は、北アイルランドのプロテスタント多数派にすれば、自分たちの庇護者であるべきイギリスが、自分たちの頭越しに、自分たちの社会へのアイルランドの介入を許すものであり、到底容認できないものだった。しかしカソリック少数派にすれば、見方はまったく逆だった。彼らは意に反して引かれた国境線にその共同体を分断されていると考えてきたからである。彼らがそう考え続ける限り、EFZにおける紛争の解決は困難である。そこで、彼らの権利の擁護について、彼らが本来の帰属国とする隣国の発言権を認めてゆく。[36] それが、国境の引き直しによって彼らが状況を打開しようとするのを抑止するうえで役立つ。「イギリス・アイルランド条約」は、その先駆的事例だったのである。

「ベルファスト合意」によって設置されることになった「南北諸機関」も、このマイノリティの権利擁護に関する二国間協力の流れに位置づけられる。同機関は、イギリス・アイルランド両国政府が、国境を超えるか全島レベルの問題とみなした事項に、共同で取り組むための組織とされている。[37] すでに設置された機関の一つに、「南北言語機関」がある。EFZにおけるマイノリティ言語の振興や保全には、その使用を地域内の公私両空間で保障するだけでなく、その話者が国境の向う側に暮す話者と自由に交流できるようにしなければならない。それは、「ヨーロッパ地域・少数言語憲章」が掲げた基本原則の一つの「マイノリティ言語の話者同士の国境を超えたつながりを育むこと」にもなっている。南北言語機関は、こうした目的を、アイルランド語とアルスター・スコッツの双方について、追求するという合意の履行機関なのである。[38]

右記の国境を超える取り組みは、EFZで現在マイノリティの地位にある集団をおもなターゲットとしている。しかし、将来マイノリティに転じうる集団の不安を緩和するための策も国境を超えて講じられる必要がある。この点で、アイルランド共和国が、北アイルランドと同等の人権擁護政策をとるとした「ベルファスト合意」の規定[39]は見逃せないものである。それは共和国に、北アイルランド同様の人権委員会の設置、イギリスが批准済みの「枠組み条約」の早期批准、そして平等関係法の導入などを求めていて、まずはイギリス・アイルランド両国の人権擁護法制の平準化がめざされている。これが実現され、アイルランド全島レベルのインクルーシヴネスが確保されれば、マジョリティは、少なくともそのアイデンティティを守るために国境の現様にしがみつく必要はなくなる。

こうして国境を超えてマジョリティ・マイノリティ双方の人権とアイデンティティをセイフガードしてゆくことで、両者による社会共有の素地が整えられる。そこでさまざまな平和構築・和解活動を営みながら、着実に社会の共有をめざしてきた市民たちを、地域が、そして関係国が国境を超えて支援してゆけば、和平プロセス自体のセイフガードもいっそう確かなものになるだろう。

1　今日の北アイルランドでプロテスタントとカソリックということばが用いられるとき、そこには宗派帰属と不可分の政治志向が含意され、彼らのエスノ・ポリティカル・アイデンティティが語られているといってよい。よってプロテスタント・ユニオニスト、そしてカソリック・ナショナリストという表現が成り立つわけである。そのユニオニズムとナショナリズムであるが、概要を次のようにまとめることができる。北アイルランドの帰属をめぐる問題で、これまでどおりイギリスとのユニオン、つまりイギリスへの残留を続けたいとする人々をユニオニストと呼ぶ。それに対して、南のアイルランド共和国への帰属変え、つまりアイルランドの南北統一を求める人々がナショナリストである。ここであわせて北アイルランドの宗派別人口構成について記しておく。一九九一年センサスによると、北アイルランドの総人口は一五七万七八三六人で、その内の四一・五％がカソリックと推計されている。プロテスタントは、総人口からカソリックを引いた残りにほぼ等しいといってよく、プレスビテリアン（彼らが最大グループで、総人口の二一・四％を占める）と他の諸派からなっている。二〇〇一年のセンサスでは、カソリック人口は四五％に達していると見られる。紛争下にあった過去三〇年の間、ほぼ二対一だったプロテスタントとカソリックの人口比がまもなく一対一に近づくという見通しは、ユニオニストの、いよいよ多数派の地位を明け渡さざるをえないという不安を掻き立てている。

2 Boyle, K. and T. Hadden, "Northern Ireland," in Blackburn, R. and R. Plant, eds., *Constitutional Reform The Labour Government's Constitutional Reform*, Harlow: Longman, 1999, p.290.

3 Irwin, Colin, *Separation or Sharing? A Queen's University/Rowntree Survey Report*, Supplement to *Fortnight*, no.356, 1996 (hereafter Fortnight 1996), pp.14-15.

4 Lijphart, Arend, "The Framework Document on Northern Ireland and the Theory of Power-sharing," *Government & Opposition*, vol.31, no.3, 1996, pp.269, 274.

5 Ibid., p.271.

6 Ibid., p.272. 北アイルランドの分離教育については、分田順子「北アイルランドの宗派・教育・雇用(2)統合教育の隘路」『都留文科大学研究紀要』第四七集、一九九七年を参照されたい。

7 Bell, Christine, *Peace Agreements and Human Rights*, Oxford University Press, 2000, p.213.

8 加藤普章「統合モデルとしての多文化主義——アメリカとカナダの事例から」吉川元・加藤普章編『マイノリティの国際政治学』有信堂、二〇〇〇年、一六八頁。Roulston, Carmel, "Democracy and the Challenge of Gender: New Visions, New Process," in Roulston, C. and C. Davies, eds., *Gender, Democracy and Inclusion in Northern Ireland*, Basingstoke: Palgrave, 2000, p.34.

9 橋本敬市「ボスニア・ヘルツェゴヴィナ『民主化』にむけた制度的介入——国家再建のための国際社会の役割」(博士論文、大阪大学大学院国際公共政策研究科、平成十三年度提出)、三八頁。

10 和平プロセスに対する市民社会の働きかけについては、Byrne, Sean, "Consociational and Civic Society Approaches to Peacebuilding in Northern Ireland," *Journal of Peace Research*, vol. 38, no. 3, May 2001 および Cochrane, F. and S. Dunn, *People Power? The Role of the Voluntary and Community Sector in the Northern Ireland Conflict*, Cork: Cork University Press, 2000. が、北アイルランドの多様な市民組織と活動について論じている。その一端を紹介した分田順子「記憶の分断／分断の記憶を超えて——北アイルランドにおける新たなStorytelling の試み」都留文科大学比較文化学科編『記憶の比較文化論——戦争・紛争と国民・ジェンダー・エスニシティ』柏書房、二〇〇三年もあわせて参照されたい。

11 Mulholland, Marie, "The Challenge to Inequality: Women, Discrimination and Decision-making in Northern Ireland," in

Moser, C. O. N. and F. C. Clark eds., *Victims, Perpetrators or Actors?*, London: Zed Books, 2001, p.176.

12 たとえば一九九六年の和平会談への代表選出を機に結党された北アイルランド女性連合（ＮＩＷＣ）は、以来、インクルージョン、人権、平等を基本理念としてきた。ここにいうインクルージョンは、何よりもまず、これまで政治過程から排除されてきた女性や社会各層の政治参加を可能にすることだが、同党は、そうした人々の異なる帰属・経験・志向に配慮し、それが等しく尊重される社会の建設をめざすとしている（ＮＩＷＣのホームページを参照）。

13 Cockburn, Cynthia, *Space Between Us Negotiating Gender and National Identities in Conflict*, London: Zed Books, 1998, p.89.

14 *The Belfast Agreement* (hereafter BA), An Agreement Reached at the Multi-Party Talks on Northern Ireland–presented to Parliament by the Secretary of State for Northern Ireland by Command of Her Majesty (Cmnd 3883), Declaration of Support, para.5.

15 BA, Strand One (hereafter SO), "Democratic Institutions in Northern Ireland," para.5: Safeguards; BA, Rights, Safeguards, and Equality of Opportunity–Human Rights (hereafter HR), para.1–13; BA, Rights, Safeguards, and Equality of Opportunity–Economic, Social and Cultural Issues (hereafter ESC), para.1–5.

16 BA, SO, para.34.

17 Democratic Dialogue, Report 9: *New Order? International Models of Peace and Reconciliation*, Belfast, p.7; Young, Iris, *Inclusion and Democracy*, Oxford University Press, 2000, p.194.

18 BA, HR, para.5.

19 BA, HR, para.4.

20 Northern Ireland Human Rights Commission (hereafter NIHRC), *Making a Bill of Rights*, Belfast, 2001.

21 NIHRC, *Discussion Pamphlet 'Culture & Identity,'* Belfast: 2000 (hereafter NIHRC–CI), p.9.

22 BA, ESC, para.3. アルスター・スコッツは、スコットランドから北アイルランド（アルスター地方）への入植民の流れをくむ人々が用いてきたことば。それを固有の言語と見るか、英語の地方語と見るかで意見がわかれてきた。イギリスは、「ヨーロッパ地域・少数言語憲章」（一九九二年）の調印に際し、同語とアイルランド語の双方を、憲章第二部の規定にそくして擁護すべき言語に認定した。

23 Ibid., para.4.

24 NIHRC, *A Bill of Rights your questions answered*, Belfast : circa 2000.
25 Fortnight 1996, p.14.
26 NIHRC–CI, p.11.
27 Democratic Dialogue, op. cit., pp.5–6.
28 ここでは、カソリックだけなくプロテスタントも人権擁護を求めていたことを強調しておきたい。力点は違うにしても、人権擁護は、双方のコミュニティの最底辺に位置する人々からの共通の要求項目だった。彼らの声を交渉過程に仲介したのが、コミュニティ横断政党の北アイルランド女性連合であり、政治志向では両極に位置する共和主義政党シン・フェインとロイヤリスト政党PUPだった(Bell, op. cit., p.195)。人権擁護は、他では妥協の困難な交渉当事者が、唯一合意しうる交渉課題だったわけである。和平交渉の推進者たちは、彼らを交渉の土俵にとどめておくためにも、彼らの要求に応じる必要があった。彼らを疎外したまま、和平プロセスを前進させられないことを、一九七四年の苦い経験をとおして学んでいたからである。
29 Bell, op. cit., p.195; 藤本義彦「南アフリカの民主主義定着にむけて」吉川・加藤編所収、四七頁。
30 Bell, op. cit., pp.206–208.
31 Ibid.,177; 橋本敬市「ボスニア・ヘルツェゴヴィナにおける中央機関の強化――機能する国家再建の模索」『国際公共政策研究』第六巻、第一号、二〇〇一年九月、一二二頁。
32 Boyle and Hadden, op. cit.; 分田順子「紛争の終結から分断の超克へ――北アイルランドにおける社会共有の模索」吉川・加藤編所収。
33 吉川元「マイノリティの安全と国際安全保障」吉川・加藤編所収、二四〇頁。
34 Hadden, T. and E. Craig, Centre for International and Comparative Human Rights Law, School of Law, Queen's University of Belfast, *Integration and Separation Rights in Divided Society*, Supplement to *Fortnight*, no. 384, 1999, p.25.
35 Ibid., p.19.
36 バーンはそうした国を「エスニック集団の後見国」(external ethno-guarantor)と呼び、その役割を評価している(Byrne, op. cit., p.336)。
37 BA, Strand Two, North/South Ministerial Council, para.9.

38　南北言語機関は、アイルランド語のための Foras na Gaeilge とアルスター・スコッツのための Ulster-Scots Agency からなる。

39　BA, HR, para.9.

III

国家と共存して

共通の安全と紛争解決

第七章

地球規模問題の解決をめざして

「もう一つのガヴァナンス」とＮＧＯネットワーク

上村雄彦

はじめに

オゾン層破壊、地球温暖化などの地球環境問題、途上国の飢餓・貧困問題、途絶えることのない紛争など、現在の地球社会はさまざまな深刻な問題に直面している。今後地球社会はどうなっていくのか、一体誰がどのようにしてこれらの問題を解決することができるのか、そして私たち市民にできることは何なのか。

本章ではそれらの問いに答えるべく、まず「宇宙船地球号」の実態を概観し、その深刻な問題の根本原因を探求したい。その後、これまで「地球号」の主役であった国家や国連が地球規模問題の解決にどの程度有効なのかということを、国連持続可能な開発に関する世界首脳会議（ヨハネスブルグ・サミット）を事例に考察する。同時に、もう一つの主役であるＮＧＯ（非営利の民間団体）の現状と問題点を明らかにしながら、今後の可能性をネットワークという観点から考えてみたい。その際、特に「もう一つのガヴァナンス（世界統治）」をめざす多様なＮＧＯやネットワークが織りなすドラマを吟味しながら、地球規模で環境と調和した平和な社会を実現するために必要な鍵と道筋を一緒に見つけていきたいと思う。

1　沈みゆく「タイタニック号」

加速する地球環境破壊

環境問題は一般に知られているよりはるかに深刻であり、身近なところにも存在する。たとえば、ダイオキシンはおもにゴミを燃やすことで発生するが、非常に毒性が強く(サリンの数倍、青酸カリの数千倍の毒性)、アレルギー、アトピー、ガン、免疫低下、奇形、生殖機能の異常、ホルモン代謝異常など人体にさまざまな悪影響を及ぼしている。[1]

このような悪影響はダイオキシンのみならず、農薬、プラスチック、カップ麺の容器、ラップ類、洗剤などに含まれる化学物質も、体内でホルモンをかく乱し、生殖機能の異常などを引き起こしている。これらは環境ホルモンと呼ばれているが、私たちが日常ごく普通に使う多くのものにも環境ホルモンが含まれている。[2]

ダイオキシンや環境ホルモンによる生殖異常に関連して、帝京大学が日本人の健康な若者三四人の精液を調べたところ、精子の濃度や運動率が世界保健機関(WHO)の基準を満たした男性は実に一人しかいなかったことが判明した。この調査はダイオキシンや環境ホルモンのせいで若い年代ほど精子数が減少し、異常率が高まり、このままでは将来子供が生まれなくなる可能性さえ示している。[3]

地球環境問題に目を転じてみると、フロンが原因でオゾン層が破壊され、DNAを傷つける有害な紫外線Bが増加し、世界中で人体への被害が広がっている。オーストラリアでは過去七年間で皮膚ガンによる死亡件数が二倍になり、アメリカ環境保護庁も「二十一世紀中にアメリカ全人口の四分の三が皮膚ガンになる」と予測している。[4]ここ日本でもオゾン層破壊が進み、全国的に紫外線Bの強度が年々強まり、皮膚ガンによる年間死亡者数が増加、専門家は「裸で日光浴なんて自殺行為」「紫外線、がんのもと」と警告している。[5]ちなみに、あと二〇年ほどでオゾン層の三分の二が破壊される可能性も指摘されているが、もしすべてのオゾン層が消失したら、陸上では一切の生命は生存できなくなる。[6]

さらに深刻なのが、地球温暖化である。気候変動に関する政府間パネル（IPCC）によると、二一〇〇年までに地球の平均気温は一・四〜五・八度上がり、海面も九〜八八センチ上昇する。[7]もし気温が二度、海面が五〇センチ上昇した場合、日本では九〇兆八〇〇〇億円の資産が水没で失われ、洪水防止に必要な費用は約一〇兆円かかる。また、農業への影響では、最悪の場合中国で米の収穫量が七八％、モンゴルで小麦の収穫量が六七％減少する。[8]これは百年後の話ではなく、もし早急に二酸化炭素の排出を二〇％削減できなければ、あと一〇年ほどで気温が急上昇し、生態系や食糧生産に多大な影響が出ることが懸念されている。[9]

ここに挙げた問題は、数ある環境問題のほんの一例にすぎない。その他にも、毎秒東京ドーム一個分の割合で破壊され、このままでは百年以内にすべて消失する森林破壊の問題、酸性雨、砂漠化、水資源の危機など問題は山積している。これらの問題は同時並行で起こっており、それらをトータルにとらえたとき、現状の地球はしばしば「氷山にぶつかったタイタニック号」状態に例えられる。つまり、環境問題は遠い未来の問題ではなく、近い将来私たちが生存できるかどうかの問題なのである。

広がる貧富の格差と迫りくる食糧危機

この「宇宙船地球号」ならぬ「タイタニック号」のなかで三等船客、つまり途上国の人々は貧困にあえぎ苦しんでいる。世界全体では八億人が飢餓で苦しみ、毎日三万五〇〇〇人の子供たちが飢餓や栄養不足で死んでいる。これまで政府開発援助など多大な努力が払われてきたが、状況は悪化している。一九六〇年に三〇対一だった貧富の格差は、一九八九年に五九対一にまで広がり[10]、近年のグローバリゼーションの進展によって、二〇〇一年にその比率はついに一〇〇対一になったと推定されている。このように一等船客(先進国)が贅沢三昧の生活でダイエットに励む裏側で、船底の三等船客は飢餓と貧困に打ちひしがれているのである。

しかし、今後は一等船客もこの生活を続けることは不可能になる。なぜならこれから人口が爆発的に増え、このままでは食糧が絶対的に不足する事態に直面するからである。一九〇〇年に一六億人であった世界人口は、その後一〇〇年で六〇億人を越え、二〇五〇年には九三億人になると予測されている。これまでは、農地の拡大と農業の近代化などによる生産性の向上で急増する人口を養ってきたが、農地の拡大はすでにほぼ限界点に達し、農業の近代化による生産性の向上もついに頭打ちになった。その結果、急増する人口に食糧生産が追いつかず、二〇三〇年には世界全体で五億二六〇〇万トン、つまり約一五億人分の食糧が不足することが予測されている[11]。そこに、先に見た温暖化や森林破壊、水不足の影響などを考えると、このままでは食糧危機は避けられない状況に近づいているといわざるをえない。

絶え間なく続く紛争

この「タイタニック号」の沈没を防ぐためには、すべての船客が力を合わせて事にあたらなければならない。しかし、この船のなかで起こっていることは、絶え間のない争いである。すでに第一次世界大戦で一〇〇〇万人、第二次大戦では三〇〇〇万〜六〇〇〇万人の人命が失われたが、その苦々しい経験にもかかわらず、第二次大戦終了後も世界一五一カ所で紛争や内戦が勃発し、戦死者は一億人に上っている[12]。

拳銃、自動小銃、機関銃などの小型武器は、この二〇年間で毎年六〇〇万丁生産され、およそ五億五〇〇〇万丁の武器が世界中に存在し、二〇〇〇年だけで少なくとも百五〇億発の弾薬が生産されている。[13] そして、この「タイタニック号」のなかには、実に一億二〇〇〇万個以上の地雷が埋め込まれ、一日に七〇人が足や手を吹き飛ばされ、命を失っている。その「悪魔の兵器」を地上から葬り去るために、NGOなどが年間約一〇万個の地雷を撤去しているが、その一方で私たち人類は毎年二〇〇万から五〇〇万個の地雷を新たに埋設している。[14]

さらに、地球に住むほぼすべての生命を一瞬にして消滅させる核兵器を五大国は現在も所有している。その核弾頭数は三万発以上で、全人類を一〇回以上殺傷することができる。[15] 今後地球環境問題のさらなる悪化とともに、食糧危機、水不足、エネルギー・資源の枯渇が予測され、他方ますます広がる経済格差、先鋭化するイデオロギーや宗教の対立、多発するテロなどを考慮すると、この先核兵器が使われる可能性は到底ゼロとはいいきれない。

地球環境問題、貧困問題、食糧不足や資源の枯渇、そして紛争など、このままでは破局が避けられない。一体なぜこのような状況になってしまったのだろうか。その解決のために何をすればよいのだろうか。次節ではその原因と解決の方向性を探る。

2　根本原因を探る

地球環境問題の根本原因

オゾン層破壊や地球温暖化などそれぞれの問題には多種多様な原因があるが、これらに共通する根本原因の一つとして、先進国の大量消費、大量廃棄がある。たとえば、私たちが大量にモノを消費し、廃棄することで、大量にゴミが発生するが、その総量を抑えるために大量にゴミを燃やすことでダイオキシンが発生する。オゾン層破壊は冷房、冷蔵庫、断熱材などでフロンを大量に使い、大量に廃棄することによって、温暖化は私たちが大量に電気、ガス、ガソリンなどを使い、二酸化炭素が大量に放出されることによって起こる。森林破壊は、商業伐採、換金作物栽培、資源開発などが原因であるが、私たちが大量に紙を使い、換金作物を食べ、資源を使うライフスタイルがそれらを引き起こしている。

これら先進国の人々による大量消費、大量廃棄を地球規模でトータルにイメージできるものとして、

50億人×1＋10億人×100＝1050億人

という数式がある。これはおもに途上国に住む貧しい人々（三等船客＝五〇億人）は生存のために最低限必要な消費、廃棄をしているが、裕福な先進国の人々（一等船客＝一〇億人）はその一〇〇倍もの消費、廃棄をしており、地球全体としては貧しい人のレベルで一〇五〇億人分の消費や廃棄が行われているということを表している。[16]

一方、地球は一体どのくらいの資源や食糧を永続的に供給し、人口を養うことができるのだろうか。それは途上国の人々の生活レベルで約一〇〇億人と推定されている。[17] 換言すれば、現在の消費・廃棄のレベルは地球の許容量を一〇倍オーバーしており、その結果が地球環境問題、資源の枯渇の問題などさまざまなかたちで現れていると考えることができる。

先述の式を見たときに、問題解決のために変えるべきところは先進国の過剰な消費・廃棄であり、しかもその消費・廃棄を大幅に抑制する必要があるということが理解できる。

大量消費・大量廃棄と途上国の貧困問題

飢餓・貧困問題も諸々の原因が考えられるが、実は先進国の大量消費、大量廃棄とも強く関連している。たとえば、途上国からコーヒー、紅茶、バナナ、たばこ・えびなどの換金作物を大量に輸入すると、これまで伝統的作物を栽培していた農地が換金作物栽培に転換され、結果としてその国の食糧自給率が低下する。また、単価が安い換金作物栽

培で十分な収入を得るためには、大量に生産をしなければならないが、そのために多くの労働力が必要になり、それが多産を引き起こすことになる。その結果人口が増え、一人あたりの食べ物や賃金が減り、貧困に陥る。その状況を逃れようとさらに換金作物を生産することで、ますます価格が下落し、収入が減り、貧困状態から抜けられなくなるという「換金作物の罠」に陥る。つまり、毎日海外からの食べ物を大量に口にする先進国、特に食糧輸入量が世界一の日本の私たちの生活そのものが、途上国の人口爆発、飢餓・貧困の一大要因になっているのである。[18]

世界の紛争問題との関係

さらに、紛争問題も私たちの大量消費、大量廃棄と関係している。冷戦時代、多くの紛争はイデオロギー闘争やアメリカ・旧ソ連の代理戦争の様相を呈していたが、今日の紛争はイデオロギーよりも資源の支配や略奪をめぐるものになっており、鉱物や木材をはじめとする経済価値のある産品に富む土地を占領し、市場への流通の拠点を支配することにますます重点が移ってきている。[19] 実際に、二〇〇〇年に世界中で起こった四九の武力紛争の四分の一は、資源採取と深く関わっている。

たとえば、コロンビア、ナイジェリア、インドネシアなどは石油が、パプアニューギニアやエクアドルは銅が、カンボジアはサファイア、ルビー、木材が、アンゴラやシエラレオネではダイヤモンドが、コンゴ民主共和国ではタンタル鉱石が紛争の大きな要因になっている。この点について、シエラレオネのカマラ国連大使は二〇〇〇年七月に「シエラレオネの」紛争はイデオロギーに基づくものでも、部族的なものでも、地域間対立によるものでもないと私たちはこれまでずっと主張してきた。紛争の原因は一から一〇まですべてダイヤモンドなのだ」と語っている。[20]

ここで重要なことは、それらの資源を誰が大量に購入しているかということである。石油や銅、木材はもちろんのこと、ダイヤモンドなどの貴金属は裕福な一等船客、つまり先進国の人間によって購入されている。タンタルは超小型コンデンサーの製造に欠かせない物質で、携帯電話、ノートパソコンなどの電子機器で使用されているが、それらを使っているのも一等船客である。しかし、紛争地域の資源を大量に購入すれば、紛争をしている当事者に収入が入り、それが武器に変わる。つまり、私たちが何も知らずに紛争地域の資源を大量に使い、捨てる行為自体が紛争に油を注いでいるのである。

問題解決の方向性

このように、地球環境破壊も、貧困問題も、そして紛争も、すべて先進国の大量消費、大量廃棄が関わっていることがわかる。この大量消費・廃棄を抑制するためには、まず先進国の人々の意識改革が不可欠であり、そのためには、政府、ＮＧＯ、企業などあらゆるアクターが地球規模問題の実態を理解し、広く伝えていく必要がある。各人が現状を知り、原因を理解し、どうすればよいかがわかることで、各々が大量消費、大量廃棄のライフスタイルを転換することが可能になるはずである。さらに、現状の経済システムのなかに環境の価値とコストを内部化する、グリーン経済の導入が要請される。それによって、資源やエネルギーの価格が大幅に上昇し、必然的に先進国での消費は下がる。グリーン経済の導入のためにも、そして意識改革をはかるためにも、先進国のあらゆるレベルで環境教育を展開することも急務であろう。

さらに、その実施に向けて、国家だけでなく、諸々のアクターが参加し、実践するためのメカニズム、たとえば各自治体レベルで、市民、行政、企業がパートナーとして協働するための仕組みである「環境市民会議」を創設したり、多様なアクターを国際的にネットワーク化し、問題を解決するための枠組の構築、すなわち、グローバル・ガヴァナンスの構築が必要になってくる。以上のことを念頭において、では一体誰がこのような取り組みを進めることができるのかということを見ていきたい。

3　苦闘する国家——国連持続可能な開発に関する世界首脳会議の現実

まず最初のアクターとして、これまで国際社会の主役を演じてきた国家と国連が、地球規模問題、特に地球環境問題と貧困問題の解決にどのように取り組んできたのか、そしてどの程度有効だったのかを、二〇〇二年に南アフリカ共和国で開催された国連持続可能な開発に関する世界首脳会議（ヨハネスブルグ・サミット）を事例に見てみよう。

ヨハネスブルグ・サミットは、一九七二年の国連人間環境会議、一九九二年の国連環境開発会議（リオ・サミット）に続く三回目の「地球サミット」で、世界から推定五万人が参加したこれまでで最大の国連会議であった。リオ・サミットでは、世界の首脳が環境の危機と貧困問題の解決を訴え、これらを解決するための具体的な行動計画「アジェンダ二一」を採択した。しかし前節で見たとおり、それにもかかわらず地球環境破壊や貧困問題は日に日に悪化している。その理由は、リオで決まったことがほとんど実施されていないからである。その認識のもとに、ヨハネスブルグでサミットが開催された。

サミットのポイントと結果

サミットには世界から一九四カ国が参加した。貧困問題から環境問題、水、健康、エネルギー、グローバリゼーション、貿易など、非常に幅広い分野で議論が行われ、「世界実施文書」と「政治宣言」を採択し、「約束文書」を発表して閉幕した。サミットの鍵は実施をいかに進めるかであったが、その点で特にポイントだったのは、パートナーシップ、具体的な数値目標、グローバル・ガヴァナンスの三点だった。

パートナーシップという考え方が出てきた背景には、これほどまでに大きな問題を政府や国連だけで解決するのは不可能、だからこそ、関係するすべてのアクターが解決のプロセスに参加し、たがいにパートナーとして手を取り合って問題を解決していこうというところにあった。その精神に基づいて、サミットの会期中、一方で「パートナーシップ・セッション」というテーマごとにNGOや関連団体、政府間で対話が行われ、その結果が文書化され、他方であらゆるアクターの組み合わせによる数々のパートナーシップ・プロジェクトを取りまとめた「約束文書」も発表された。

しかし、「パートナーシップ・セッション」の最中に、サミットで一番の目玉になる「世界実施文書」の文言を詰める論議が政府間で行われ、また「約束文書」もあくまでも自主的に「パートナーシップ・プロジェクト」を行うと宣言した文書であって、モニタリング（監視）や評価も含めて具体的な成果は何も保証されていない。つまり、結果的にこのパートナーシップは理念レベルにとどまってしまったといわざるをえない。

また、実施には何をいつまでにどの程度達成するのかという数値目標が欠かせない。たとえば、エネルギーの分野でEUは、二〇一〇年までに世界のエネルギー供給に占める再生可能なエネルギーの比率を一五％まで高めるという提案をしていた。しかし、特に産油国とアメリカや日本など一部の先進国グループの反対によって、数値目標は水、公衆衛生、生物多様性など一部の分野を除いて次々と削除されていき、エネルギーにいたっては、数値目標が完全に消却された。

そして、実行のためには、あらゆるレベルで実施のための仕組み、つまりグローバル・ガヴァナンスの構築が欠かせない。サミットでは、国連や世界貿易機関（WTO）など既存の統治の仕組みを改革しながら、新たなガヴァナンスの模索、たとえば世界中の市民やNGOもこの仕組みの一翼を担っていくための論議が行われていた。しかし、先進国は途上国内の「良い統治（グッド・ガヴァナンス）」、つまり民主主義や資金の透明性を求め、途上国はWTOの改革も含めて国際レベルで統治の仕組みをつくり直すことを主張するなど両者の対立は深く、溝を埋めることができないまま終結した。さらに、国際レベルで市民やＮＧＯが参加するためのガイドラインを創設するという条項にいたっては、完全に削除された。

また、前節の根本原因との関連で重要だったのは、持続可能な生産と消費、そして環境教育であった。先進国の大量生産、大量消費、大量廃棄が問題であることはサミットでも十分認識されており、持続可能な生産と消費はサミットで採択された「世界実施文書」の大きな項目の一つになっていた。最終的に「持続可能な生産と消費のための十年計画」という項目が掲げられたこと、市民の意識向上や教育の重要性が盛り込まれたことは積極的に評価できたが（一四項）、もっとも重要な各国がグリーン経済に転換していくという点に関しては「環境コストの内部化と経済的手法の導入を推進し続ける」という表現が一文入っただけで終わった（一八項）[21]。

環境教育に関しては、日本のＮＧＯが提言した「持続可能な開発のための教育の一〇年を国連総会に提案する」という項目が日本政府の支援を受けて「世界実施文書」のなかに取り入れられ（一一七項）、日本政府もその実施のために五年間で二五〇〇億円を拠出することを約束し、注目を浴びた。しかし、日本政府の援助は途上国向けであり、これを提案した日本のＮＧＯの間でも「持続可能な開発のための教育」とは何かということで意見が一致していないのが現状である。

以上のように、水や公衆衛生の分野で具体的な進展が見られ、ロシアやカナダが地球温暖化防止のための京都議定書を批准することを表明するなどの成果はあったものの、結局サミットは特に実施という観点で期待された成果を上げることがないまま終結したのである。

「上からのガヴァナンス」の限界

サミットに出席してあらためて痛感したのは、政府間交渉や国連をベースにした「上からのガヴァナンス」の限界である。各国政府代表団はそれぞれに国益、つまり自国のお金と経済に縛られており、それに悪影響があるような条文にはことごとく反対していくので、実施文書や条文は環境破壊や貧困問題を本当の意味で解決していけるような内容にはなりにくい。

また国連は、そのような国益を持つ各加盟国から構成されているが、世界政府のように加盟国を超越した存在ではなく、加盟国が議論を行うための中立的なフォーラムの場であり、その議論に情報を提供し、決定したことを実施していくための行政機関にすぎない。すなわち、ヨハネスブルグ・サミットの主役はあくまでも国家であり、国連はサミットという問題解決のためのお膳立てはできても、あくまでもその成否は国益という限界を抱えた各国政府代表団が握っているのである。

他方、国益にとらわれず行動できるNGOは、サミット会期中、毎朝NGO戦略ミーティングを開催し、会議の最新の情報を共有し、ロビイング戦略などを討議していた。また、争点ごとに「コーカス」と呼ばれる専門グループ会合を開いて、各々地球や未来の視点から数々の提案をしていた。NGOは再生可能エネルギーの数値目標などあらゆるテーマで積極的な提案を行い、活発にロビー活動を行い、別会場では数え切れないほどのサイドイベントを開催し、デモ行進なども行っていた。しかし、結果として彼らが実際に会議に与えた影響は残念ながら限られたものだった。

このように、政府代表団は国益に縛られ、国連は議論の場や情報を提供するだけであり、NGOは力が不十分であった。その結果が、特に目新しい成果もなく、あまり実行力をともなわない文書の採択という結末に終わってしまったといえるだろう。もしそうだとするならば、この地球の危機を救うために一体誰が何をどうすればよいのだろうか。

4 NGOネットワークと「もう一つのガヴァナンス」

なぜ今ネットワークなのか

先に見たとおり、現状の国連や政府間交渉では「タイタニック号」の沈没を止めるのは困難である。他方、世界には無数のNGOが、環境、貧困、女性などあらゆる分野で活躍し、なかには世界自然保護基金（WWF）のように世界に四七〇万人もの会員を持つ巨大NGOも存在する。また、重要な国際会議の政府代表団にNGOが入ることも当然になってきている。このように、NGOの存在感や影響力は以前とはくらべものにならないほど増大している。

しかし、前節で見たとおり、実際にNGOがサミットで与えることのできた影響は限定的なものであった。その大きな理由は、それぞれのNGOはあまりにも個別に活動していて、強固なつながりがないからである。そのために、彼らが影響を及ぼせる範囲は部分的になり、与えられるインパクトも非常に限られたものになったといえる。

他方、もし市民やNGOがそのことを真剣に受け止め、パートナーシップを組み、地球規模のネットワークをつくって、現在の深刻な状況やその根本原因、ヴィジョン、そして成功例などを共有することができれば、世界レベルで人々の意識が変わる可能性が生まれる。さらにそのネットワークで一斉に行動を起こすことができれば、各国の政策を変えることもできるであろう。

一九九七年にノーベル平和賞を受賞した地雷禁止国際キャンペーン（ICBL）も、その成功の理由としてネットワークを挙げている。ICBLとつながったNGOがそれぞれの国で地雷の状況を調査、監視し、ネットワークを通じて情報を全体で共有し、各国政府にさらなる圧力をかけていくという手法で、ICBLは対人地雷禁止条約を締結させることに成功したのである。[22] このように、ネットワークこそが市民やNGOがより大きな力を発揮できる鍵なのである。

このネットワークを考察するにあたって、私は少なくとも内発的発展、エコビレッジ（環境調和社会を試みている共同体）、地球市民教育、そして「もう一つのガヴァナンス」を推進しているNGOや運動体が相互に連携する重要性をここでは指摘したい。

まず、内発的発展とは、途上国で環境を破壊することなく、貧困問題を解決するための重要なアプローチである。それは欧米の考え方を「上から」押しつけるのではなく、住民たちが自らの伝統や文化を再発見し、心の「内側から」動機づけがはかられることで、自らの潜在能力に気づき、自ら問題を発見、解決できるプロセスを推進する農村開発運動である。[23]

この内発的発展を推進しているNGOとして、スリランカのサルボダヤ・シュラマダーナ運動やブルキナファソのナーム運動などが挙げられる。サルボダヤ運動とは、スリランカの伝統と仏教に基づいて行われている農村・人間中心の発展をはかる草の根の農村運動で、一九五八年に当時スリランカ有数の進学校の理科の教師であったアハンガマ・アリヤラトネによって始められた。それは、貧しい人々の基本的人間ニーズを充足し、自立をはかるだけでなく、人々に自己の潜在力を「気づかせる」ことによって、社会をも変革していこうとする運動で、スリランカにある約二万三〇〇〇の農村のうち一万の村に広がっている。[24]

ブルキナファソのナーム運動は、一九六一年に教師であり、農業技術普及員のトレーナーであったベルナール・ウエドラオゴによって開始された内発的発展の動きで、「破壊なき発展」、つまり自分たちの伝統や文化を外側から破壊することなく、さなぎが孵化するように、それらを内側から変革することで、人々の自立を促すことを基本理念としている。一九八五年には一三五〇だったナーム・グループは、一九八九年には四〇〇〇に拡大し、二〇万人のメンバーを擁する運動体になっている。[25]

このような内発的発展を推進し、それぞれの地域で成果を上げているNGOは世界に数多くあるが、多くの場合その成果は地域レベルにとどまっている。しかし、もしこれらの運動がたがいに密接につながりあい、常に情報やサポートを提供しあうことができたら、これらの運動は大幅に強化され、地球規模で環境を保全しながら、貧困問題を解決していく要になるだろう。

この点で、ナーム運動をベースにして、西アフリカ六カ国で内発的発展グループをネットワークしている「シックス・エス」は注目に値する。このネットワークは、これまでナーム運動で蓄積してきたウエドラオゴの豊富な経験と、資金を特定の使用に縛らずに、各グループや地域の総意・工夫に委ねる「柔軟資金」というフランスの開発専門家ベルナール・ルコントの試みが結びつくことによって、一九七六年に誕生した。一九八九年までに「シックス・エス」はブルキナファソ、セネガル、マリ、モーリタニア、ニジェール、トーゴの六カ国に広まり、チャド、ケープベルデ、ギニアビソウにもグループができつつある。[26]

次に重要なアプローチとして、「エコビレッジ」がある。これは一九六〇年代初頭から先進国で始まった動きで、物質的には豊かでも、毎日多忙で余裕がなく、健康や環境を損ないながら生活するよりも、自然のなかでゆったりと過ごしながら、自給自足をベースに心の豊かさを取り戻そうとする永続可能な社会の試みである。たとえば、スコットランドのフィンドホーンやイタリアのバグニ・ディ・ルカなどがその例として挙げられる。

先進国の大量消費、大量廃棄が地球規模問題の根本原因の一つであることを考えると、「エコビレッジ」の動きは大変重要であるが、これらが地域レベルにとどまっている限りは「タイタニック号」の沈没は防げない。地域を越えてネットワーキングをすることで、初めて世界的な規模で永続可能な社会を実現するチャンスが生まれる。その意味で、グローバル・エコビレッジ・ネットワーク（GEN）は特筆に値する。GENは一九九四年に設立され、ヨーロッパ、アメリカ、オセアニアとアジア、南アジアにそれぞれ地域事務所を持ち、三六のエコビレッジと一六の研究所や調査センターをネットワークしている[27]。

さらに、「先進国の豊かさと途上国の貧しさは表裏一体であること」、「環境問題の根本原因はおもに先進国にあること」を広く先進国の人々に知らせ、彼らの意識や価値観の転換をはかる教育や意識向上活動を一般に「地球市民教育」と呼んでいるが、永続可能な社会を実現するうえでこのアプローチは欠かせない。地球市民教育を実践しているNGOとして、ネットワーク『地球村』や開発教育推進協議会などがあるが、筆者の知る限りこれらを世界的にネットワーク化する動きはまだ見られない。

今後重要なことは、これらの三つの動きをそれぞれ水平につなぎ、さらにそれらのネットワークを縦横無尽にネットワーク化することである。そうすることで、初めて相互に有機的な連関がつくられ、人々に力と勇気を持たせ、社会を変えていく原動力になっていくであろう(図1参照)。

「もう一つのガヴァナンス」とネットワーク

「タイタニック号」の沈没を防ぐ第四の動向として、従来の国家や国連による「上からのガヴァナンス」に疑問を呈し、既存の統治とは異なる「もう一つのガヴァナンス」を進める動きが注目される。ここでは、「もう一つのガヴァナンス」を「もう一つの上からのガヴァナンス」、「もう一つの下からのガヴァナンス」、そしてその「上」と「下」をつなぐガヴァナンスに分類し、これらの動きを詳細に見ていきたい(図2参照)。

「もう一つの上からのガヴァナンス」の事例の一つとして、世界市民財団や「責任ある多様で連合した世界のための同盟」などが提唱している「世界議会」がある。この構想は、それぞれ独自の貨幣や軍隊を持ち、他国と外交や貿易も独自に進めていた一三の準国家から構成されていたアメリカが、一つの連邦国家になりえたという歴史的な経験を背景にしている。「世界議会」構想は、この経験を現在の国際社会にあてはめ、世界的な連邦国家、あるいは世界政府を構築する試みであるといえる。同じ系譜に、国家の代表からなる現在の国連に加えて、市民の代表から構成される「もう一つの」国連を創設するという「第二国連」構想、地球環境破壊など新たな地球規模の危機にグローバルに対応するために新しい地球レベルでの「憲法」（「地球憲章」）を創ろうという動きなどがある。これらの考えは法律や制度を重視しながら、選出された少数のメンバーで地球社会の民主的な運営をはかろうとしているという点で、「もう一つの上からのガヴァナンス」とも呼べるであろう。

それとは反対に、ネットワーク『地球村』は、多くの地球規模問題が未解決である原因として、効果的な実施メカニズムがない点を指摘し、国益に縛られない市民やＮＧＯが共通の目標のもとに結集して世界規模のネットワークをつくり、情報を共有しながら一斉に行動を行う「地球市民国連」構想を提唱している。これは市民やＮＧＯが「下か

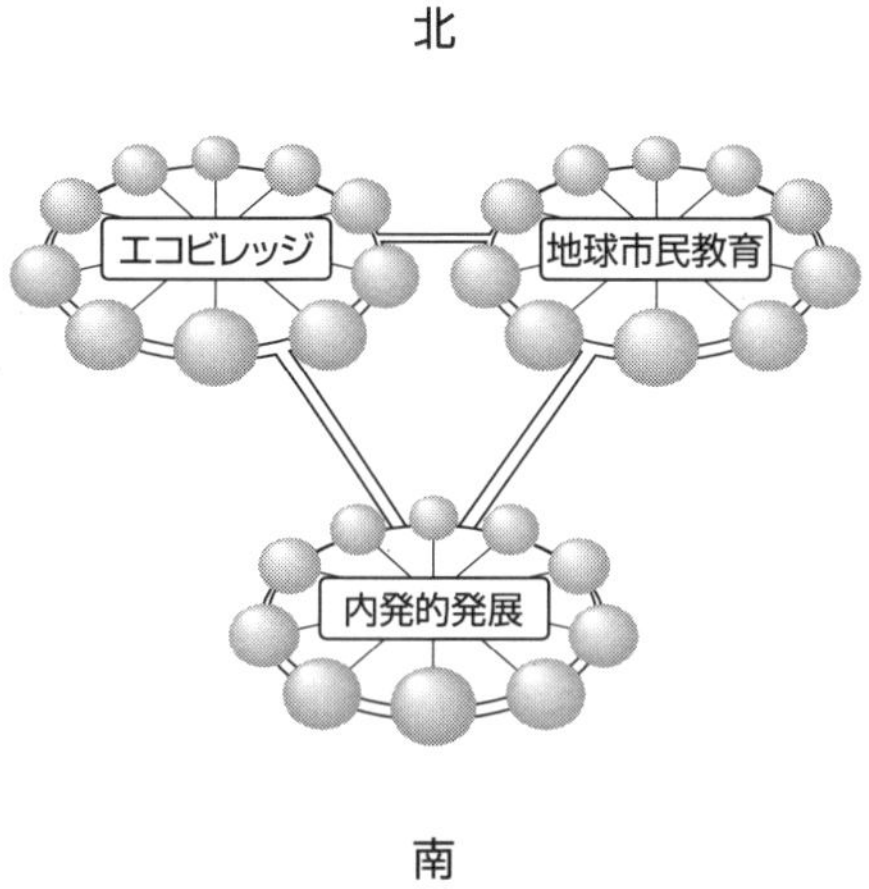

図１　ネットワークが期待される３つのアプローチ

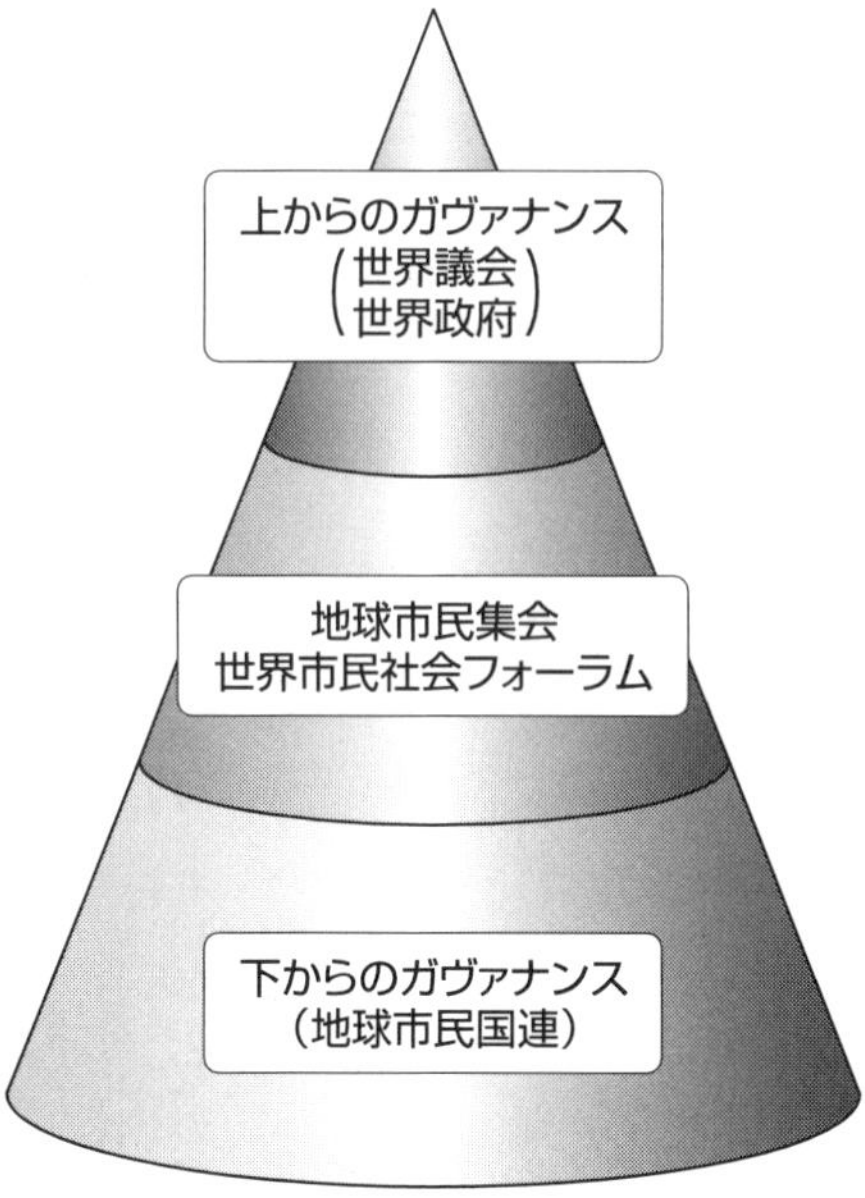

図２　「もう一つのガヴァナンス」の多様な形態

ら」問題解決をはかるという点で、「もう一つの下からのガヴァナンス」と呼ぶことができるであろう。[28]

この「上から」と「下から」の動きをつなごうとしているのが地球市民集会ネットワークや世界市民社会フォーラムである。地球市民集会ネットワークは、各国内に市民集会という問題を議論し、解決策を見出す草の根グループをつくり、それぞれをネットワーク化することで国家レベル、地域レベル、そして国際レベルまで市民集会を拡大し、草の根の市民活動と国際問題の解決を接合させるという理念で活動している。[29]

他方、世界市民社会フォーラムは、二〇〇〇年に開催された国連ミレニアムサミットとNGOミレニアムフォーラムで誕生したNGO間、そしてNGOと国連が連携するためのネットワーク組織で、二〇〇一年に準備会合、二〇〇二年に本会合を開催し、本格的に活動を開始している。準備会合では、「環境、平和などテーマごとに専門グループをつくること」、「世界の各地域にコーディネーターをおき、地域ごとにネットワークを拡大すること」、そして「それらを統括する運営委員会を創設すること」が決まり、本会合では地域活動を充実させながら、他の有力なNGOネットワークをネットワーキングする重要性が指摘された。[30] 今後、地球市民集会ネットワークや世界市民社会フォーラムなどが、世界議会などの「上から」の動きと、「地球市民国連」などの「下から」の動きをつなぐことが期待される。

その他にも、世界市民社会ネットワークフォーラム(UBUNT)、国連NGO会議(CONGO)、シヴィカス(CIVICUS)、世界連邦運動、世界市民協会、人々の国連、世界社会フォーラムなど、「もう一つのガヴァナンス」を推進しているNGOは多数ある。今後必要なことは、これらのNGOが提唱しているさまざまな「もう一つのガヴァナンス」の理念や形態を各々が理解しながら、たがいに相互補完的な連携をはかること、つまりネットワークのネットワーキングである。そこに、これから世界規模で永続可能な社会を実現するための鍵があると思われる。

「地球市民国連」構想

その一つの試みとして、すべての「もう一つのガヴァナンス」の土台になりうる「地球市民国連」構想をさらに詳しく取り上げてみたい。この構想は二〇〇〇年に行われたG8沖縄サミットの場で、日本の環境・平和NGOであるネットワーク『地球村』によって初めて提唱され、以来ヨハネスブルグ・サミットも含めて、数々の国際会議の場で賛同の輪を広げている。「地球市民国連」とは、市民、NGO、既存のネットワークをつなぐ世界規模のネットワークで、その目的は環境と調和した平和な社会の実現である。このネットワークを通じて、多くの市民やNGOが地球規模問題の実態、その根本原因、永続可能な社会のヴィジョン、その実現に向けての具体的な行動、そして成功例などを共有することをめざしているが、特に根本原因の共有は重要だと考えられる。なぜなら根本原因の解決なくして真の問題解決はありえないだけでなく、その共有が異なった理念や争点を持つNGOやネットワークを結びつける「接着剤」になりうるからである。

「地球市民国連」の一つの特徴は、ボイコットも含めた地球規模での一斉行動である。たとえば、地球温暖化防止を目的とする京都議定書を離脱したアメリカ大統領に対して、「温暖化を防ぐために、京都議定書を批准してください。もし批准をしないのであれば、批准がされるまでアメリカ製品を一切買いません！」と一斉に意思表示をするというものである。情報革命の波に乗って、もし数百万、数千万の市民がこのような一斉行動に参加すれば、これまで政府間交渉や国連では達成できなかった問題を解決できるということをこの構想は示している。もちろんこの方法は、温暖化以外の地球環境問題、貧困、核兵器、地雷、その他の問題にも適用できるうえに、国を対象にしなくても、たとえば多国籍企業をボイコットの対象にすることも可能である。

「地球市民国連」の実現に向けて、ネットワーク『地球村』は二〇〇二年六月に行われた第四回ヨハネスブルグ・サミット準備会合で「地球市民国連コーカス」と呼ばれる専門グループを立ち上げた。そして二〇〇二年八月の本サミットのサイドイベントで、地球市民集会ネットワークなどとの共催で「地球市民国連プレサミット」を開催し、四〇〇名の賛同者を集めている。現在、賛同者が参加できるメーリングリストやデータベースの作成、賛同団体のホームページの相互リンク、「地球市民国連」ホームページの開設など、具体的な動きが始まっている。この動きはまだ初期の段階であるが、「もう一つの下からのガヴァナンス」の実現に向けての重要な一歩になるであろう。

おわりに——今後の課題と市民の役割

本章では地球社会の現状を概観したうえで、市民やNGOがネットワークを構築する重要性を明らかにしてきたが、どうすればこのようなネットワークがスムースにつくられ、効果的に機能するのか、このネットワークと既存の国際機関との関係はどのようなものになるのか、など解明すべき点はまだまだ多い。今後の課題としたい。

ネットワークづくりはいうが易し、行うは難しで、多大な時間と資金とエネルギー、忍耐と継続性が要求される。しかし、「タイタニック号」の沈没をくい止め、環境と調和した平和な社会を実現できるかどうかは、国家や国連による統治が限界にきている今、まさにこの市民やNGOのネットワークにかかっているのではないだろうか。

私たち市民にできることは、まずは現状を認識し、根本原因を理解し、できることを始めること、そのうえでそれぞれが鍵と考えるNGOやネットワークをサポートすることであろう。私も地球市民の一人として、ネットワークの構築に全力で取り組みたいと思う。

1　長山淳哉監修『ダイオキシン汚染列島日本への警告』かんき出版、一九九七年、高木善之『新地球村宣言』ビジネス社、二〇〇一年、二〇〜二九頁。

2 シーア・コルボーン他『奪われし未来』翔泳社、一九九七年、高木、前掲書、三〇〜四二頁。

3 『朝日新聞』、一九九八年三月九日。押尾茂ほか「日本人の精液性状の現状」『産婦人科の実際』第四九巻第八号、金原出版、二〇〇〇年八月。ここでは十八歳以上五十歳未満の健康な日本人三二〇人に対象を拡大して調査を行っているが、やはり二十歳代がWHO基準のすべての分野において低い値を示している。

4 船瀬俊介『地球にやさしく生きる方法』三一書房、一九九三年、一九頁。

5 『中国新聞』、一九九九年二月十日。

6 高木、前掲書、六九〜八五頁。

7 Houghton, J.T., et al., eds., *Climate Change 2001: The Scientific Basis*, Contribution of Working Group I to the Third Assessment Report of the Intergovernmental Panel on Climate Change, Cambridge University Press, 2001, pp.12–16.

8 Watson, Robert et al. eds., *The Regional Impacts of Climate Change: An Assessment of Vulnerability*, A Special Report of IPCC Working Group Ⅱ, Cambridge University Press, 1998, pp.371–373.

9 松岡譲「気候安定化からみた数量目標の妥当性」『季刊　環境研究』一一〇、環境調査センター、一九九八年、二七〜三〇頁。なお、「二〇%削減」というのは一九九〇年レベルからの削減率のことである。

10 UNDP, *Human Development Report 1992*, United Nations Development Programme, Oxford University Press, 1992.

11 レスター・ブラウン、ハル・ケイン（小島慶三訳）『飢餓の世紀』ダイヤモンド社、一九九五年、一八四頁。

12 Menon, Bhaskar, *Disarmament: A Basic Guide*, New York: United Nations, 2001, p.2.

13 マイケル・レナー（エコ・フォーラム21世紀日本語版監修）「途上国の長期化する資源紛争の構造」『地球白書二〇〇二〜〇三』家の光協会、二〇〇二年、二六三頁。

14 ネットワーク『地球村』『美しい地球を子供たちに』二〇〇二年、三六頁。

15 Menon, op. cit., p.3.

16 高木善之、前掲書、一六六頁。

17 高木善之、前掲書、一六六頁。

18 上村雄彦『食糧問題と地球温暖化』気候フォーラム、一九九七年、二一〜二三頁。

19 レナー、前掲書、二五八頁。

20 レナー、前掲書、二六七頁。

21 World Summit on Sustainable Development, *Plan of Implementation*, The United Nations, 2002.

22 ＩＣＢＬのメンバーである反地雷ケニア連合調査コーディネーターのメレソ・アギナ女史へのインタビュー、二〇〇二年七月十五日。

23 内発的発展論については、Taylor, D. R. F. and Fiona Mackenzie, eds., *Development from Within: Survival in Rural Africa*, London: Routledge, 1992. 鶴見和子、川田侃編『内発的発展論』東京大学出版会、一九八九年、を参照。

24 サルボダヤ運動については、Macy, Joanna, *Dharma and Development: Religion as Resource in the Sarvodaya Self-Help Movement*, Connecticut: Kumarian Press, 1983. が詳しい。

25 Pradervand, Pierre, *Listening to Africa: Developing Africa from the Grassroots*, New York: Praeger, 1989, p. 22.

26 Ibid., p. 99.

27 GEN International, *Ecovillage Millennium*, Vol. 1, Denmark: Global Ecovillage Network International, 2000.

28 高木、前掲書、二四八～二五二頁。

29 詳しくは、http://www.ourvoices.org/ を参照。

30 詳しくは、http://www.worldcivilsociety.org/ を参照。

第八章

WTOにみる多国間主義と紛争解決

渡邊頼純

はじめに

トランスナショナルな関係とははたして国家の枠組みとは無関係であろうか。たしかに相互依存の深化と浸透は非国家的アクターの活動領域を広げたかもしれない。国際経済においても多国籍化した企業は国境を超えてビジネスを行い、マネーの動きは時間と空間を超えたところで投資利益の最大化を可能にしている。企業の経済行為はあたかも国家の存在をあざ笑うかのようにダイナミックである。しかし、同時に国家もまたいわゆる混合経済体制の存続をはかるべく、非国家的アクターである企業やその企業が活動する場である「市場」をある時にはコントロールし、また、ある時にはこれと共存すべく、試行錯誤を繰り返している。非国家的アクターの増大と国家的アクターとの駆け引きは今や新たな国際関係を構築する座標軸となったといってもけっして過言ではない。

以下では、多国間貿易体制に規律とルールを提供しているWTO(世界貿易機関)の機能に焦点をあて、多国間主義の現代的意義を考察してみたい。

1　シアトルWTO閣僚会議の失敗とその問いかけ

会議失敗の理由

一九九九年十一月三十日から米国ワシントン州のシアトルで開催されたWTOの第三回閣僚会議は、グローバル化と自由貿易に反対するNGOの一部が会議場までの道を封鎖したり、ハンバーガーやコーヒーのチェーン店がグローバル化の象徴として攻撃の対象となるなど大混乱となり、結局WTOのもとでの初めての多角的貿易交渉（いわゆる「ラウンド」）を立ち上げることができないまま閉会した。[1]

この「シアトルの挫折」はその後のWTOのみならず世界経済全体にとってさまざまな教訓をもたらしている。そもそもなぜシアトル会議は失敗したのか？　失敗の原因をすべてNGOに押し付けるのはフェアではない。筆者はまず第一の理由として、主催国であった米国にこの会議を何としても成功させるという政治的意思が欠けていたことを指摘したい。大統領として二期目が終わろうとしていたクリントン大統領にとって、通商面での「花道」はそのわずか二週間前に妥結した中国のWTO加盟に関する米中合意であり、シアトル会議は大統領選にマイナスにならない程度に無難に終われば良かった。実際、クリントンは途上国が反発していた「貿易と労働」の問題をわざわざ持ち出し、途上国を怒らせ、ただでさえ新ラウンドの立ち上げに消極的な途上国をいっそう硬化させた。また、民主党の大統領候補であったゴア副大統領をシアトルへ派遣することはしなかった。「シアトルの挫折」は政権末期にあったクリントン政権にとって織り込み済みであった可能性が高い。

「シアトルの挫折」の第二の理由は、途上国の抵抗である。WTOは先進国主導であるという見方はあたっているといわざるをえない。米国、ＥＵ（欧州連合）、日本といった主要貿易国を中心に貿易量の多い国がやはり重みを持っている。では、途上国はまったく無視されているかというと必ずしもそうではない。投票行為においては一国一票だし、紛争解決においては小国が大国を訴えることに何の制限もない。問題は意思決定のプロセスにおける透明性を如何に確保するかということである。シアトル会議の時点でも一三〇を越えていた加盟国を擁する国際機関で意思決定の透明性を確保するのは至難の業である。国際機関において重要な決定はいわゆる「非公式会合」で決定されることが多い。公式会合では非公式会合での決定事項を「公式化」する、ないしは公式化したものを「記録にとどめる」という役割が期待される。そこで「非公式会合」での決定をどのように説明可能なものにするか、その決定のプロセスをそこに参加しなかった加盟国に対しどのように説明するかということが重要になってくる。シアトルではこのような非公式会合に呼ばれなかった途上国の不満が表面化した。

シアトル会議挫折の第三の理由はＷＴＯという国際機関にとってはより根源的である。それは、ＷＴＯが擁護する自由貿易そのものに対する懐疑、ないしはアンチテーゼが市民社会の一部にはっきりと現れてきたことである。このような動きは以前から農業保護を訴える立場から自由化反対という形で存在した。新たに自由貿易そのものに対する警戒感が環境保全を重視する立場から提起されるようになるのは一九九〇年代に入ってからである。特にＷＴＯの前身であるＧＡＴＴ（関税貿易一般協定）において、環境に絡む紛争処理案件が取り上げられるようになって急速に関心が高まった。有名な「マグロ・イルカ」の事例が象徴的であるが、ＧＡＴＴの紛争処理小委員会（パネル）でイルカを保護する目的から、米国の「海洋哺乳類保護法」に基づいて行われた米国のメキシコ産ツナ缶詰等の輸入制限がＧＡＴＴ違反とされたケースに対して、米国の環境団体は怒りをあらわにした。その後さらに「貿易と環境」に関する紛争案件において必ずしも環境団体が望むような結果が得られなかったことから、しだいに「ＧＡＴＴ・自由貿易＝反環境」という単純化された図式で議論が展開していった。このような展開は環境にとっても自由貿易にとっても極めて不幸なことであった。

WTOにおける「貿易と環境」

「貿易と環境」の問題はその後もWTOで重要なアジェンダとして議論が続いている。WTOのもとでの初めての多国間交渉においても、多国間環境条約において規定されている貿易に関連する特定の義務規定(specific trade obligations)とWTO協定との関連の問題を中心に、活発な意見交換が進行中である。[2] この議論を通じて、貿易措置が環境保護に名を借りた「偽装的な保護主義措置」ではないこと、多国間で議論され合意された結果としての環境条約のなかに規定されたものであることなどを確認し、環境保全のための貿易措置とWTOルールとの整合性を確保しようとしている。WTOにおいて環境は重要なテーマであり、貿易の自由化を通じた経済厚生の改善と持続的な成長とを両立させるためのルールづくりが多国間で進められている。WTOはけっして環境に背を向けているわけでも、いかなる代償を払ってでも自由貿易を達成しようとする機関でもない。では、一体WTOとはどのような国際機関なのか。以下では多国間組織としてのWTOを分析してみよう。

2 なぜ「自由貿易」が重要なのか

国際分業——資源の最適活用を

GATTが一九四八年に発効して半世紀以上が経過し、一九九五年一月一日からはGATTの後を継ぐ形でWTOが発足している。GATTもWTOも基本的には自由貿易を促進し、擁護する国際機関である。では、GATT・WTO体制が推進し、守ろうとしてきた自由貿易はなぜ重要なのだろうか?

国際経済学の教科書は「比較優位の原則」に従って極めて明快に自由貿易を肯定する。「比較優位の原則」によれば、各国は自国に相対的により豊かに存在する資源をより多く用いるモノ（経済学では「財」と呼ぶ）の生産に特化し、こうして生産されたものをたがいに交換（つまり、トレード）することによって各々利益を得ることができ、しかもこのような交換を通じて資源のグローバルな最適配分を達成できるとされている。土地を相対的に豊かに有する国は「土地集約的な」産業（たとえば農業）に、人的資源が相対的に豊かな国は「労働集約的な」産業（たとえば繊維産業）に、資本が相対的に豊かな国は「資本集約的な」産業（たとえばハイテク産業）に特化し、それぞれの国が生産した財を制限なく国境を越えて交換することにより、資源の有効利用をめざすことができる、とされている。

自由貿易は生産の諸要素の賦存《ふそん》状況を前提とした国際分業の上に成り立っているが、逆に国境を越えた交換に制限が加えられていたのでは国際分業は歪曲され、資源の浪費が発生してしまう。自由貿易の対極にある保護主義は自国の産業をさまざまな政治的理由から外国からの輸入に対して保護しようとするものだが、その最大の問題は資源の有効利用が阻まれることであり、それによってグローバルな経済厚生が阻害されることにある。

自由貿易に対する批判は発展途上国からもなされる。一次産品に代表される原材料を中心に輸出する途上国に対し、先進国は原材料を加工した工業品や付加価値の高い技術集約的な製造品を輸出する。途上国は往々にして先進国の工業品を輸入し、その代価を自らが輸出する原材料や石油などで支払う。しかし、先進国と途上国との貿易がこのような形をとる限り途上国はなかなか豊かにはなれない。そこには「交易条件の長期的悪化」という途上国にとっては厄介な問題が存在する。

交易条件（terms of trade）とは、輸出財を一単位輸出して獲得した外貨で購入できる輸入財の量を示すが、付加価値の低いものを売って付加価値のより高いものを買おうとする途上国にとってはこの条件は厳しいものとなる。先進国と途上国との貿易をめぐるこの縦の関係を「垂直貿易」とも呼ぶが、この構造が定着してしまうと途上国は先進国に対する原料提供国の地位に甘んじることとなってしまい、国際分業から得られるはずの「貿易の利益」を十分に享受することが困難になる。

このような国際貿易の構造的問題に着目して、国際経済体制を根本から見直そうとする動きが一九七〇年代後半から顕著になり、いわゆる「新国際経済秩序」の構築を唱える思潮が勢いを得た時期があった。その学問的背景として「従属理論」や「中心－周辺理論」などがあり、また、その立場からは国連貿易開発会議(UNCTAD)が先進国寄りと批判されていたGATTにかわる貿易機関として期待されたのであった。

これら「新国際経済秩序論」のなかには途上国経済を先進国経済と切り離して(de-link)、交易条件の悪化に代表される「従属の鎖」から途上国を解き放つことを主張する向きもあり、実際にいくつかの国は先進国市場と「断絶」に近い状況まで自らを追い込んだ。それは、キューバであり、タンザニア、ミャンマー、アルバニア、北朝鮮などの国々であった。しかし、二十年余が過ぎ去った現在、これらの国の国民経済は明らかに疲弊しており、「従属の鎖」からは解放されたかもしれないが、「貧困の鎖」には縛られたままというのが実情ではないだろうか。自らの国民経済と世界市場との関係を断とうとした国には非常に厳しい現実が待っていたといわざるをえない。

各国民経済をリンクする貿易

これとは対照的に、積極的に貿易を振興し先進国市場を中心に世界経済との統合を促進した途上国は高い経済成長率を達成している。そのもっとも顕著な例が中国である。中国は一九八〇年代前半より「改革・開放」を開発政策のスローガンとして掲げ、九〇年代には二桁代の成長率を達成・維持し、二〇〇二年度についても七％超の成長率を誇っている。二〇〇一年に長年の懸案であったWTO加盟を実現し、今や「世界の工場」としての地位を確立したように見える。

中国のほかにも東アジアの新興工業経済(NIES)やメキシコ、チリなども貿易と投資をいわば「車の両輪」として世界市場と自らの国内市場とを連結・統合し、発展を果敢に模索してきた。

マレーシアとメキシコを例にとってやや詳しく見てみよう。一九六五年の時点でマレーシアの輸出の八九%を一次産品が占めていた。現在その割合は二八%にまで落ちてきている。マレーシアが一次産品依存から抜け出そうとしたのは事実であるが、一次産品からすっかり撤退したのかというとそうではない。

パーム・オイルの生産は一九七〇年と比べて一六倍、ココアについては三〇〇〇トンから一九九三年には二二万五〇〇〇トンにまで増大しているのである。マレーシアの輸出構造の多角化は第一次産業の、つまり農業セクターの生産性を向上させることで可能となった。外貨を積極的に導入しながら新たな技術とマーケティングを駆使して生産性を改善し、生産そのものを拡大していく。より多くのものをより少ない労働力で生産し、余った労働力は他の産業やセクターに振り向けていく。このダイナミックな経済運営によってマレーシアの高い経済成長率は現実のものとなった。政府がしたことは貿易障壁の軽減と外貨を呼び込むための国内整備であった。

メキシコも国際経済と自国経済との統合を果敢に推進した。メキシコのGATT加入は比較的遅く一九八六年のことだった。加入交渉と並行してメキシコは自国の貿易構造の近代化を進め、関税率については全品目について一律五〇%で譲許(これ以上高い関税率はしないと約束すること)し、自由化の努力を内外に印象づけた。その後一九九四年には米国やカナダとともに北米自由貿易協定(NAFTA)を発効させている。さらに二五番目のメンバー国として「先進国クラブ」とも呼ばれる経済開発協力機構(OECD)への加入も一九九四年に果たしている。その後メキシコはマルチ(多国間)ではGATT・WTOを通じて、バイ(二国間)ないしはリージョン(地域)ではFTA(自由貿易協定)を複合的に組み合わせた形で対外経済政策を促進してきた。今ではメキシコはEUの一五カ国を含めて三〇以上の国と一一件のFTAを締結しており、二〇〇三年秋の実質合意をめざして日本ともFTA(より正確には経済連携協定＝EPA)

を交渉している。

ある調査によれば、メキシコでもっとも収入のよい仕事は輸出に関連したセクターで、生産したものの六〇％以上を輸出し、他の産業セクターよりも三九％も高い給与を得ている。また、一種の保税地域で外資がアセンブリーを積極的に行ってきた「マキラドーラ」では、メキシコにおける平均賃金の約三・五倍の給与が支払われているという。[3]

マレーシアやメキシコの例が示唆していることは、自由貿易には交渉条件の悪化や従属の深化といった問題はあるものの、やはり長期的には国際経済と国内経済の接点ともいうべき貿易をより自由に、かつより多角的に行う方が結局はその国の国民の繁栄と生活水準の上昇につながるということではないだろうか。

実際にＷＴＯ事務局は、一九九四年に終了したウルグアイ・ラウンドの経済効果が、一〇九〇億ドルから五一〇〇億ドルの間で世界の所得を引き上げるものであったと推測している。[4] また、農業、製造業、サービスで三分の一障壁を除去するだけで、カナダのＧＤＰにも相当する約六一三〇億ドルの追加的所得が実現されうるとの試算もある。[5]

貿易自由化のコスト

このようにより自由な貿易は所得を引き上げる効果を有するが、同時に競争に敗れた比較劣位産業に働く人々は解雇されたり、労働時間を短縮されたりして所得を下げることになる。しかし、産業構造調整を早期にかつ適切に行うことによって、より効率の高い産業セクターへの労働者の配置変更や新規に競争力を獲得しつつあるセクターへの移行が可能になり、貿易のいわば「負の側面」を克服することができるはずである。しかし、このことはいうに易し、行うに難しである。多くの場合、競争に敗れそうになると、生産者は政府に泣きついて何らかの保護主義的措置をとるよう強力に圧力をかける。こうして貿易問題は政治化しいわゆる「貿易摩擦」という現象が現れるのである。

本来、同じ品質のものがより安く入手できれば結構な話であるはずだが、現実の社会では生産者はよく組織されており、政府にも極めて効果的に圧力をかけられるのに対し、消費者は往々にして組織化されておらず、保護主義的な動きに対し対抗するような効果的手段を持たない。こうして消費者にとっては迷惑な話であるが、いきおい生産者の要求が優先されて関税障壁が引き上げられたり、数量制限が導入されて貿易が歪曲されてしまう。

3　GATT・WTOシステムの特徴と機能

完全な自由貿易というものは経済学の教科書のなかにしか存在しない。国際関係学がアプローチする現実の国際貿易の世界においては、国内産業の保護を求める保護主義や自国産業を優先し「輸入を悪、輸出を善」と考える重商主義の勢力の方がむしろ優勢である。その意味で超国家的な世界政府のようなものが存在しない現実の国際社会にあって、GATT・WTOのように国際貿易に一定の秩序を提供するフレームワークは重要である。もしこれがなかったなら大国の強力な保護主義勢力が思うに任せて「ジャングルの掟」を振り回すことになっていたであろう。

GATT・WTOに求められているのは経済学の教科書にいう完全な自由貿易を守ることではなく、ともすれば保護主義の方に振れがちの世界貿易という振り子をより自由な方へ、より開放的な方へ振り向けることなのである。したがってGATTやその後身のWTOは、けっして硬直的な自由貿易主義に凝り固まったものではなく、極めて現実的に貿易障壁を軽減し、貿易紛争を処理するためのガイドラインを提示する国際的な法的手段(legal instrument)なのである。その意味でGATT・WTOは貿易という開かれた国際的「ゲーム」のルールブックであり、より国際政治的な観点からすれば世界経済の安定的運営に必要欠くべからざる「国際公共財」ということができよう。

GATTそしてその「後継者」として一九九五年に発足した世界貿易機関(WTO)は、次の三つの機能をもっている。

国際条約としてのGATT・WTO

GATTもWTOも多くの国を巻き込んだ国際交渉の産物である。GATTはモノ(財)の貿易にのみ関する取り決めであったが、WTOはそれ以外にサービス貿易や知的所有権、投資措置などのいわゆる「新分野」をも含んでいる(図1参照)。いずれも各国の行政府が交渉し条約の形でとりまとめ、立法府(議会や国会など)がこれを批准し実施のための国内法を整備するという手順を踏んでできたものである。

GATTについては以前からその原則として「自由・無差別・多角主義」ということがいわれてきたが、WTOにおいてもその基本的性格は変わっていない。GATT・WTOにおいて中心的な原則はやはり「最恵国待遇(most-favoured nation treatment)」である。これはGATTやWTOに加入している国や地域の間で、物品やサービスの原産国によって差別をしないという原則である。この原則は第二次世界大戦直前の世界経済が大国を中心にブロック化し、相競合するブロック同士がたがいの産品を差別的な数量制限や高関税などで排除、これが市場を争奪する「貿易戦争」に発展して同大戦の経済的背景を形成するにいたったとの反省のうえに成り立っている。

GATTにおいてはこの他にも、関税を支払って国内市場に参入してきた輸入品を競合する国産品との間で差別してはならないとする「内国民待遇(national treatment)」や、国内産業の保護は数量規制ではなく、関税で行うべきとする「関税主義」などが主要な原則として規定されている。関税が産業保護の手段として是認され、数量規制が禁止されているのは前者の方が透明性が高く、それだけ貿易歪曲効果が少ないと考えられているからである。従価税のように金額ベースで掛けられる関税であれば、コストをカットしたり、生産方法を合理化するなどの企業努力によってある程度乗り越えることができる。しかし、かつての日本のコメのように「一粒たりとも輸入しない」といった数量規制だと、いくら輸出国側が努力してもその国境措置を乗り越えることはできない。このような観点からGATTの時代から国内産業の保護は関税のみで行うということになっているのである。

- 世界貿易機関を設立するマラケシュ協定（WTO設立協定）
  - 物品の貿易に関する多角的協定［ANNEX 1A］
    - 1994年の関税及び貿易に関する一般協定（1994年のガット）
    - 農業に関する協定
    - 衛生植物検疫措置の適用に関する協定（SPS）
    - 繊維及び繊維製品（衣類を含む。）に関する協定
    - 貿易の技術的障害に関する協定（TBT）
    - 貿易に関連する投資措置に関する協定（TRIM）
    - アンチ・ダンピング協定
    - 関税評価に関する協定
    - 船積み前検査に関する協定（PSI）
    - 原産地規則に関する協定
    - 輸入許可手続に関する協定
    - 補助金及び相殺措置に関する協定（SCM）
    - セーフガードに関する協定
  - サービスの貿易に関する一般協定（GATS）［ANNEX 1B］
  - 知的所有権の貿易関連の側面に関する協定（TRIPS）［ANNEX 1C］
  - 紛争解決に係る規則及び手続に関する了解［ANNEX 2］
  - 貿易政策検討制度（TPRM）［ANNEX 3］
  - 複数国間貿易協定［ANNEX 4］　※（注）
    - 民間航空機貿易に関する協定
    - 政府調達に関する協定

（注）国際酪農品協定及び国際牛肉協定については、95年から3年間有効とされていたが、98年以降の延長はしないとの決定がなされたため、97年末に失効している。

図1　世界貿易機関を設立するマラケシュ協定（WTO協定）

出典：通商産業省通商政策局編『2000年版不公正貿易報告書』555頁。

貿易のルールは複雑で多岐にわたる。通関士という仕事が成立するくらい通関業務は専門的である。通関ルールの複雑さはともすれば関税とは異なる貿易障壁となりうる。そのような懸念から、貿易のルールを可能な限りわかりやすく、入手しやすいものにしようとする考え方がGATTのルールのなかにある。GATT第一〇条の規定がそれであり、一般的には「透明性の原則(principle of transparency)」と呼ばれている。これにより、新たなルールが制定されたり、既存のルールが変更されたりした際には通報することが締約国に求められており、特に工業規格や基準認証に関して透明性を確保することが義務となっている。

この他にも「確実性(certainty)・予見可能性(predictability)の増大」も重要な原則である。GATT・WTOでは、いったん引き下げた関税の水準やコミットしたサービスの約束をむやみに自国の勝手な都合で引き上げたり、約束を一方的に反故にすることができないことになっている。関税では万が一どうしてもやむをえない事情で一度WTOで譲許した税率を引き上げる際には、その産品の主要な輸出国と協議して、代償を支払う必要がある。多くの場合、その輸出国の他の産品の関税を引き下げることで代償を支払うことになる。このような原則を守ることで、ビジネスにとってもっとも大切な先行きの見通し、つまり予見性が高まるのである。今や先進国において工業関税はほぼ完全にこの原則に沿った形で譲許されており(関税を「バインドする」という)、貿易相手国に対し安定感を提供することになっている。

さらに最近では、「貿易円滑化(trade facilitation)」も一つの方向性になりつつある。このなかには税関手続きの簡素化や標準化、いわゆる「ワンストップ・ショッピング」型の手続きの簡素化(必要書類の提出先を一箇所程度に抑える)、情報データベースの集中化などが含まれ、貿易に関連するコストや無駄な労力をカットしようとする動きが定着しつつある。

このようにGATT・WTOの諸原則は貿易システム全体を経済的により効率的に機能させ、不必要なコストを低減させるために規定されているのである。

交渉のフォーラムとしてのGATT・WTO

条約としてのGATTないしはWTOがその静態的な側面であるとすれば、交渉の舞台としてのそれは動態的な側面である。GATTシステムにおいては関税率引き上げにともなう代償交渉を始め、「ラウンド」と呼ばれる大規模な多国間交渉まで実にさまざまな交渉が展開される。なかでも関税引き下げ交渉はGATTがなしえた最大の貢献といえよう。

交渉に関しても、慣例を積み重ねるなかでできあがってきたいくつかの原則がある。その一つは「互恵性(reciprocity)」の原則である。これは関税引き下げ交渉などで、当事国がたがいにバランスのとれた譲許を交換することを義務づけるものである。一九九〇年代の米国の通商戦略には、輸入について数値目標を要求するなど結果における相互主義を相手国に要求する傾向が見られたが、GATTにいう「互恵性」は競争条件の平準化をめざすものであり、競争の結果まで均等にすることを要求するものではない。かつて米国は自らいうところの「相互主義」がGATTの原則に基づくものであると主張していたが、このような主張はこの点において誤っており、GATTルールのどこにもその根拠はなかったのである。

「権利と義務のバランス(balance of rights and obligations)」もWTOシステムを健全に維持していくうえで、きわめて重要な原則になっている。これは特に新しいルールを多国間交渉を通じてつくっていくプロセスにおいて、おおいに考慮される概念である。自由で開放的な貿易体制をめざすWTOはその開放性ゆえに自らは自由化努力をしないで他国の自由化の結果だけを享受する「フリーライダー」にただ乗りされる危険性が大きい。ただ乗りする国が増えれば増えるほどそのシステムは信頼を失い、約束をきちんと守る国は激減する。これを防止するためにこの「権利と義務のバランス」は大切である。

ウルグアイ・ラウンドでは交渉原則として「シングル・アンダーテーキング(single undertaking)」(交渉全体を一つの約束事と考える)が交渉開始の段階からうたわれていた。これは自国に都合の良い部分にだけは参加するが、都合の悪い部分については参加しないといった身勝手な国を排除することにそのねらいがあった。したがって同ラウンドの結果を集大成したWTO協定についてはそのすべてを受け入れるか、まったく受け入れず「蚊帳の外」にとどまるかの選択しかない。これは前述の「権利と義務のバランス」確保ということもあるが、交渉段階で異なるセクター間での譲許の交換が行われている場合にその当事国の譲許の価値を守るために必要という配慮が働いているのである。

GATTの時代から今日のWTOにいたるまで、このマルチの貿易機関における意思決定はすべてコンセンサス(consensus)で行われる。ここで留意すべきはこのコンセンサスが必ずしも「全会一致(unanimity)」ではないことである。全会一致のあるコンセンサスがもっとも安定的な意思決定であることはいうを待たない。他方、WTOにおけるすべての決定が「全会一致」を求められていたとすれば、何かを決定するということは極めて困難になる。現在のWTO加盟国数は一四五である。全会一致はほぼ不可能と考えた方がよい。では、全会一致ではないが、コンセンサスは存在するという状況はどのように生じるのか。

これはある一国、あるいは複数の少数派の加盟国がある決定事項に反対していたとしても、彼らが多数派の「コンセンサス」は妨げない、という選択肢をとった時に成立するのである。この意味で、WTO体制における意思決定は単純ではない。「反対であるが、コンセンサスには加わる」、「反対であるが、コンセンサスは妨害しない」といった発言は重要な決定がGATT・WTOで行われる際によく耳にする発言である。もちろんこのような融和的な発言が成されるまでには、相当厳しいギリギリの交渉が行われたことは想像に難くない。当該国はコンセンサスに加わることで得られる利益を最終的には優先したということであろう。ここにWTOという組織のダイナミックな特徴が垣間見られる。

ＷＴＯの意思決定においては各加盟国は一国一票であり、発言の時間も貿易大国であろうが、貿易小国であろうが、特に制限や差別はない。このことは貿易小国や途上国にとって重要な意味を持っている。途上国一国では大国を相手に回して貿易交渉をするのはたいへんである。相手の大国の市場に依存していれば依存しているだけ、その途上国の交渉力(バーゲニング・パワー)は限られてしまう。しかし、ＷＴＯにおいては最恵国待遇の原則があり、国によって差別されることなく、他の国と少なくとも同じレベルの待遇は保証されているのである。また、多くの国が集団的な交渉を行い、その結果が最恵国待遇の原則によってすべての加盟国に均てんされることにより、貿易小国や途上国は主要パートナーのすべてと個々に交渉することなく、最も低い水準の貿易障壁を享受する利益を受けることになる。このように経済規模の小さい国や途上国にとって、そのバーゲニング・ポジションを著しく高める効果がＷＴＯ交渉にはビルトインされているのである。

組織としてのGATT・WTO

やや誇張していうとすればＷＴＯの前身であるＧＡＴＴは「組織」としては存在していなかった。本来ＧＡＴＴは国際貿易機関(ＩＴＯ)が無事成立していればこれに吸収されるはずであった。ところが米国議会がＩＴＯ憲章(ハバナ憲章)を批准せず、ＩＴＯが「流産」したためにＧＡＴＴが一九九四年末までその肩代わりをしてきた。条約としてのＧＡＴＴには組織規定もなく、関税交渉の結果を整理するためのごくわずかの職員でスタートしたのであった。その後も累次のラウンドを重ねるなかで必要最低限の増員をしながら、現在にいたっている。したがって、現在でもＷＴＯ事務局の規模は専門職員が約一六〇名、秘書などのスタッフを含めても五〇〇名ほどと世界貿易の九五％近くを担当している組織としては比較的小さい所帯にとどまっている。

ウルグアイ・ラウンドではＧＡＴＴ機能の強化についても交渉が行われ、ＷＴＯの創設が合意された。ＷＴＯにおいては組織規定もしっかりしており、法人格も付与されている。かくして国際貿易の組織ないしは機関としては戦後五〇年目にしてようやく本格的に態勢が整ったことになる(図2参照)。

国際機関としてのＷＴＯについてよく誤解される点は、ＷＴＯという組織にあたかも一つの組織としての「意思」があるように思われていることである。特に環境擁護を重視する団体からは「ＷＴＯはけしからん、ＷＴＯは環境を大事にしない」といった批判を聞くことがある。ＷＴＯは加盟国のコンセンサスで意思決定を行っていることはすでに述べたが、一四五カ国の決定は基本的には各国の主張のバランスをとったものであり、「妥協の産物」であることが多い。極端な意見、ないしは一部の利益しか代表しないような提案は議論のなかでしだいに修整されるか、さもなければ葬り去られるのが常である。その意味で、ＷＴＯ加盟国の「決定」として発表されるものは加盟国のさまざまな意見の最低の共通ライン(lowest common denominator)ととらえることができよう。

組織としてのＷＴＯを考える際に一つ強調しておきたい点は、ＷＴＯが加盟国主体の(member-driven)国際機関であるということである。加盟国の集団的な意思を無視してＷＴＯのなかで何らかの決定が行われることはありえない。ＷＴＯとして新たな多国間交渉を開始したり、交渉項目を決定したりする行為は加盟国の集団的意思の表れが閣僚宣言のような形で合意されて初めて可能となる。そこでＷＴＯに集う各国の貿易担当の政府関係者がもっとも気にするのは閣僚からの「マンデート」(交渉権限)をもらえるかどうか、あるいはどの範囲でもらえるかということである。閣僚達は基本的には各国の政治的リーダー達で各国の主権を代表している。その閣僚がＷＴＯの閣僚会議などで議論し、妥協し、ある決定を行う。その決定に基づいて政府関係者、つまり貿易政策担当の官僚に「マンデート」が与えられ、その範囲で彼らが交渉にあたることになる。その交渉の結果が個々の交渉分野における成果として上がってくる。

多国間交渉の結果を承認し、これを新たなＷＴＯにおける「権利義務関係」に組み入れることを決定するのも加盟

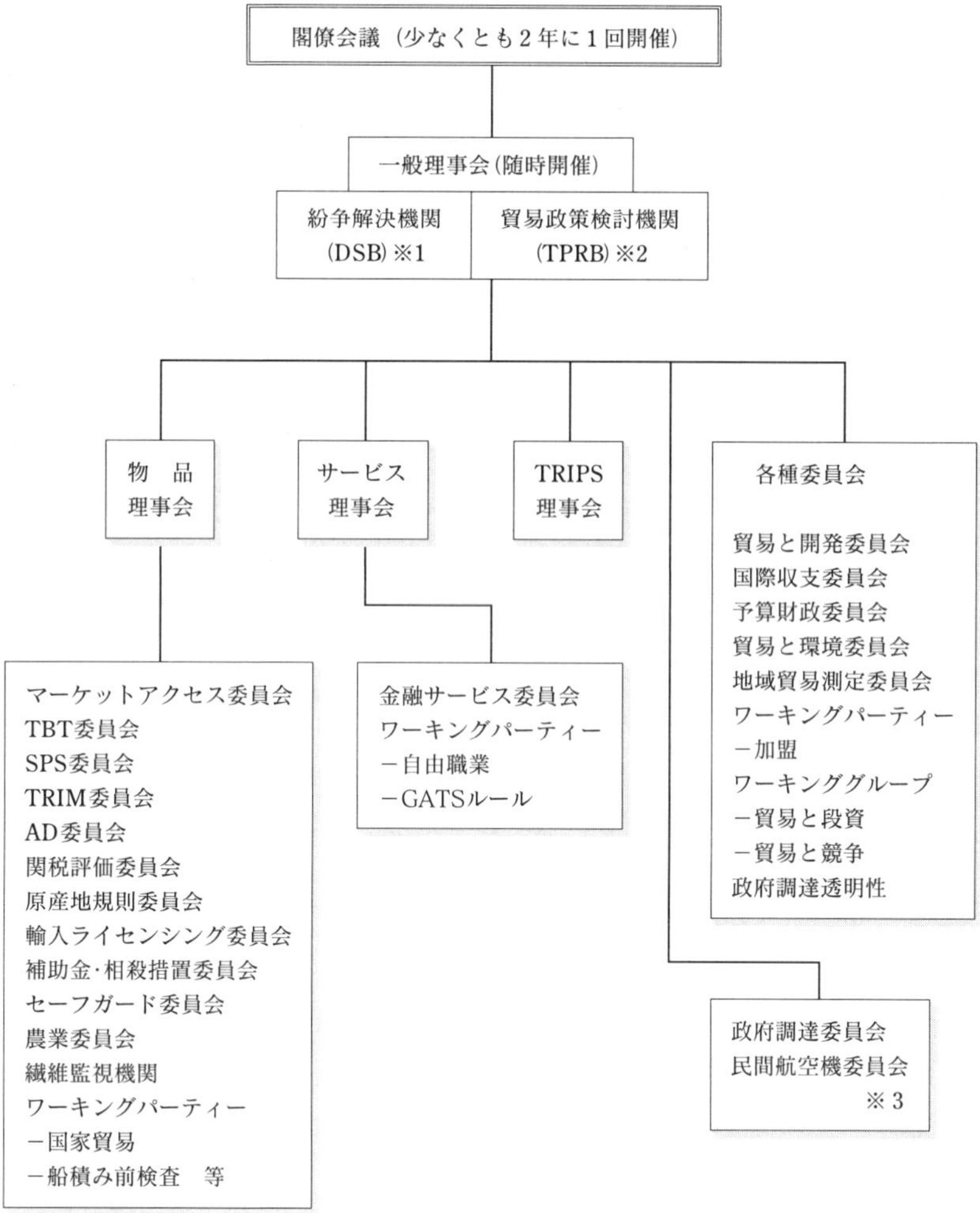

※1　Dispute Setilement Body
※2　Trade Policy Review Body
※3　国際酪農品理事会及び国際牛肉理事会については、1997年末に国際酪農品協定及び国際牛肉協定が失効したことに伴い、消滅した。

図2　WTOの機構
出典：通商産業省通商政策局編『2000年版不公正貿易報告書』557頁。

国であり、具体的には閣僚会議において各国の閣僚がコンセンサスで新たなルールを採択する。ウルグアイ・ラウンド終結の際も一九九四年四月にモロッコのマラケシュでGATTとしては最後の閣僚会議が開催され、ウルグアイ・ラウンドの交渉結果を一括して受諾する決定を行い、これを実施に移すためにWTOという組織を設立する決定を行っている。

WTOとして初めての閣僚会議となった一九九六年のシンガポールでの閣僚会議では、新たな貿易問題として(1)貿易と投資、(2)貿易と競争、(3)貿易円滑化、(4)政府調達の透明性の四つのイッシューを特定し、検討を開始することを決定している。これら四つの分野が「シンガポール・イッシュー」と呼ばれるのはこのためである。

このように国際機関としてのWTOにおいては加盟国の意思が常に優先され、加盟国の集団的意思が示されてはじめて組織としてのWTOは行動を起こすことができるのである。

WTO事務局は加盟国が集団的意思を形成しやすいようにさまざまな支援を行う。資料やデータの準備をはじめ、種々の非公式会合を開催したり、「ノンペーパー」と呼ばれる議論の「たたき台」を作成することもある。加盟国が特定のイッシューで対立し、集団的な意思の決定ができかねている時に、暗礁に乗り上げている交渉を打開に向けてリードする役割を担うこともある。

筆者がその一例として承知しているのは、ウルグアイ・ラウンド立ち上げに際して一九八六年九月に開催されたプンタ・デル・エステ(ウルグアイ)での閣僚会議でのことである。当時、サービス、知的財産権、投資が「新分野」としてGATTの枠組みのなかで交渉されようとしていた。しかし、インドやブラジルなどは強硬に反対し、あくまでも従来からの物品の貿易にのみ交渉の対象を限定しようとしていた。事前の準備委員会でも対立は解けず、閣僚会議まで決着はもつれ込んだ。当時、GATT事務局にマトゥールというインド出身の事務局次長がいた。そのマトゥールがこう着状態になっていた大づめの交渉で提案したのが、「貿易関連(trade-related)」という表現であった。彼は

「知的財産権」や「投資措置」の前にこの「貿易関連」という語をつけることを提案、前者は“trade-related intellectual property rights”、後者は“trade-related investments measures”として、貿易に関連する部分のみを交渉対象とすることを明確化することで反対していた途上国の懸念を和らげることをねらった。このねらいは見事に功を奏し、強硬派途上国もついにこの「知恵」に脱帽した形となった。現在では、TRIPs、TRIMsとして知られるこれら二つの分野であるが、交渉開始時においてこのような事務局の隠れた「知恵」が働いていたのである。

紛争処理メカニズム

組織としてのWTOのなかで特に注目すべきは上訴機関まで備えた紛争処理メカニズムである。紛争処理に要する時間を大幅に短縮、パネル報告の採択に際しては理事会全体が反対しない限りは採択するという「ネガティヴ・コンセンサス方式」を採用するなど、提訴された側による引き伸ばしや妨害を抑える工夫が随所に見られる(図3参照)。従来、米国議会ではGATTの紛争処理には時間がかかりすぎるとの批判があり、これが米国通商法三〇一条(米国が一方的に「不公正貿易国」を特定し、制裁をちらつかせながら交渉を行うことを可能にする法律)を援用する論拠となっていた。WTO紛争処理がうまく機能すれば三〇一条援用の必要性は減少する。その意味でWTOにおける紛争処理機能強化はWTOシステム全体にかかる重要な課題であった。

ではWTOにおける通商紛争処理はどのような特徴を持っているのだろうか。第一の点は、GATTの時よりも紛争案件の数が増えたことである。WTO事務局の資料によれば、一九四八年から一九九四年までの四七年間に取り上げられた紛争事案は三一四件で、年平均では六・七件ということになる。これに対し、WTOのもとでは一九九五年一月から二〇〇二年の十二月末までで二七五件が紛争事案として持ち込まれており、年平均では約四〇件ということになる。特に一九九六年から一九九八年までの三年間は一九九七年の四六件をピークに四〇件を超える紛争案件がW

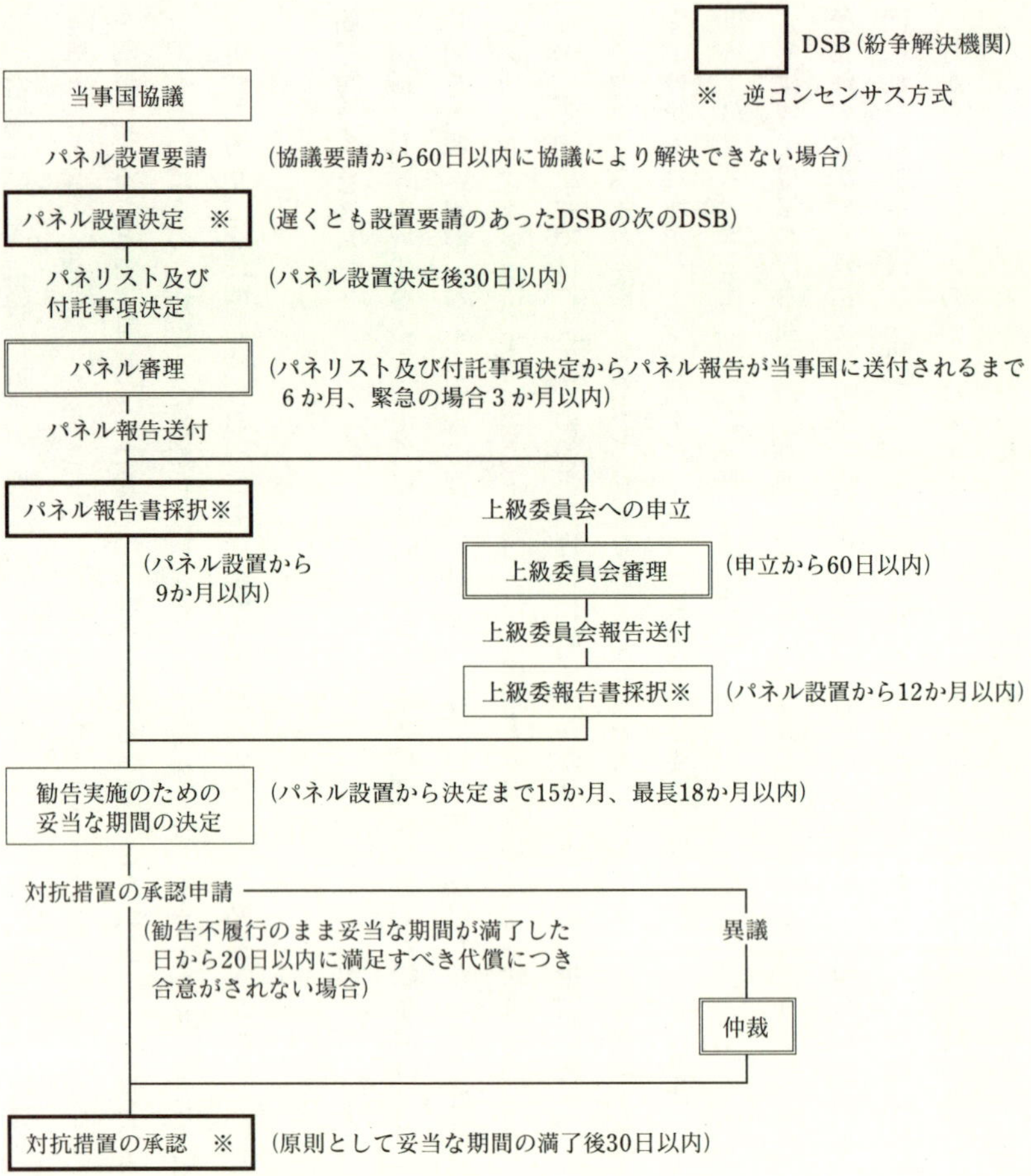

図3　DSUによる紛争解決手続きの流れ

出典：通商産業省通商政策局編『2000年版不公正貿易報告書』570頁より。

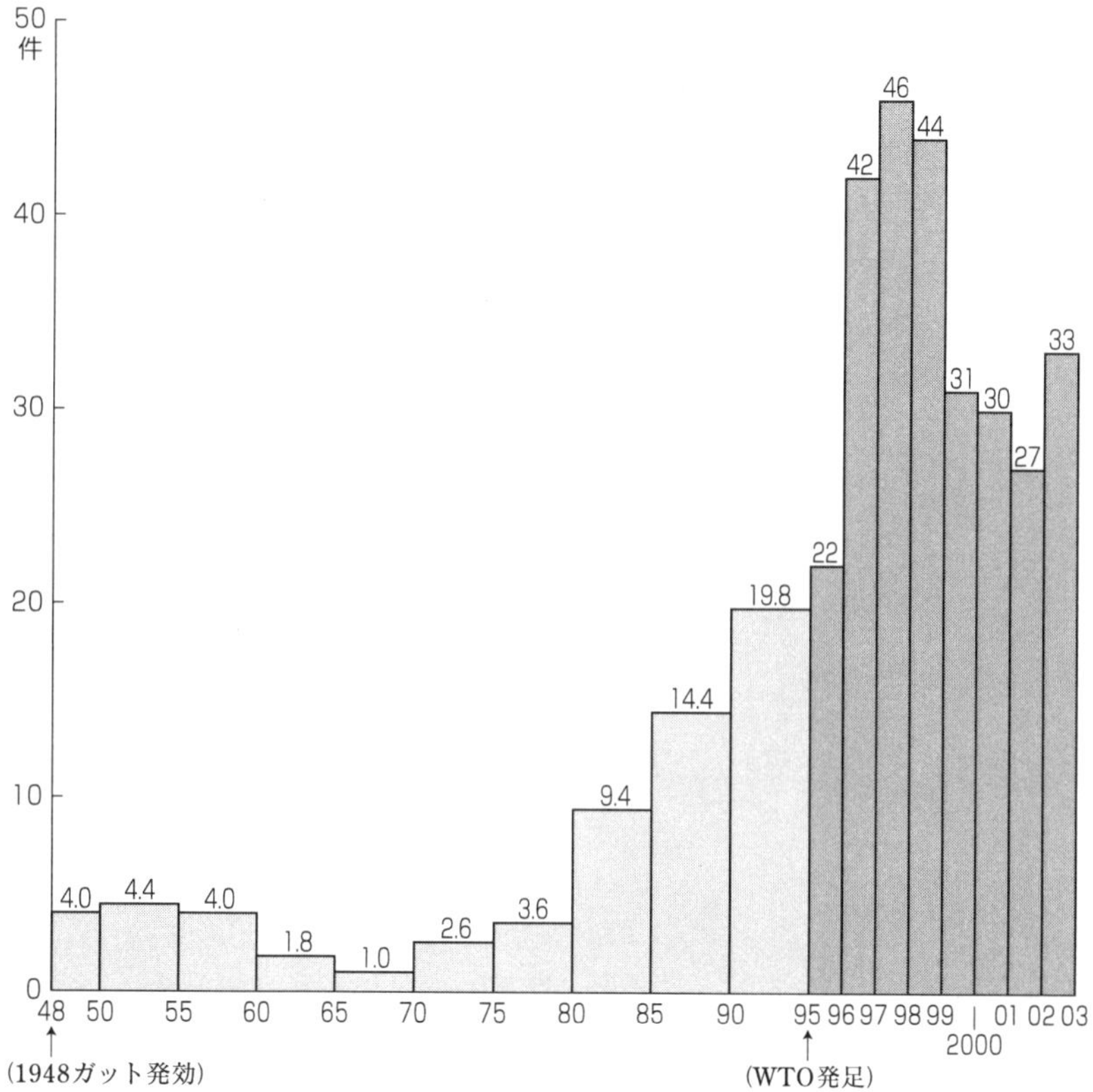

※1 (2002. 12月現在)
※2 (1948-95年：平均件数／1995以降：通年件数)

特徴 1：紛争案件数の増加

ガットの下での紛争案件数(1948-94年)
314件 (年平均 6.7件)
→
WTOの下での紛争案件数(1995-2002.12)
275件 (年平均 40件)

※ 上記数値は、紛争解決手続の第1段階である協議要請が行われた件数。

特徴 2：途上国による紛争解決手続の利用(全紛争案件数に占める割合)の増加

ガットの下での紛争案件(1948-94年)
途上国の対先進国申立て 11.5%
途上国の対途上国申立て 2.9%
→
WTOの下での紛争案件(1995-2002.12)
途上国の対先進国申立て 18.5%
途上国の対途上国申立て 17.5%

図4 ガット・WTOにおける紛争案件数の推移
出典：外務省 ガット／WTO事務局資料より作成(2002年12月現在)。

TOの紛争処理メカニズムに委ねられている(図4参照)。

WTOのもとで紛争案件が増加した背景には単純に加盟国数が増加したことがあるかもしれない。しかし、それ以上に紛争処理のための小委員会(パネル)設置がほぼ自動化されたことや、先にふれた「ネガティヴ・コンセンサス方式」に見られるような紛争処理の自律性強化、紛争一件当たりの処理全体に要する時間の短縮化など紛争処理メカニズム自体に改善が見られたことが大きいと思われる。[6]

WTOのもとでの紛争処理のもう一つの特徴は途上国による提訴が増加したことである。GATTの時代には途上国による対先進国申し立ての割合は全体の一一・五%であった。これに対しWTOになってからはその割合は一八・五%に上昇している。[7] また、途上国による対途上国申し立ての割合はGATT時代には全体の二・九%でしかなかったが、WTOのもとではその比率は一七・五%と格段に増えている。

このように紛争処理件数が増加し、しかも途上国による紛争処理機能の利用が多くなってきていることは国際機関としてのWTOへの信頼を高めることにつながっている。また、WTOの紛争処理機能が一種の「国際公共財」としての役割を果たしているとすれば、これがより多くの加盟国にいっそう活用されることは「国際公共財」としてのWTOの意義を高めることにもなる。現在進行中の「ドーハ開発アジェンダ」(従来の「ラウンド」に相当)では紛争処理手続きの改善も交渉されており、さらに進化した紛争処理メカニズムが誕生することになっている。

おわりに——競争と協調の多国間フォーラムとしてのWTO

以上みてきたようにGATT・WTOシステムは多面性を持っているが、これを理解するうえで国際関係学は手助けとなる。なぜなら国際関係学は政治と経済、経済と法をアプリオリに分離しないからである。世界が市場としては一つの単位として機能しながらも、政治的には一八〇以上もの国家主権を持った独立国家から成っているという現実が貿易問題を複雑にしている。日米交渉などでは「内政干渉」と思われるギリギリのところまで交渉が及ぶことがあるが、これも主権国家が世界市場という単一の「闘技場」でたがいにしのぎを削っているからに他ならない。

発足当時GATTはたしかに米国の主導権のもとにできた機関であった。しかし世界生産に占める米国の比率が当時の約四〇％から二五％以下に落ちてきた現在、世界の貿易体制は米国一国によっては支えきれない。その意味でウルグアイ・ラウンドを契機に誕生したWTOは、二十一世紀へ向けた「自由貿易レジーム」として米国自身が半世紀前にめざしたマルチラテラリズム（多国間主義）をようやく実現するものとして期待されている。

このように通商の分野においては各国は自国の繁栄と安定のために世界市場でたがいに激しく競争しながらも、関税自主権をはじめとするさまざまな経済主権を交渉と合意されたルールに基づいて一定程度譲歩し、相互に開かれた市場を提供し合う形で協力している。WTOシステムは世界市場と国家のパワーゲームにおいて、「競争」と「協調」という異なるベクトルの間で最適の緊張関係を提供するフォーラムであるといえよう。

（本章における記述はすべて筆者個人の私的見解であり、筆者が執筆時に属している機関の見解ではないことをお断りする。）

1　もちろんすべての参加NGOが暴力的な手段に訴えたわけではない。平成一二年版の『通商白書』によれば、シアトル閣僚会議に参加を申請したNGOの総数は約七三七団体。人数は報道等によれば約五万人と言われている。

2　「貿易と環境」の関係については、渡邊頼純「第七章　貿易と環境」高瀬保編著『ガットとウルグアイ・ラウンド』第二版、東洋経済新報社、一九九五年、渡邊頼純「貿易と環境の政治経済学」佐々波揚子編著『WTOで何が変わったか』日本評論社、一九九七年を参照。

3　WTO Secretariat, 10 Benefits of the WTO trading system, January 2002, pp.9–10.

4　Ibid., p.8.

5　Ibid.

6　ＷＴＯの紛争処理の詳細については、拙稿「紛争処理機能の強化」高瀬保編著『ガットとウルグアイ・ラウンド』東洋経済新報社、一九九三年、岩沢雄二『ＷＴＯ紛争解決手続き』三省堂出版、一九九五年などを参照。

7　パネルや上級委員会において先進国に対する途上国の申し立てが認められ、途上国側が「勝訴」したおもな事例としては、次のようなものがある。「米国のガソリン規制」（ベネズエラ、ブラジル）、「米国の木綿及び人造繊維性下着の輸入規制」（コスタリカ）、「米国の毛織シャツの輸入規制」（インド）、「ＥＣのバナナ輸入・販売・流通制度」（エクアドル、グアテマラ、ホンデュラス、メキシコ他）。

第九章

グローバル化と国際安全保障

吉川　元

はじめに

振り返るに、わかりやすい時代であった。東側陣営(ソ連ブロック)と西側陣営が対立していた冷戦期、ミサイル数や核弾頭数の均衡の維持に、陣営の安全が、さらには世界の安全が託されていた。たいていの人が、軍事力の均衡によって平和が維持できるものと信じていた。ところが、その軍事超大国ソ連およびその陣営が、戦争によってではなく、民族の反乱と市民の蜂起によって内部から崩壊した。そして国際関係は大きく変化した。かつてハーバード大学教授を務め、後に上院議員になった国際政治学者モイニハンが、永年のライバルであり、リアリストとして知られる国際政治学者キッシンジャーからのわずか一行の手紙を受け取ったのは、ソ連の崩壊直後のことである。「いかにも私が誤っていました。あなたの予言は、私のそれよりも正しかった」と、キッシンジャーは、自身の国際関係の見方に誤りがあったことをモイニハンに認める。この手紙を自著『パンダモニアム』で誇らしげに紹介するモイニハンは、エスニック政治の視座を国際関係にあてはめたからこそ、ソ連ブロックの崩壊が予見できたという。[1] 国際関係のパラダイム(思考の枠組み)が、そして安全保障の見方が、世界の動向を左右するとともに、世界の動きを予見する手がかりともなる。

冷戦が終結して一〇年以上の歳月が経過すると、安全保障観もずいぶんと様変わりした。自然環境の悪化、麻薬、武器流出、国際テロリズム、あるいはエスニック紛争といった非軍事的な新たな脅威が出現した。さらに、脅威の認識の仕方にも変化が生じている。人権の抑圧、独裁体制の存続、あるいは民主化の行き詰まりといった国内秩序のあり方も国際平和と安全を脅かす要因と考えられるようにもなった。イラクのサダム・フセイン独裁体制は、中東の、さらには世界の脅威である。公然と世界に挑戦する、北朝鮮の金正日体制も、国際平和への脅威である。世界の平和と安全のためには、フセイン体制も、金正日体制も崩壊させねばならない、と公然と論じられるようになる。どのような国とも友好関係を築くことこそ国際平和の礎と考えられていたのは、遠い昔のことではない。今は、国家の秩序、政治体制のあり方を国際平和と安全との関わりで論ずることがあたりまえの時代になった。

安全保障観の変容は、国家の資源配分や対外政策の優先順位に影響を及ぼす。世界が二極化し、極度の軍事対立のもとにあった冷戦期には、核開発をはじめ軍事技術の革新および軍事力の整備充実こそ国家安全保障政策の要諦であり、資源は軍事および軍事同盟の維持に優先的に向けられ、対立する二つの陣営間では、経済相互依存も、技術・文化交流も制限された。ところが、冷戦が終結し、国際安全保障や地球安全保障の模索が始まると、民主主義、人権尊重、法の支配といった国内秩序の再建が、国際の平和と安全を保障する要件とみなされるようになる。国際社会は、安全保障のグローバル化に、また人間の安全保障に取り組むようになる。援助政策の見直しにも発展する。民主制度の実現、平和文化の育成、持続可能な開発、人権保障の制度づくり、さらにはNGOの育成に、援助が向けられる。国際テロからの安全をめざし、安定した国家の建設に国際援助が向けられることにもなる。

冷戦終結にともなう安全保障観の変容の背景には、そうした変容を必要とするような国際社会からの要請があり、またそうした変容を可能にするような国際関係の変化があったに違いない。なぜなら安全保障観というものは、時の国際法秩序、軍事技術の発達程度、経済的相互依存の進展程度、さらには国内政治と国際政治のリンケージの進展程度、といった諸要因が醸し出す国際関係パラダイムを反映するものであるからである。

本章では、グローバル化の進展にともなう、新しい国際安全保障観の形成の背景を考察する。特に冷戦終結後に急速に進展する民主主義のグローバル化が国際平和と安全保障のパラダイムを変えていく過程を検討する。また「民主主義による平和」が安全保障の脱国家化、国際化をもたらし、また国際機構やNGOに重要な役割を与えるトランスナショナル関係の進展を促進させている背景を明らかにする。そして新たな国際平和の維持のために、内政干渉が招待されたり、強制的な干渉までもが正当化されたりしている国際秩序再編の動きの現状と課題を検討する。

1　安全保障と民主主義

戦争の減少

第二次世界大戦後、国家間の戦争は減少し、一方、近年、内戦が増加しているというのが、われわれの一般認識であろう。戦争を、犠牲者一〇〇〇人を超える大規模武力衝突と定義すると、第二次世界大戦後の半世紀（一九四五〜九五年）、世界で一六四件の戦争が発生し、そのうち国家間の戦争は三八件、他は内戦である（内戦の占める割合は七七％）。[2]冷戦終結後の一〇年間に、すなわち一九九〇年代の一〇年間に、ストックホルム国際平和研究所（ＳＩＰＲＩ）の調査によれば、大規模武力紛争は五六件発生しており、こうした大規模紛争のうち国家間紛争は、わずか三件である（湾岸戦争、印パ戦争、そしてコソヴォ戦争）。[3]

これまで戦争をなくすためにさまざまな措置や手法が考案されてきた。来し方を振り返るに、勢力均衡、集団安全保障体制、戦争の禁止さらには武力行使の禁止、軍縮および軍備管理、核抑止戦略等々、政治的または法的な手立てが、それぞれ戦争の防止に一定程度、寄与してきたと考えられる。加えて、グローバリゼーションの進展によって大規模な戦争が起こりにくくなっている面もある。経済の相互依存関係が進展している工業先進国の間では、自国の国益と他国の国益との境界線が引けなくなり、戦争行為そのものが政治的にも経済的にも引き合わなくなった。

グローバリゼーションとの関連で、軍事技術の進歩が、距離を相対化し、さらには無意味なものにしてしまい、距離が国の安全を保障しきれなくなった結果、戦争が起こりにくくなっている面もある。城の天守閣は、わずか数キロメートル周辺に堀をめぐらすだけで、守られる時代があった。槍や鉄砲の射程距離からして、それが安全な距離であった。それが大砲の射程距離が天守閣にまで届くとなると、大阪城は落城の憂き目に遭う。また国境の防備を固めることが国防の礎であると信じられていた時代があった。フランスが、ドイツとの国境線四〇〇キロメートルにわたって築き上げたマジノ線は、当時、最長かつ最強の要塞線であったが、いつのまにやら空域が戦場となる時代が到来した。対空防御に難があるマジノ線は、ドイツの空軍力の前に、いとも簡単に突破された。そして、いまミサイル時代である。国境を通過することなく、世界のどこにでも飛来し、瞬時に人類を破滅できる時代に入った。軍事技術の飛躍的進歩で、国家の安全は脆《もろ》いものになり、それだけにハイテク産業に依拠する先進工業国の間では戦争など起こせなくなっている。

あまりの危うさと脆さに、勢力均衡をもじって「恐怖の均衡」とまで比喩されたあの冷戦が終結すると、核軍縮、通常戦力の削減、そして徴兵制の廃止など非軍事化の動きが、中東とアジアを除き、世界規模で生じる。近い将来、戦争は想定されなくなったからである。そして軍縮や非軍事化の動きに並行して、人権の尊重や民主主義の実現を国際平和および安全保障の実現要件とみなす思潮が一気に広まる。そこには、国連が主導する、民主主義のグローバル化の試みがあったことに注目したい。

民主主義のグローバル化

二十世紀最後の年に開催された国連ミレニアム・サミット(二〇〇〇年九月)の席上、アナン国連事務総長は、国連の影響力が一般に想像されている以上に大きい、と論じている。その大きさは、けっして軍事力の行使に起因するからではなく、「国連が代弁する価値」に由来するという。そして「グローバル規範の確立とその維持に寄与すること」にこそ国連の役割がある、と述べる。[4] 実際のところ、冷戦終結とともに、国内統治(ガヴァナンス)のあり方を問う、新たな国際規範の創造の営みが国連主導で始まった。民主主義、法の支配、人権尊重といった国内秩序や国内統治のあり方を、国際の平和と安全に結びつけるような国際平和と安全保障のパラダイムの転換を国連が主導した。意外なことであり、意外な影響を及ぼすことになる。

そもそも国連の公式文書では「民主主義」なる用語は長年にわたって使用されずにきたことに留意したい。ソ連・東欧諸国の社会主義体制にとって、民主主義は脅威であり、到底受け入れられない価値・規範であり、「民主主義」という用語を使用することはタブーであったからであるという。[5] 植民地支配から独立を達成したものの、開発独裁にはしった多くのアジア・アフリカ諸国が、国内秩序について国際社会からとやかくいわれるのを拒んだこともその一因であろう。しかし、冷戦が終結するにともない、民主主義を問い、民主主義の実現による平和と安全保障を求める動きがにわかに始まる。

一九八八年以降、国連総会は、数度にわたって「真正な定期的選挙の原則の有効性強化」と題する決議を採択している。定期的かつ真の自由選挙の実施を、この時期、世界の共通規範に格上げしようとする試みであった。安全保障理事会の初の首脳会議(九二年)では、経済社会問題、人道問題、環境問題といった非軍事的不安定要因が国際平和と安全への脅威となったと指摘され、首脳会議はこうした問題の解決を最優先するように国連加盟国に訴えかけた。[6] 安全保障理事会の要請を受けて、ガリ国連事務総長(当時)がまとめた報告書がかの有名な「平和への課題」である。そのなかで、「絶対的かつ排他的主権の時代は過ぎ去った」ことを告げ、国連加盟国に「グッド・ガヴァナンス」を求め、民主主義の諸原則を尊重するよう要請した。そのうえで、従来の平和維持活動に加え、平和創造、予防外交、平和構築といった、それまではれっきとした国内問題の領域に国連が関与するとの方針を打ち出した。[7]

第二回世界人権会議(一九九三年六月)では、開発を優先し、民主主義や人権を侵害してきた国家には、その政権の正当性が国際的に問われることになるような共通規範に世界が合意した。同会議で採択されたウィーン宣言において、すべての人権の伸長と保護が国際社会の「正当な関心事項」であることを確認する(四項)とともに、民主主義、開発および人権の尊重の相互依存的な関係を確認し、国際社会が民主主義、開発、人権尊重を支持することに合意した(八項)からである。ガリ国連事務総長がまとめた「開発の課題」(一九九四年)では、民主主義は多文化、多エスニック社会で暴力紛争を抑止する制度であり、民主主義は政府の政治的正当性を確立するゆえに、「グッド・ガヴァナンス」を保障する、と論じられた。「民主化への課題」(一九九六年)では、民主主義国家であることが国際社会の構成員としての資格となり国連は民主化支援に積極的に関与する、と論じられた。ミレニアム・サミット(二〇〇〇年)で採択された「国連ミレニアムの宣言」にいたっては、国連は人権に加え民主主義の促進および法の支配の強化に努力を惜しまないこと、そしてすべての市民の真の政治参加を認めるような政治過程の実現に集団的に取り組むことを宣言した。

自決権とマイノリティ保護の新たな動きについても触れておかねばならない。第二次世界大戦後の国際社会は、マイノリティ権利の伸長はおろか、マイノリティの定義すら拒んできたことを想起したい。国連が、加盟国の分離独立につながるような権利を自ら規定することを拒んできたことは、無理もない。国内のマイノリティをいかに扱おうとも、それは加盟国の主権管轄事項とみなされていた。ところが、欧州安全保障協力会議(CSCE)でマイノリティ権利保護がにわかに進み（コペンハーゲン文書、一九九〇年六月）、そしてユーゴスラヴィアとソ連からそれぞれ分離独立した国は自決権の行使として承認され、ただちに国連への加盟が認められた。それまで加盟国の分離独立を阻止してきた国連の半世紀に鑑みれば、異例の事態である。これを契機に、自決権の再解釈が始まり、マイノリティ保護に世界が乗り出した。国連総会（一九九二年十二月）は、「マイノリティ権利宣言」を採択して、マイノリティのアイデンティティ保護と発展に向けて積極的に対策をとることを決定した。無論、こうした試みが国家の分離独立への支援を意味しないことは付記してある。8

国連は、主権国家から構成されている国際機構であり、その国際関係において内政不干渉原則を最優先規範としてきた。その国連が、人権、マイノリティ権利、グッド・ガヴァナンスを問い、さらには民主主義の実現を加盟国に求めるようになった。このことは、国連の安全保障政策の大転換を意味する。

「民主主義による平和」の起こり

侵略戦争での戦争犠牲者の大きさは、世に語り継がれ、知られている。しかし、政治権力による一般市民への殺戮《さつりく》についてはあまり語られてはいない。政治学者ラメルの調査報告は、衝撃的である。これによると、独裁体制の自らの手による住民の集団虐殺（ジェノサイド）および弾圧や抑圧による犠牲者は、戦争での戦闘員犠牲者数をはるかに上回っている。共産主義体制下のソ連で六〇〇〇万人が犠牲になった。共産党政権下の中国で三五〇〇万人、ナチス・ドイツで二〇〇〇万人、それに軍国主義下の戦前一五年間の日本で六〇〇万人の住民や占領下市民が殺害されている。カンボジアではポルポト政権下のわずか四年で人口の三〇％にあたる二〇〇万人が殺戮された。権力が集中すればするほど、その政権は国民を抑圧し、それに戦争を自由に始めることができる。独裁体制は、戦争とは無関係の無垢《むく》の民に容赦ない。この論文は、ジェノサイドや大量殺戮を防ぐ方法は、権力を制限し、抑制することにあり、民主主義的自由を確立することにしかない、と結んでいる。[9] こうした事実は、漠とは知られていた。さりとて民主化が国際政治の俎上《そじょう》に載るには、東西対立の国際政治枠組みでは無理な話であった。

とはいっても、冷戦が終わる前から、独裁体制と国際平和の関連を問う「民主的平和」の視点が、ソ連・東欧の反体制派知識人から提起されていたことは記録にとどめたい。社会主義体制のもとでは国家と社会が戦争状態にあった。西側の平和運動の訴えかけも、反核運動の訴えかけも、それに東西両陣営のデタント(緊張緩和)の呼びかけも、国家間の平和を訴えているにすぎない。社会主義国家との国際平和の追求は、独裁体制の延命に寄与するにすぎない。それは独裁体制による市民の人権や安全を脅かす行為に加担することに他ならない。追求すべきは、独裁体制の民主化と国際平和の双方の同時実現による「民主的平和」であらねばならない。[10] こうした切なる叫びは、当時は、むしろ平和に挑戦する考え方として、世界の受け止め方は冷ややかであった。社会主義体制を先進的なものとみなす進歩的知識人が西側で幅を利かせていた冷戦期には、民主的平和の見方は、さほど注目を浴びなかった。

冷戦の終結を境に、民主的平和(より正確には「民主主義による平和」であろうが)が論じられるようになり、また民主主義が国際安全保障との関連で論じられるようになる。そうした背景には、二つの国際関係の新潮流が介在していた。第一に、民主化が世界の潮流となったことで、独裁体制や権威主義体制が人間の安全との関係で、見直されることになった。政治学者ハンチントンのいう、一九七四年にポルトガル革命で始まる民主化の「第三の波」は、東欧の民主主義革命で、またたくまに世界の過半数の国を民主化した。[11] 競争的かつ自由で公正な選挙を行う国は、二〇〇一年には、世界一九二カ国中一二一カ国(六三%)に増加している。[12] こうした民主化の新潮流のなかで、冷戦の教訓として、国内秩序と国際平和の関係を結びつける新たな国際平和観の創造の潮流があった。冷戦の終結は、西側陣営からすれば、自由主義および民主主義の勝利であり、社会主義体制の崩壊後に民主国家を建設することは、欧州の、さらには世界の平和と安全を保障するうえで喫緊《きっきん》の課題であると認識される。民主化に失敗しての揺り戻しが懸念されたからでもある。一九九〇年代前半、「民主的平和」論の嚆矢《こうし》としてイマヌエル・カント著『永遠平和のために』が読み直され、そして民主主義国家の間の国際平和を論じたブルース・ラセット著『パクス・デモクラティア』が広く世界で読まれ、民主的平和のパラダイムが普及した。

第二に、政治的に不安定な弱い国を安定した民主国家へ再建することが、国際平和と安全に火急の課題とみなす新潮流である。エスニック紛争は、国家や政府の正当性の衰退にともない発生し、しかも国内紛争はしばしば周辺国を巻き込み、地域の安定を損なうことはすでに論じられている[13]。実際、ユーゴスラヴィア各地のエスニック紛争の発生にともない、周辺国に陸続と押し寄せる難民は周辺国の安定を脅かし、昔から「欧州の火薬庫」と恐れられていたバルカンに欧州全域を巻き込むような大規模戦争が勃発する可能性が現実味を帯びてきた。政治的に不安定で、経済的に脆弱な国の存在は、それ自体、平和と安全の脅威となる。一九九〇年代後半の一時期、統治能力を喪失したアルバニア、あるいはそれに先立ちアフリカの各地に生じたいくつもの「破綻国家」では、武器の管理すらできず、武器流出が周辺国の武力紛争に拍車をかけ、紛争をいっそう悲惨なものにした。それゆえに、民主的で安定した強い国家を建設する必要性が、国際平和と安全保障との関連で論じられるようになった。

2　安全保障の国際化

欧州での共通の安全保障

ところで「平和」と「安全」は、本来、異なる概念である。平和とは、複数の行為主体間(国家間)に暴力が存在しない関係を意味し、安全とは、特定行為主体(国家)の見地から、その行為主体に脅威が存在しないことを意味する。「身の安全」とはいっても、「身の平和」とはいわない。そして、(国の)安全を追求することが、必ずしも(国際の)平和に結びつくとは限らない。それに従来の国際関係においては、安全の行為主体(国家)の内なる秩序など、問わないしきたりであった。ところが、民主的な平和観の広がりは、国際平和の、国際関係秩序から国内秩序への再定義を進めることになる。加えて、保障される安全の行為主体を多元化し、国際化、さらにはグローバル化してしまうことにもなる。

国内秩序のあり方しだいで、国際地域の安全が脅かされ、さらには世界の安全が脅かされるとなれば、安全の保障主体を国際地域、さらには全地球にまで広げて考えることができる。こうした安全保障の国際化は、「協調的安全保障」「共通の安全保障」「地球安全保障」と呼ばれる国際安全保障観の形成につながる。安全の保障主体を、人間個人にまで狭める安全保障の脱国家化の動きも見られ、近年、「人間の安全保障」と呼ばれるものがそれである。保障手段(アプローチ)に目を向ければ、人権およびマイノリティ権利の尊重、民主制度および法の支配の確立といった国内秩序の変革によって安全を保障しようとする非軍事的な国際安全保障観が潮流となっている。「民主的安全保障」「包括的安全保障」「共通・包括的安全保障」と呼ばれるものがそれである。[14]

そこで、冷戦後の国際安全保障として、広く知られ、かつ政策として実践されている欧州の「共通・包括的安全保障」の特徴とその形成の節目になった国際合意文書を瞥見《べっけん》してみよう。欧州では、CSCEおよびそれが国際機構へと発展したOSCE(欧州安全保障協力機構)を舞台に、民主的平和と共通安全保障の実現のための共通・包括的安全保障という概念を練り、発展させていった。[15]その共通・包括的安全保障の特徴をまとめると、第一に、軍事的脅威のみならず、人権の侵害、権威主義体制の存在、民主制度の崩壊、経済危機といった国内諸問題をも地域共通の安全を脅かす要因とみなし、これらの問題に地域をあげて包括的に対処することにある。第二の特徴は、各国の安全の保障はたがいに不可分に結びついているとみなし、欧州地域共通の安全保障を協調して追求することにある。国家の安全保障は、他国の安全保障と不可分に結びついているという、「安全の不可分性」概念は、共通の安全保障原理の根幹をなす。ちょうど、集団的安全保障の原理が、ある加盟国への攻撃を他のすべての加盟国への攻撃とみなすことによって成り立つように、共通・包括的安全保障の原理は、国家の安全がたがいに不可分に結びついているとみなすことによって成立する。もっとも、たとえば、権力集中を強めるベラルーシが、実際にアイスランドの脅威となるかは、怪しげなことではある。しかし、これが共通の安全保障の原理である。

欧州の国際安全保障の一つの柱である「共通の安全保障」という概念は、「安全保障の不可分性」という考え方に立脚しているが、その安全保障の不可分性という概念の起源は、管見によれば、CSCEのヘルシンキ最終文書(一九七五年)に初めて見出される。世界が大きく二つの陣営に分かれて対立していた冷戦期、東西両陣営は、国際政治学者ハーツが概念化したあの「安全保障のジレンマ」に陥っていた。[16] 安全保障のジレンマから脱却するためには、安全保障パラダイムの転換に知恵を要した。その突破口となるのが、「欧州の安全の不可分性」に合意したヘルシンキ最終文書であった。その後、冷戦末期のCSCEウィーン・フォローアップ会議(一九八六〜八九年一月)の最終合意書で、人権、民主主義の諸原則、人道上の諸問題が安全保障の「人的側面」と規定されるにいたったことに注目したい。この最終合意書は、欧州国際安全保障のもう一つの柱である包括的安全保障への取り組みの論拠を与えることになる国際合意である。しかもそれとは別な意味でも、もっと注目されてよい。なぜなら、冷戦末期、二年余にわたって開かれたこの会議の進展に並行して、ソ連ブロック内のトランスナショナルな人権・平和運動が力を持ち、そして会議の最終合意書を拠り所とした市民運動のさらなる展開が、東欧諸国の社会主義体制の崩壊に拍車をかけたからである。しかも、この国際合意は、東欧諸国の民主化の指針ともなったからである。[17]

冷戦の終結を宣言し、冷戦後の国際秩序の指針を取り決めたCSCEパリ首脳会議(一九九〇年一一月)で採択された「新欧州のためのパリ憲章」(パリ憲章)は、民主主義と国際安全保障とを関連づける歴史的な国際合意である。同宣言は、欧州共通の価値として、人権尊重、民主主義、法の支配、および市場経済を掲げる。そして欧州諸国の「唯一の統治システム」としての「民主主義」を創造し、強化することに取り組むこと、そして「ヴァンクーヴァーからウラジヴォストークまで」の「民主主義国家の共同体」の創造に取り組むことを宣言した。[18] 民主主義を欧州での唯一の統治システムであることに合意したパリ憲章は、国家は国家秩序をいかようにも組織でき、外部アクターの関与するところにあらず、という伝統的な国家主権の解釈に変更を迫る国際合意である。

国際機構による共通安全保障

グローバル化時代に、国際平和と安全保障の領域で、国際機構に重要な役割が期待されるようになった。国際政治学者ラセットが指摘するように、相互依存が進展している地域では、国家は総じて国際機構に加盟する傾向にある。また国際機構は相互依存関係をつくり、民主主義国家を育む。国際機構が重層的に存在している地域では、平和、発展、民主主義が実現している。つまり国際機構の重層化が国際平和の創造に貢献するからである。[19]

欧州では、先述のごとく、ＣＳＣＥ・ＯＳＣＥを中心に共通・包括的安全保障を追求しているが、それは他の国際機構と協調し、協力しての取り組みでもある。欧州連合(ＥＵ)の共通外交・安全保障政策の基本理念を確立したマーストリヒト条約(一九九一年)では、国連憲章の原則、ヘルシンキ宣言の諸原則およびパリ憲章の目的に基づいて、平和を維持し、国際安全保障を強化することを謳い、共通の外交・安全保障政策として、民主主義、人権、法の支配を強化することを目標に掲げた。欧州審議会は、初の首脳会議で採択したウィーン宣言(九三年)で、「民主主義による(民主的)安全保障」概念を提唱した。民主主義の安全保障とは、国家間関係の安全と加盟国の安寧と安全の双方をめざすものであり、よって民主主義の定着を促進することで安全を確保しようとする新しい国際安全保障観である。[20] それまで、民主主義および人権の普及に努めてきた欧州審議会が、民主主義の実現を安全保障の要諦とみなす国際安全保障観を打ち出したことに斬新さがある。地域安全保障機構である北大西洋条約機構(ＮＡＴＯ)も、これに追随する。

九五年にＮＡＴＯの拡大方針を発表して以来、加盟希望国に軍事改革、市場経済の移行と並んで、民主主義の実現を加盟条件にすることを明らかにし、加盟希望国に民主化を奨励している。

国際機構による民主主義のグローバル化の潮流は、南北アメリカ大陸にも押し寄せた。北アメリカと南アメリカにまたがる米州機構（ＯＡＳ）は、冷戦終結を契機に一新した。ＯＡＳ総会（一九九一年六月）は、「代議制民主主義」を「地域の安全、平和そして発展のために不可欠な前提」と位置づけ、民主制度が危機に陥った際には一致して対応措置をとることを確認した（サンチャゴ宣言）。さらに米州機構憲章を改正し、人権尊重と平和・安全保障を関連づけ（ＯＡＳ憲章二九条）、加盟国の民主主義が武力によって停止した場合には加盟資格を停止することを規定したように（ＯＡＳ憲章九条）、民主主義は米州国際社会の平和を維持するうえで、不可欠な資格として位置づけられるようになる。[21]

民主主義のグローバル化に対して、多国間主義の動きが弱く、地域国際機構の手薄なアジアでは当初、抵抗があった。中国、それにインドネシアをはじめ東南アジア諸国の多くは、押し寄せる人権と民主化の波に抵抗し、「アジア的方法」「アジア的人権」をもって「欧米的」人権や民主主義の強要に抵抗した。しかし、変化の兆しが見られる。東南アジア諸国連合（ＡＳＥＡＮ）が中心となってＡＲＦ（ＡＳＥＡＮ地域フォーラム）が開設され、この枠組みを通してアジア大平洋でも信頼醸成と予防外交の取り組みが始まり、参加国に対して民主化を求める動きがしばしば見受けられる。

3　活発化する国際干渉

民主化干渉

冷戦終結後、国際干渉の正当性がにわかに国際政治の論議の的になった。民主主義のグローバル化による、国内秩序を問う国際平和、さらには共通の安全保障間の普及は、国際社会による国内問題への干渉をともなわずにはおかないからであるからである。もっとも、国際関係の歴史を紐解くに、国内秩序はけっしてその国の勝手に任されてきたわけではない。それどころか新たな政治システムの出現や既存の国内秩序の変革が国際秩序の危機を招来するものと危惧され、武力による国際干渉がしばしば行われてきた。ロシア革命による社会主義国家の誕生に、革命の波及を恐れたわが国をはじめ列強の対ソ干渉戦争、チェコスロヴァキアの民主化の動きをソ連ブロック全体への脅威と見てとったワルシャワ条約機構諸国による同盟国への武力干渉など、国内秩序の変容が国際干渉を誘発した事例は枚挙に遑《いとま》がない。

冷戦終結後の国際干渉は、しばしば「新干渉主義」として論じられる。[22] 新干渉主義論では、人道的干渉のような軍事的干渉に目を奪われがちであるが、人権での干渉、選挙監視・選挙支援といった平和的な干渉、さらには民主制度の建設に向けた民主化干渉は、冷戦後に見られる新しい干渉形態である。それも、国際機構を中心にした多国間主義の干渉であり、またNGOを中心としたトランスナショナルな干渉である。

国際干渉とは、もともとある国の政治現象の進展をその国の意に反して阻止しようとする試みを意味するが、一九八九年以来の欧州で行われている干渉は、目的においても方法においても「建設的干渉」であり、それが「歴史上、前例のない様式の干渉」である、との指摘は正鵠《せいこく》を得ている。[23] 建設的干渉を行うことが可能になったのは、国際社会で共通規範の再解釈がなされ、規範の枠組みが変化し、規範の新たな階層化が生じたからである。国際安全保障にとって民主主義の実現が第一義的国際規範とみなされるようになると、内政不干渉規範は後退し、主権の制限が正当化されるようになり、こうして建設的干渉のメカニズムが構築されていったからである。[24]

建設的干渉のなかで、もっともグローバルに行われているのが選挙監視および選挙支援である。国連でも、またアフリカ統一機構(OAU)、米州機構(OAS)、欧州安保協力機構(OSCE)といった地域国際機構でも、政治参加の権利を規定し、選挙監視の専門部局を設け、選挙監視や選挙支援に乗り出した。[25] 欧州での民主化干渉は、徹底している。社会主義体制崩壊後、憲法の起草、選挙法をはじめ種々の法律の起草、メディアの民営化、行政機構の再編といったさまざまな領域での民主化に、欧州審議会、ＯＳＣＥ、ＮＡＴＯ、欧州復興開発銀行(ＥＢＲＤ)といった国際機構がそれぞれ役割を分担して支援している。なかでも欧州での民主化支援や平和構築の中心的国際機構として位置づけられているＯＳＣＥは、日常的に内政干渉を行っている。たとえば、ＯＳＣＥ民主制度・人権事務所が中心となって、移行期諸国への民主制度の導入のためのプロジェクトを実施し、研修(セミナー)を催し、共通の規範の普及に努めている。また、平和文化や市民社会の創造の一翼を担うＮＧＯの育成を支援している。ポーランド、ハンガリー、チェコなど、かつての社会主義諸国の多くは、こうした民主化干渉のもとで、民主化に成功している。

民主化干渉は、南米でも活発である。一九九〇年代に入って創設され、南アメリカの南部諸国の地域自由市場化をめざすメルコスル(南米南部共同市場)は、民主制度の実現を共通目的にしており、民主化が滞った場合には、加盟国の参加資格停止を含む制裁措置まで取り決める「民主主義条項」を規定している。九〇年代後半にパラグアイの政局が混乱し、軍部が台頭した際に、メルコスル諸国は集団的干渉を行い、民主主義の復活と正常化に貢献した。「民主主義条項」は、南米諸国の民主主義の定着に確かな影響を及ぼしている。[26] 民主主義が否定されたことに対して、国際社会が干渉する例も見られる。ハイチでは、民主的な選挙で大統領に就任したアリスティドが軍事クーデターで追放されたが、ＯＡＳは先に述べたサンチャゴ宣言の手続きを発動し、外交を断絶し、経済制裁を課し、その後、国連安全保障理事会は経済制裁を実施し、さらに多国籍軍による武力行使容認決議を行った。多国籍軍の軍事介入寸前に、軍部は政権を放棄し、民生が回復された。これは、民主主義が危機に陥ったことへの制裁と干渉であるが、民主主義の安全保障観の普及ゆえに、そうした干渉が正当化されるようになった。

予防外交と平和構築

先述したとおり、民主的平和や共通の安全保障を志向する新潮流が生まれた背景には、冷戦の教訓として、独裁体制崩壊後に民主主義を普及させることによって平和地帯を拡大していこうとする国際安全保障上の要請とともに、民族紛争勃発とそれが国際紛争に発展することの教訓として、民主的で安定した国を建設することによって国際平和を創造しようとする要請があった。それだけに、民主化干渉の活発化の動きは、換言すれば、当初より、紛争予防、あるいは予防外交の見地からなされている。

それにしても、移行期が危ない。民主化移行期に紛争が発生しやすいことは、民主的平和論の陥穽としてしばしば論じられている。[27] 不慣れな自由選挙に向けてにわか仕立ての民族政党が、民族主義を称揚させる。それに移行期の政権は、国民の支持を確保するために排外主義的な傾向に陥るために、この時期、移行期特有の政治的危機が発生し、国際紛争に発展する場合もある。[28] 悲惨な国内紛争を経た後とて危ない。エスニック集団間の緊張は続き、安定した国家の建設は多難を極める。それゆえに、紛争の防止の観点から、予防外交や平和構築という国際干渉が必要とされるようになる。

予防外交とは、民族問題や人権抑圧、そして民主制度構築の遅延といった、およそ民主的平和の阻害要因となるような国際平和への脅威を早期に発見して、国際社会がその脅威の除去にあたることを意味する。そのことは、予防外交は、国内問題への国際干渉を許容せねば成り立たないことを意味する。ガリ事務総長(当時)が、報告書「平和への課題」(一九九二年)で、予防外交への取り組みを宣言したのを皮切りに、国連はグローバルな予防外交を試みるようになった。[29] 地域レベルでは、欧州で予防外交がもっとも進んでいる。民主的平和と共通の安全保障観が共有され、しかも国際機構が重層的に存在する欧州では、安全保障への包括的取り組みを可能にするために、内政不干渉原則が後退している。そして、エスニック紛争発生の可能性がある地域や紛争後の平和構築に取り組んでいる地域には、二国間条約や多国間条約の網の目をかぶせることで、その国際規範の法的拘束力を高めようとしている。[30] 域内紛争に発展する可能性を秘めた少数民族問題に起因する緊張について、OSCE少数民族高等弁務官が、独自の判断で干渉することが許されている。

ソ連と旧ユーゴスラヴィアの承継国に派遣されているOSCE常駐ミッションも予防外交の重要な担い手である。国際通貨基金(IMF)、欧州復興開発銀行、国際連合難民高等弁務官(UNHCR)などの国際機構も、必要に応じて特定の国に駐在事務所を設けているが、OSCE常駐ミッションは建設的干渉を日常的に行う点で、これらの事務所とは異なる。外交官や専門家から編成される常駐ミッションは、駐在国の動向を調査し、分析し、その結果を公表するのみならず、民主化や体制変革への助言、市民社会創造への支援、民族対立の動向監視、さらには危機管理といった国内主権に関わる領域への干渉を日常的に行っている。ミッションは、当該国の動向を全欧州諸国に常時知らせることで域内の透明性の確保にも貢献している。[31]

欧州国際社会で展開される予防外交による主権制限と内政干渉は、歴史上、比類のない規模である。それは、防衛、警察、司法、公教育、公的行政機構など伝統的には国家の要諦とみなされてきた領域にまで及んでいる。安全保障規範の確立で、軍人教育、軍事予算の議会承認とその公開も進み、また信頼醸成措置の発達によって、軍の演習および移動の透明性は確保され、国際社会による軍の動向の監視が制度的に可能になっている。干渉は、主権の根幹を揺るがすほど徹底したものである。[32]

国際干渉のなかでは、もっとも建設的な試みであり、かつ予防外交として取り組まれているのが、「平和構築」と呼ばれる国家建設への干渉であろう。国連カンボジア暫定統治機構は、憲政議会選挙を実施し、行政を監督し、さらに人権、民主主義教育に関与するなど、平和構築に貢献した。ボスニアとコソヴォでは、国連に加え、欧州地域機構が加わるために、国際プレゼンスは大がかりである。ボスニアには、国連ミッション、NATO主体の多国籍軍、それにＯＳＣＥが民主国家建設に日常的に関与している。コソヴォでは、国連コソヴォ暫定行政ミッションに、ＯＳＣＥやＥＵが協調して国家建設に関与している。東ティモールでは、まずは国連東ティモール暫定行政機構が暫定統治を行い、独立後も、国連東ティモール支援ミッションが、安全、司法および行政の支援を引き続き行っている。

多国間主義による平和構築は、冷戦期までの国際関係には見られなかった現象である。それは、国際安全保障観に基づくさまざまな国際規範の形成と普及によって初めて可能になった。平和構築や暫定統治は、国際社会がその共通価値や規範を強要する国際干渉ではあるが、それが当事国から受け入れられている。紛争後の国家の再建は急務であり、国際社会からの技術支援、経済支援、それに国家の統一と維持に軍事力が必要とされるからである。

ソ連およびユーゴスラヴィアの移行期の紛争、それにアフリカの紛争の多くは、収束に向かっている。国際紛争研究の権威であるガーは、冷戦終結後の一〇年(一九九〇～二〇〇〇年)の世界の大規模紛争の動向を分析しているが、彼の分析によると、一九八五年以降に発生したエスニック紛争の三分の二は、一九八九年から九三年に集中して発生しており、以後、紛争の多くが解決したか、または収束に向かっている。しかも、新たな紛争の発生の見込みは小さいという。紛争が沈静化しているのは、予防外交の成果とみなされる。紛争のコストの高さを学習した結果としての合理的判断から、民族独立よりも、むしろ民主制度のもとで自治、権力分掌や多文化主義制度の実現を志向する傾向が広まった結果であるという。[33]

安全保障におけるＮＧＯの役割

平和構築や予防外交といった冷戦後の安全保障への取り組みは、旧来、ＮＧＯにはおよそ無縁であった安全保障領域に、活動の場を与えることになる。そもそも、民主化および法の支配の実現への支援、人権尊重の監視、さらには紛争予防や危機管理といった大がかりな安全保障事業は、国際機構の専従スタッフだけの手に負えるものではない。

こうした新しい事業には、それぞれの分野に通じた専門家やNGOの協力が不可欠である。国際機構が行う選挙監視・選挙支援には、世界各地からNGOや専門家が動員される。民主化支援や人権尊重支援は、法律専門家のNGOが実際の担い手である。

平和構築や予防外交がもっとも進んでいる欧州の現状を一瞥してみよう。移行期の国で、揺り戻しが懸念されればこそ、マスメディアへの国家統制の動きの監視やジャーナリストの活動の自由の保障が、予防外交のねらいとなる。予防外交の担い手として位置づけられる「メディアの自由に関するOSCE代表」の活動は、ジャーナリストたちのNGOや法律家たちのNGO、あるいは人権NGOからの情報提供と協力によって初めて成り立っている。[34] OSCE予防外交のもう一つの柱となっている少数民族高等弁務官も、民族問題の早期発見にNGOからの情報提供が欠かせず、また問題解決のためにさまざまなNGOの協力を得ている。

先述したOSCE常駐ミッションは、現地で取り決めの履行を監視し、政府関係者と協議し、助言や勧告をするが、こうした職務の遂行にNGOの協力が要請されている。常駐ミッションは、現地のNGOの役割の分担や調整を行うが、NGOの協力によって民主化支援や紛争予防が可能になっている。民主化移行期にあり、しかも不安定な多民族国家では、NGOの果たす政治的な役割はとりわけ重要である。構成員がさまざまな民族出身者からなる超民族集団として、NGOは全国的な利益を代表する政党のような役割を演じているからである。NGOは、エスニック紛争を予防したり、対立するエスニック集団間の橋渡しをしたりすることが期待できる政治集団でもある。[35] このように、国際安全保障観が普及し、民主的平和の創造に取り組んでいる地域では、国際機構、国際NGO、そしてローカルNGOの協調による安全保障体制が形成されている。

4　国際干渉の正当性と限界

国際干渉の招待の論理

国家の統治形態（ガヴァナンス）のあり方にまで干渉し、国際社会が望む政治システムを創造するために建設的に干渉することは、それが平和的手段によるものであるにせよ、主権平等、主権対等を基本原則とし、内政不干渉を主要な国際規範としてきた伝統的国際関係の仕組み（ウェストファリア体制）への根本的な挑戦である。ところが、一見、奇妙な現象に映るであろうが、世界の各地で選挙監視や選挙支援が招待されている。冷戦終結から数年間でおよそ三〇カ国が国連の選挙監視や選挙支援を受けた。その後も、九〇年代を通じて、アフリカ諸国を中心に、七〇カ国以上が国連の選挙監視・支援を受けた。社会主義から民主主義への移行期の東欧諸国やソ連および旧ユーゴスラヴィアから分離独立したすべての国が、ＯＳＣＥの選挙監視を自ら招待し、しかも民主化、法の支配、人権尊重といった国際規範の履行に積極的である。欧州審議会に自ら加盟して、欧州基準に満たない課題の克服に努めている。

なぜ、国際規範が受容されるのであろう。選挙監視・支援が招待されるようになったのは、民主主義が国際規範となったからであるといえよう。政権や議会の正当性を国際社会に問わなければならなくなった。大筋において、選挙の公正さが証明されれば、それが議会や政権の国際的正当性を確保する機会となるからである。もっとも、国際干渉を正当化する国際規範および国際制度の確立をもってして、被干渉国側の干渉受け入れや招待干渉の動機を説明しきれるわけではない。アフリカやアジアでは、権威主義体制への揺り戻しが観測されるし、アジアでは民主的平和のグローバル化に反対する動きもある。ベラルーシやトルクメニスタンのように、半ば公然と民主化に挑戦する国もある。となれば、それでも、なぜ多くの国が選挙監視、民主化支援、予防外交、平和構築といった建設的干渉を受け入れているのであろうか。

国際規範の受容に努める側に、それなりに地経学的な動機をもたせるような国際関係の枠組みが存在すると考えられる。市場経済への移行に呻吟《しんぎん》し、国内政情も国際関係も不安定な多くの移行期諸国や新たに独立した国家は、欧米諸国から信頼を取りつけ、支援を取りつけることに、国家の再建を、そして発展をかけている。かつてのソ連のように、自陣営の維持のためには自己犠牲を冒してまで自国の資源や食料を同盟国に援助するような気前のよい国など、今はない。二国間外交においても、多国間外交においても、また世界銀行や欧州復興開発銀行といった国際金融機構の援助政策においても、民主化や人権尊重、持続可能な開発が、国際援助の政治的条件として課せられている。すでに述べたように、ＥＣ・ＥＵやＮＡＴＯは、民主化、人権尊重、マイノリティの権利保護を加盟条件に掲げている。それだけに、ＥＣ・ＥＵの経済的な吸引力が、内政干渉を招待する内なる動機づけとなっている。しかし、グッド・ガヴァナンスを国際社会に示さない限り、欧州の平和と安全を脅かすような国には、経済協力も援助も、国外からの投資も、期待できない。観光客の誘致すら期待できない。ＥＵ加盟をめざすトルコが、永年その存在すら認めようとしてこなかった国内少数民族のクルド人の権利(クルド語放送、クルド語学習)を認め、また死刑を廃止したのも、国際機構加盟の展望のなせる技である。

人道的干渉の復活

思いどおりにならない場合がある。だが、閑却できない場合もある。冷戦後、「人道的干渉」という用語が復活したのも、どうやら安全保障のグローバル化と関連がありそうである。人道的干渉という冷戦後の強制行動は、先に述べたように「新干渉主義」として論じられる。もっとも、人道的干渉それ自体は、歴史的にはけっして新しい干渉形態ではない。二十世紀初頭までの欧州の国際政治の歴史においては、宗教的マイノリティの保護をめぐって人道的干渉が頻繁になされた。しかし、武力行使が禁止される二十世紀後半には、激減する。それなのに冷戦終結後、武力行使をともなう強制行動がまれではなくなった。その背景には、価値・規範のグローバル化、そして他国の惨状を伝える情報革新がある。情報技術の進歩で、他国の非人道的な惨状が、リアルタイムで茶の間に入ってくる。国際社会は、他国の惨状を、等閑視できないほど、人権、人道主義の価値を共有するようにもなった。他国の惨状が、自国の安全を脅かすことが予見されれば、なおさらである。

人道的干渉という強制行動の発端は、一九九一年四月、イラク北部のクルド人救済のために多国籍軍が介入したことにある。その後、ソマリアへの干渉、ルワンダへの干渉、ボスニアへの干渉、新ユーゴスラヴィアへの干渉、そして東ティモールへの干渉と、人権・人道の救済を目的とする強制行動が続いた。冷戦終結後の強制行動の特徴は、NATOのような地域軍事機構、あるいは多国籍軍による多国間主義の干渉である。ガリ事務総長は「平和への課題」で国連軍の編成を提案したが、国連の指揮下に国連軍を組織することには各国とも容れず、多国籍軍の道を選ぶことになる。[36]

人道的干渉の正当性については、今日の国際社会では一致した見解はない。武力行使が禁止されており、軍事的強制行動がとれるのは、国連の集団安全保障としての軍事的措置であり(国連憲章四二条)、安全保障理事会の許可を必要とする地域的取り決めによる強制行動である(国連憲章五三条)。武力行使をともなう強制行動は、たとえそれが人道目的であろうとも、国連安全保障理事会の決議のないものは、今日の国際法秩序のもとでは違法である。それだけに、国連決議のないNATOのユーゴスラヴィア空爆は、違法行為として物議をかもした。

人道問題や人権問題が、国連人権諸条約の違反であり、しかもそうした問題が国際安全保障を脅かすものとの国際合意が確立されている以上、救済目的の強制行動は国際政治的には正当性があるとの見方もできよう。それに、コソヴォ紛争へのNATOの介入は、アルバニア系住民の抑圧が、「欧州の火薬庫」へ引火し、地域戦争に発展するのを予防するための武力行使であった点で、国際政治的には正当化されるとみなす向きもある。もっとも、歴史に仮定はありえず、人道的干渉がなされなかった場合のその後の展開については、検証をしようがない。それがこうした予防行動にまつわる政治的正当性の根拠の弱さでもある。

ともあれ、コソヴォへのNATOの強制行動、さらにはアメリカによる対アフガニスタン、対イラクへの強制行動は、従来の戦争とは戦争目的を異にする点には留意せねばならない。ユーゴスラヴィアへの空爆のさなかに開催されたNATO首脳会議で採択された「コソヴォに関する声明」には、NATOの軍事介入に根拠について、次のように触れる。「コソヴォ危機は、NATOがその創設以来拠って立つ基本価値、すなわち民主主義、人権、法の支配への根本的な挑戦である」と。コソヴォの戦争は、ミロシェヴィッチ政権を打倒し、その後に民主的な政府を建設することまで戦争目的に含めていた。そして、戦争で痛手を受けたミロシェヴィッチ政権は、不正選挙を契機に市民の反乱で倒壊した。その後の展開が興味深い。コシュトニツァ新政権は、国際規範を履行することを約束し、OSCEの加盟資格を回復するとともに、OSCE常駐ミッションを受け入れ、国際干渉を日常的に受けることになる。また国連の制裁は解除され、ただちに国連への加盟も認められた。欧州国際規範を受け入れことで国際社会への復帰が実現したのである。アメリカのアフガニスタン攻撃も、政権崩壊後に民主的政権を樹立することまで戦争目的に入っていた。そして、イラクを攻撃したアメリカの目的が、サダム・フセイン政権を打倒し、民主的政権を樹立することにあったことも、公然の事実である。民主的平和観に基づく予防外交の延長線上に、民主主義の実現のための戦争まで正当化されようとしている。

おわりに

冷戦後、地球規模での民主主義による国際平和と安全を国際社会は志向し始めた。それで、世界はどれだけ、平和になったか。国際の安全がどれだけ保障されるようになったか。最後に、民主的平和の創造の限界と、それが今、私たちに突きつけている問題を検討してみよう。

民主主義の実現が困難な国や地域に民主的平和を実現しようとすることで、国際社会は主権国家への半恒久的な関与を強いられることになった。四〇年近くも抜け出せないでいるキプロスへの国連ＰＫＯに加え、冷戦後、到底、撤退できそうにはない国際プレゼンスを新たにボスニア、コソヴォ、アフガニスタン等々に展開させることになった。実際には分断されている「統一国家」の統一維持のために、半恒久的に国際プレゼンスが強いられている。国際秩序から国内秩序へと平和の再定義が進んだことで、国際社会の内政干渉は恒常的なものとなり、その「平和」の維持に汲々とする。アフガニスタン紛争後の混乱と分断された状況を見るにつけ、多民族国家への民主的平和の強制がはたしてどこまで有効であろうか、との疑問が湧く。民主化が進み、自由と人権が保障されれば、インドネシアでもイラクでも、移行期の混乱と紛争が予想される。それだけに、あらためて多民族、多エスニック国家からなる地域での民主的平和地帯の創造は容易ではない。

安全保障のグローバル化の限界は、実は、国連や欧米の地域国際機構の安全保障政策にも反映されている。アナン国連事務総長は次のように主権を論じている。グローバリゼーションの進展にともない、主権概念が変容し、そして国家は人民への奉仕の道具であって、その逆ではない。著しい人権侵害を国際社会は看過すべきではない。強制的な介入が必要なときには、国連安全保障理事会は、介入せねばならない。国家や地域を問わず、強制的な（人道的）干渉は普遍的なものでなければならない、と。[37] しかし、そうはいくまい。その実現性は乏しい。国連の干渉には、限界があるからである。中国のチベット問題、ロシアのチェチェン問題には、国際社会からの干渉は期待できない。政治的コストが大きすぎるからである。それに、そもそも国連は動けない。安全保障理事会で拒否権を有する両国は、自国への国連の関与を認めるわけがない。

旧ユーゴスラヴィアや旧ソ連地域の危機は、欧米の安全保障と深く関わっているだけに、国家承認や援助くらいでは到底地域の安全は保障できない。それだけに、欧州周辺での国際安全保障への取り組みは徹底している。欧米諸国の安全と利益に深く関わりのある中東とラテン・アメリカでも、欧米は紛争予防に積極的に関与している。しかし、欧州周辺と同じくらい、いやそれ以上に悲惨な状況にあるアフリカ各地には、今や欧州並みの大規模国際プレゼンスは展開できないでいる。欧米諸国にとって、遠く位置するアフリカ、アジアの途上国に見られる国内秩序の混乱は、欧米諸国にはさほど安全保障上、影響がないからである。

国際平和と国際安全を保障する担い手として、なにも欧米諸国や欧米の地域国際機構に期待することなどない、との批判的な見方もあろう。しかし、国際安全保障への取り組みは、国際安全保障のための共通規範、なかでも積極的干渉を正当化するような国際規範の確立を与件とする。しかも、招待干渉を誘引するような国際関係の枠組み、およびその実現の手立てとなる国際機構の存在を前提にする。アジア、アフリカにはこうした規範も制度も未発達である。ARFは、予防外交への取り組みを打ち出しはしたものの、内政不干渉原則を盾に、その進展が阻まれている。[38] つまり、国家安全保障から国際安全保障へのパラダイムの転換がしきれないでいる。東アジアはもっと深刻である。東アジアの今日の脅威が、世界第四位の兵力を盾に、二〇〇〇万人の国民を人質にとる、歴史上まれに見る独裁国家にあるとは誰しもが認識するようになった。にもかかわらず、北朝鮮の金正日体制を民主化し、この地域に民主的平和を創造していこうとする多国間主義の動きが出てこない。援助によって全体主義体制を延命させることに寄与することが最善の方策とみなす、現実的な見方がまだまだ力を持っている東アジアを見るに、国際社会はどうやら民主的平和のグローバル化にともなうコストを負担する用意などなさそうである。

ここに、超大国アメリカの単独主義の行動余地が生じる。二〇〇二年九月に発表されたアメリカの「国家安全保障戦略」は、いかにもアメリカ的である。アメリカは「自由を愛する正義の平和」、そして自由と民主主義の普及のために戦うこと、世界のすべての大陸に、自由で開かれた社会を広めるよう戦うことを宣言した。何よりも耳目を引くのは、アメリカの国家安全保障への脅威に際しては先制攻撃も辞さない、と宣言したことである。こうした超大国アメリカの安全保障政策の変容を、藤原帰一氏は、「デモクラシーの帝国」として論じる。民主主義理念の普及と実現のために、今や比類なき超大国となったアメリカが、帝国として世界のどこにでも単独で軍事介入できるようになったことを、アメリカの建国理念との関わりで、アメリカの国家の属性との関わりで、見事に論じている。[39] 一世を風靡《ふうび》したケーガン氏の論文「力と弱さ」は、欧州が外交交渉、国際規範を重視するカント的な戦略文化を有しているのに対して、アメリカは、力に裏打ちされた国際政治を志向するホッブス的な戦略文化を有しており、アメリカのこうした戦略文化ゆえに、単独主義に陥る傾向を説明している。[40] とはいえ、民主的平和や共通安全保障パラダイムのグローバル化過程でアメリカの単独主義が生まれてきた点が、もっと強調されてよい。国際安全保障レジームの確立している米州や欧州地域では、多国間主義で安全保障政策が進められているのに比べ、民主主義の国アメリカの単独主義的な介入の場は、こうした国際安全保障レジームの未発達な地域であるからである。

民主的平和の限界に対して、あるいはアメリカの単独主義への批判として、次のように主張できるかもしれない。民主的平和も共通の安全保障も、既存の国境線を前提にした民主国家づくりである。移行期の混乱が予想され、その後にも安定した民主国家の建設の展望が持てない地域では、民主的平和、民主的な国際安全保障など志向しないほうが、平和を維持するうえで賢明な選択である、と。そもそも、混乱の責めを誰が負うのであるのか、と。

1 Moynihan, Daniel Patrick, *Pandaemonium: Ethnicity in International Politics*, Oxford University Press, 1992. 邦訳、D・P・モイニハン（吉川元訳）『パンダモニアム――国際政治の中のエスニシティ』三嶺書房、一九九六年。

2 Holsti, Kalevi J., *The State, War, and the State of War*, Cambridge University Press, 1996, pp.21–23.

3 Stockholm International Peace Research Institute ed., *SIPRI Yearbook 2001*, Oxford University Press, 2001, p.52.

4 Annan, Kofi A., "We the Peoples–The Role of the United Nations in the 21st Century," New York: United Nations, 2000, p.68.

5 ダニエル・アルチブキ「国連での民主主義」猪口孝、エドワード・ニューマン、ジョン・キーン編『現代民主主義の変容』有斐閣、一九九九年、一七二頁。

6 Security Council Summit Declaration: New Risks for Stability and Security.

7 Boutros-Ghali, Boutros, *An Agenda for Peace: Preventive Diplomacy, Peacemaking and Peace-Keeping*, New York: United Nations, 1992.

8 この権利宣言は、マイノリティの権利を規定する一方で、同宣言におけるいかなる規定も、「国連の目的および原則（国家の主権平等、領土保全および政治的独立を含む）に反する活動を許すものと解することはできない」（第八条四項）と、分離独立の動きに釘をさしている。

9 Rummel, Rudolph J., "Power, Genocide and Mass Murder," *Journal of Peace Research*, Vol.31, No.1, February, 1994.

10 吉川元「ソ連圏の市民平和運動と『民主的平和』」『修道法学』第十巻、第二号、一九八八年三月、および吉川元『ソ連ブロックの崩壊』有信堂、一九九二年。

11 Huntington, S. P., *The Third Wave: Democratization in the Late Twentieth Century*, Norman: University of Oklahoma Press, 1991. 邦訳、S・P・ハンチントン（藪野祐三・中道寿一・坪郷實訳）『第三の波』三嶺書房、一九九五年。

12 Freedom House, *Freedom in the World 2000–2001*, New York: Freedom House, 2001.

13 国内紛争の国際化については、Brown, Michael E. ed., *The International Dimensions of Internal Conflict*, Cambridge, Massachusetts: The MIT Press, 1996. を参照。

14 さまざまな国際安全保障概念の概説については、Dewitt, David, "Common Comprehensive, and Cooperative Security," *The Pacific Review*, Vol.7, No.1, 1997; Butfoy, Andrew, *Common Security and Strategic Reform*, London: MacMillan Press, 1997. を参照。

15 特に、欧州における安全保障モデルに関する協議については、Marjanne de Kwaasteniet, "The Security Model Discussion and its Importance for the Evolution of the European Security Architecture," *Helsinki Monitor*, Vol.7, No.3, 1996. を参照。

16 Herz, John, "Idealist Internationalism and the Security Dilemma," *World Politics*, 2, January, 1950.

17 吉川元『ヨーロッパ安全保障協力会議CSCE』三嶺書房、一九九四年参照。

18 Charter of Paris for a New Europe, Paris, 21 November, 1990.

19 Russet, Bruce, "A Neo-Kantian Perspective: Democracy, Interdependence, and International Organizations in Building Security Communities," Emanuel Adler and Michael Barnett eds., *Security Communities*, Cambridge University Press, 1998; Russet, Bruce, John R. Oneal and David R. Davis, "The Third Leg of the Kantian Tripod for Peace: International Organizations and Militarized Disputes, 1950-85," *International Organizations*, Vol.52, No.3, Summer, 1998.

20 Vienna Declaration, Council of Europe Summit, 9 October, 1993.

21 Farer, Tom J., "Collectively Defending Democracy in a World of Sovereign States: The Western Hemisphere's Prospect," *Human Rights Quarterly*, Vol.15, 1993. 澤田眞治「メルコスル諸国における信頼醸成と地域安全保障」『国際法外交雑誌』第一〇〇巻第五号、二〇〇一年十二月。

22 たとえば、Glennon, Michael J., "The New Interventionism: The Search for Just International Law," *Foreign Affairs*, Vol.78, No.3 (May/June, 1999); Mayall, James ed., *The New Interventionism 1991-94: United Nations Experience in Cambodia, former Yugoslavia and Somalia*, Cambridge University Press, 1996. を参照。

23 Flynn, Gregory, and Henry Farrell, "Piecing Together the Democratic Peace: The CSCE, Norms, and the 'Construction' of Security in Post-Cold War Europe," *International Organization*, Vol.53, No.3, Summer, 1999, p.509.

24 Ibid., pp.523–528.

25 Fox, Gregory H. and Brad R. Roth eds., *Democratic Governance and International Law*, Cambridge University Press, 2000.

26 澤田眞治、前掲論文。

27 たとえば、Mansfield, Edward D., and Jack Snyder, "Democratization and War," *Foreign Affairs*, Vol.74, No.3, May/June,1995. を参照。

28 Kozhemiakin, Alexander V., *Expanding the Zone of Peace: Democratization and International Peace*, London: Macmillan, 1998.

29 庄司真理子「予防外交と国連の改革」『敬愛大学国際研究』第七号、二〇〇一年三月。

30 たとえば、欧州安定化条約は、東欧諸国とバルト諸国九カ国の間でマイノリティの権利保護と国境の尊重を謳う二国間条約および多国間条約とをあわせた約五〇の条約の政治的効力を全欧州諸国が保障しようとするものである。これらの条約の履行監視・監督をＯＳＣＥが担う。南東欧安定化条約は、特に旧ユーゴスラヴィア諸国およびその周辺国を対象に、平和、民主主義、人権尊重を実現することをめざし、国際社会が一致して共同してその実現にあたることを取り決めたものである。この条約には「恒久平和と安定は民主的な原則と価値」が地域に「受容されてからこそ実現可能になる」（一一節）と記されている。民主主義による平和観を如実に反映するものである。

31 吉川元「ＯＳＣＥの安全保障共同体創造と予防外交」『国際法外交雑誌』第九八巻第六号、二〇〇〇年二月。Adler, Emanuel, "Seeds of peaceful Change: The OSCE's Security Community Building Model," in Emanuel Adler and Michael Barnett eds., op. cit.

32 吉川元「国際秩序のおける『主権』概念の変容」神戸大学六甲台五部局百周年記念事業検討委員会編『神戸発　社会科学のフロンティア』中央経済社、二〇〇二年。

33 Gurr, Ted Robert, "Ethnic Warfare on the Wane," *Foreign Affairs*, Vol. 79, No.3, May/June, 2000.

34 メディアの自由に関するＯＳＣＥ代表の情報収集に協力しているＮＧＯの一覧は、同事務所が刊行する年報の巻末に掲載されている。

35 Yannick du Pont, "Democratization through Supporting Civil Society in Bosnia and Herzegovina," *Helsinki Monitor*, Vol.11, No.4, 2000: Miall, Hught, Olvier Ramsbotham and Tom Woodhouse, *Contemporary Conflict Resolution—The Prevention, Management and Transformation of Deadly Conflicts*, Cambridge: Polity Press, 1999, p.122. 参照。

36 志村尚子「冷戦後の安全保障と国連の役割」『国際問題』四三六号、一九九六年七月。

37 Annan, Kofi "Two Concepts of Sovereignty," *The Economist*, September 18th, 1999.

38 山影進「ＡＳＥＡＮの基本理念の動揺——内政不干渉原則をめぐる対立と協力」山影進編『転換期のＡＳＥＡＮ——新たな課題への挑戦』日本国際問題研究所、二〇〇一年。

39 藤原帰一『デモクラシーの帝国』岩波新書、二〇〇二年。

40 Kegan, Robert, "Power and Weakness," *Policy Review*, No.113.

あとがき

それにしても、便利な時代になった。国際政治も、ビジネスも、そして恋も、距離を超えて、時を超えて、行われる時代である。世界の情勢に関する情報は、いともたやすく手に入る。しかし、怖くもある。距離があるゆえに育まれてきた、異文化への憧れ、思慕、そして遠くの人への想いを、一瞬に打ち砕くほど、時空は圧縮されてしまった。幻想を抱き続けることができぬ時代にもなった。

本書の編集が大詰めに差しかかったころである。ＳＡＲＳが香港から一気にトロントへ広がったと報道されたとき、その感染ルートに、ピーンとくるものがあった。このルートには個人的なちょっとした恨みがあるからだ。一七年前のことである。香港の中国返還が決まるや、香港の資産家たちが、競ってトロントに資産を移し始め、またトロントの不動産、アパートを買い上げ始めた。アパートの空き室は減少し、家賃は高騰した。当時、私はトロント大学での在外研究のために当地に到着したものの、おかげさまで、一カ月半もアパートの空き家探しに苦労する羽目になった。大英帝国時代の旧植民地の両都市は、あの時も今も結ばれている。そのルートにそって人、モノ、財が流れ、そして病気も感染する。地球には、目に見えない無数のネットワークやルートが張り巡らされ、散在する。

本書の執筆者はみな、グローバル化を身にしみて感じている。みな早くからトランスナショナル関係に関心を寄せてきた気心の知れた研究仲間でもある。国家間関係の国際関係論の全盛期に、国際関係論を斜めから眺めていた者たちでもある。それだけに、時空を超えたグローバル化時代の到来に、もはや伝統的なイメージではとらえきれなくなった国際関係を論じようと意気込んだ。

グローバル化時代の国際関係論を、グローバル化の面としての側面と、ネットワークの線としての側面を、描き出すことを本書のねらいとした。トランスナショナル関係のネットワークのスケルトンを描き出したいとも思った。国際関係がどれだけグローバルになっているのか、そしてトランスナショナル関係のネットワークの線がどこまで伸び、広がっているか。本書がその実相を明らかにすることに寄与できるならば、編者としては望外の喜びである。われわれの試みがどれだけ成功したか、読者の厳しい批判を仰ぐ。

「歴史の山川」として定評のある山川出版社で、本書の出版を引き受けていただいたことを、うれしく思う。本書は、まだ歴史書ではない。いまの時代の最先端を論じる本書が、やがて二十一世紀の初頭の国際関係を論じた歴史書として、読まれ続け、生きながらえることを心より望んでいる。

二〇〇三年五月

編者　吉川　元

たな Storytelling の試み」『記憶の比較文化論――戦争・紛争と国民・ジェンダー・エスニシティ』（都留文科大学比較文化学科編，柏書房，2003年）
執筆担当：第６章

上村 雄彦 （うえむら たけひこ）
ネットワーク『地球村』国際部長，世界市民社会フォーラム東アジア地域コーディネーター
主要著書・論文：*New Challenges for Sustainable Development in Millenniums*（共著，International Research Foundation for Development, 2003年), "Participation, Civil Society Organizations and Sustainable Development"（『奈良大学紀要』第28号，2000年), "A Fundamental Shift in Development Thinking (1), (2)"（『奈良大学紀要』第29号，第30号，2001年，2002年）
執筆担当：第７章

渡邊 頼純 （わたなべ よりずみ）
外務省経済局参事官（外務省改革の一環として民間から登用され，平成14年５月より現職。前職は大妻女子大学教授）
主要著書・論文：『ガットとウルグアイ・ラウンド』（共著，東洋経済新報社，1993年），『WTOで何が変わったか』（共著，日本評論社，1997年），「自由貿易協定（FTA）への展望」（『日本国際経済法学会年報』第10号，法律文化社，2001年）
執筆担当：第８章

執筆者紹介（執筆順）

吉川　元　（きっかわ げん）
神戸大学大学院法学研究科教授
主要著書：『ソ連ブロックの崩壊』（有信堂，1992年），『ヨーロッパ安全保障協力会議CSCE』（三嶺書房，1994年），『予防外交』（編著，三嶺書房，2000年），『マイノリティの国際政治学』（共編著，有信堂，2000年），『なぜ核はなくならないのか――核兵器と国際関係』（共編著，法律文化社，2000年）
執筆担当：序章，第９章

三上　貴教　（みかみ たかのり）
広島修道大学法学部国際政治学科教授
主要著書・論文：『なぜ核はなくならないのか――核兵器と国際関係』（共著，法律文化社，2000年），「不均衡の国連 NGO――本部所在地の分析を中心に」（『修道法学』第22巻１・２号，2000年），「地球人民議会あるいは国連第二総会創設構想の位相」（『修道法学』第23巻第２号，2001年）
執筆担当：第１章

吉田　晴彦　（よしだ はるひこ）
広島市立大学国際学部助教授
主要著書：『国際関係論へのアプローチ』（共著，ミネルヴァ書房，1999年），『なぜ核はなくならないのか――核兵器と国際関係』（共著，法律文化社，2000年），『マイノリティの国際政治学』（共著，有信堂，2000年）
執筆担当：第２章

川村　暁雄　（かわむら あきお）
神戸女学院大学文学部総合文化学科助教授
主要著書：『国内人権機関の国際比較』（共著，現代人文社，2000年），『国際関係論のパラダイム』（共著，有信堂，2001年），『平和学をはじめる』（共著，晃洋書房，2002年）
執筆担当：第３章

土佐　弘之　（とさ ひろゆき）
東北大学大学院法学研究科教授
主要著書・論文：『グローバル／ジェンダー・ポリティクス』（世界思想社，2000年），「人間の安全保障という逆説」（『現代思想』vol.29‒7，2001年），「まなざしのグローバル・ポリティクス」（『現代思想』vol.30‒1，2002年）
執筆担当：第４章

中村　都　（なかむら みやこ）
追手門学院大学経営学部国際経営学科助教授
主要論文：「シンガポールの住宅政策――開発政治との関連において」（『アジア・アフリカ研究』40(1)，2000年），「国民国家の建設における言語政策」（『追手門経営論集』8(1)，2002年）
執筆担当：第５章

分田　順子　（ぶんだ じゅんこ）
都留文科大学文学部比較文化学科教授
主要著書・論文：『現代ヨーロッパ社会論』（共著，人文書院，1998年），『マイノリティの国際政治学』（共著，有信堂，2000年），「記憶の分断／分断の記憶を超えて――北アイルランドにおける新

国際関係論《こくさいかんけいろん》を超《こ》えて
トランスナショナル関係論《かんけいろん》の新次元《しんじげん》

2003年6月1日　1版1刷　印刷
2003年6月10日　1版1刷　発行

編　者　吉川《きっかわ》　元《げん》

発行者　野澤伸平

発行所　株式会社　山川出版社
〒101-0047　東京都千代田区内神田1-13-13
電話　03(3293)8131(営業)　8134(編集)
http://www.yamakawa.co.jp/
振替　00120-9-43993

印刷所　株式会社　シナノ

製本所　株式会社　手塚製本所

装　幀　菊地信義

　ISBN4-634-64830-X